人邮电商教育
E-Commerce

职业院校电子商务类"十三五"新形态规划教材

U0733567

电子商务网站建设 与网页设计 微课版

邓凯 唐勇 秦云霞 李蓉 ◎主编 宋超 廖常羽 亓海峰 ◎副主编

人民邮电出版社
北 京

图书在版编目（ＣＩＰ）数据

电子商务网站建设与网页设计：微课版 / 邓凯等主编. -- 北京：人民邮电出版社，2019.3（2023.9重印）
职业院校电子商务类"十三五"新形态规划教材
ISBN 978-7-115-50793-8

Ⅰ. ①电… Ⅱ. ①邓… Ⅲ. ①电子商务－网站－高等职业教育－教材②电子商务－网页制作工具－高等职业教育－教材 Ⅳ. ①F713.361.2②TP393.092.2

中国版本图书馆CIP数据核字(2019)第025884号

内 容 提 要

本书注重培养读者从事电子商务网站策划、设计、开发、管理和运营等工作的综合技能，涵盖网站建设与网页设计的核心技术与实操技能，主要内容包括构建电子商务网站、使用 Photoshop 制作网页版面、使用 Flash 制作网页广告动画、使用 Dreamweaver 添加网页元素、使用 CSS 美化网页、使用 DIV+CSS 布局网页、使用行为和表单、制作网页特效、动态网站与内容管理系统应用以及网站的发布、测试与优化等。

本书结构合理，内容精练，层次分明，环环相扣，既可作为职业院校电子商务、计算机等相关专业的学习教材，也可供电子商务网站设计和开发人员参考使用。

◆ 主　　编　邓　凯　唐　勇　秦云霞　李　蓉

　　副 主 编　宋　超　廖常羽　亓海峰

　　责任编辑　古显义

　　责任印制　马振武

◆ 人民邮电出版社出版发行　　北京市丰台区成寿寺路 11 号

　　邮编　100164　　电子邮件　315@ptpress.com.cn

　　网址　http://www.ptpress.com.cn

　　大厂回族自治县聚鑫印刷有限责任公司印刷

◆ 开本：787×1092　1/16

　　印张：13.75　　　　　　　　　　2019 年 3 月第 1 版

　　字数：342 千字　　　　　　　 2023 年 9 月河北第 9 次印刷

定价：42.00 元

读者服务热线：(010)81055256　印装质量热线：(010)81055316
反盗版热线：(010)81055315
广告经营许可证：京东市监广登字 20170147 号

PREFACE 前　言

随着互联网技术的飞速发展，电子商务已经渗透到各行各业。电子商务网站作为企业的重要窗口，是企业品牌、文化、产品和服务宣传的重要信息平台。企业通过电子商务网站可以发布与展示商品信息、降低经营成本、实现线上交易与支付，并通过网络开展与商务活动相关的各种售前与售后服务，全面实现电子商务功能，提升经营水平，拓展发展空间，为客户提供更加完善的服务。因此，电子商务网站的策划、建设、管理、推广与维护已经成为企业电子商务运营中的一项重要工作。

对于电子商务网站而言，网站流量的多少在很大程度上取决于网站的设计与制作，所以我们精心策划并编写了本书。本书着力体现项目教学思想，以完整的网站建设、网页设计流程贯穿全书，强调读者动手操作和实际应用能力的培养，每个项目均以相关任务为载体，将电子商务网站建设与网页制作每个环节要用到的理论知识、职业技能与实际操作紧密结合，做到理论与实践的完美结合。

本书内容安排

本书注重培养读者从事电子商务网站策划、设计、开发、管理和运营等工作的综合技能，涵盖网站建设与网页设计的核心技术与实操技能，内容精练，层次分明，环环相扣。

本书编写特色

● **强化应用、培养技能**：本书立足于实际应用，从静态网站到动态网站，从简单网站到综合性网站，突出"以建站流程为主线，以技能应用为核心"的编写特点，体现"导教相融、学做合一"的教学思想。

● **案例主导、任务驱动**：本书采用项目任务的体例形式，通过大量的案例操作和分析，让读者真正掌握电子商务网站建设与网页设计的方法与技巧。

● **图解教学、重在实操**：本书采用图解教学的体例形式，一步一图，以图析文，让读者在实操过程中更直观、更清晰地掌握相关技术的操作流程与方法，从而提升学习效果。

● **同步微课、资源丰富**：扫描下方二维码或直接登录"微课云课堂"（www.ryweike.com）后，用手机号码注册，在用户中心输入本书激活码（11c5fc23），将本书所含的微课资源添加到个人账户，获取永久在线观看本课程微课视频资源的权限。同时，本书还提供了 PPT、教案、案例素材等立体化的学习资源。选书老师可登录人邮教育社区（www.ryjiaoyu.com）下载并获取相关教学资源。

　　本书由邓凯、唐勇、秦云霞、李蓉任主编，由宋超、廖常羽、亓海峰任副主编。

　　尽管编者在编写过程中力求准确、完善，但书中可能还有疏漏与不足之处，恳请广大读者批评指正，在此深表谢意！

编　者

2018 年 10 月

CONTENTS
目 录

项目一

构建电子商务网站

项目重点

- 了解电子商务网站的定义，熟悉网页的构成元素。
- 掌握电子商务网站的设计准则。
- 熟悉并掌握常见的电子商务网站的结构。
- 掌握在 Dreamweaver CS6 中创建站点的方法。

项目目标

- 能够根据网站的设计准则设计电子商务网站结构。
- 能够使用 Dreamweaver 创建站点。

项目概述

随着互联网技术的飞速发展，电子商务已经渗透到各行各业。电子商务网站作为企业的重要窗口，不仅是企业品牌、文化、产品和服务宣传的信息平台，而且通过网站在线交易，能够降低经营成本，拓展企业发展空间。本项目将从电子商务网站的设计准则出发，详细介绍如何合理规划和设计电子商务网站结构，以及如何使用 Dreamweaver 创建站点等知识。

任务一　电子商务网站设计基础知识

任务概述

当今，网购已经成为人们生活中一种重要的消费渠道，电子商务网站中海量的商品信息和便捷的购物方式吸引着越来越多的消费者。那么，在众多的电子商务网站中，它们是如何进行页面设计和布局来吸引消费者注意力的呢？本任务将学习电子商务网站的设计基础知识。

任务实施

一、初识电子商务网站

在学习相关知识前，首先要了解电子商务网站的定义、网页与网页设计、网页构成要素等知识。

1. 电子商务网站的定义

电子商务网站是基于浏览器/服务器应用方式，买卖双方互不谋面地进行各种商贸活动，实现消费者的网上购物、商户之间的网上交易和在线电子支付以及各种商务活动、交易活动、金融活动和相关的综合服务活动的一种商业运营模式。电子商务企业通过网站建设与推广营销，能够全面展示企业产品和服务项目，实现网上交易与支付、网络客户服务，管理客户信息和销售业务信息。

随着电子商务市场的不断扩大，电子商务网站的竞争也更加激烈。电子商务网站的经营模式也随着其应用领域的不断扩大和信息服务方式的不断创新而层出不穷，主要可以分为 B2B、B2C、C2C、O2O、B2Q、F2C 等，其中淘宝、天猫、京东商城、亚马逊等都是典型的电子商务网站，企业和消费者在网站上即可进行商品交易。图 1-1 所示即为京东商城首页。

2. 网页与网页设计

网页是构成网站的基本元素，是承载各种网站应用的平台。通俗地说，网页是网站中的一"页"。网页是一个文件，通常是 HTML 格式（文件扩展名为.html 或.htm），网页经由网址（URL）来识别与存取。在浏览器中输入网址后，经过一段复杂而又快速的程序，网页文件会被传送到计算机，然后通过浏览器解释网页的内容，再展示到我们的眼前。

网页设计（Web Design）是根据企业希望向浏览者传递的信息（包括产品、服务、理念、文化等），进行网站功能策划，然后进行的页面设计美化工作。其工作目标是通过运用更合理的颜色、字体、图片和样式等进行页面设计美化，在功能限定的情况下尽可能给予用户完美的视觉体验。

图 1-1 | 京东商城网站

网页设计软件主要以 Adobe 产品为主，常见的工具软件有 Dreamweaver、Photoshop、Flash、Fireworks、CorelDRAW、Illustrator 等，其中 Dreamweaver 是代码工具，其他软件是图形图像或动画工具。此外，常用的网页设计工具还有最近几年 Adobe 推出的 EdgeReflow、EdgeCode、Muse 等。

3. 网页构成要素

文本、图像、动画、超链接等是构成网页的基本元素。除此之外，网页的构成要素还包括网站 Logo、导航栏、表格、框架、表单和横幅广告等。

（1）文本

一般情况下，网页中最多的内容是文本。设计者可以根据需要对其字体、大小、颜色、底纹和边框等属性进行设置。一般建议用于网页正文的文字不要太大，也不要使用过多的字体，中文文字一般使用宋体，大小一般设置为 9 磅或 12 像素左右即可。

（2）图像

丰富多彩的图像是美化网页必不可少的元素，用于网页上的图像一般为 JPG 或 GIF 格式。网页中的图像主要用于点缀标题的小图片、介绍性的图片、代表企业形象或栏目内容的标志性图片、用于宣传广告等多种形式。

（3）动画

动画是网页中最活跃的元素。创意出众、制作精致的动画是吸引浏览者眼球的有效方式之一，但是物极必反，如果网页中的动画太多，会使人眼花缭乱，进而产生视觉疲劳。

（4）超链接

超链接是网页的主要特色，是指从一个网页指向另一个目的端的链接。这个"目的端"通常是另一个网页，也可以是下列情况之一：相同网页上的不同位置，一个下载的文件，一幅图片，一个电子邮箱地址等。超链接可以是文本、按钮或图片。当鼠标指针指向超链接位置时，就会变成小手形状。

（5）网站 Logo

Logo 是企业的标志、标识。网站中的 Logo 主要是各个网站用于与其他网站链接的图形标志，代表一个网站或网站的一个版块。Logo 能够起到对其拥有企业的识别和推广的作用，形象的 Logo 可以让消费者记住企业主体和品牌文化。

企业网站常常使用企业的标志或注册商标作为网站的 Logo，一般放在网站首页的左上角或其他醒目的位置。图 1-2 所示为淘宝网和亚马逊网的 Logo。

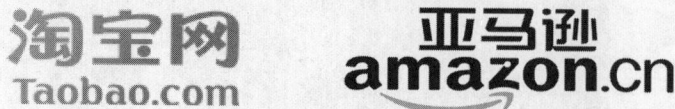

图 1-2 | 网站 Logo

（6）导航栏

导航栏是网页设计中不可或缺的基本元素之一。它链接着各个页面，只要单击其中的超链接，就能进入相应的页面。

导航栏的形式多种多样，其中包括文本导航栏、图像导航栏和动画导航栏等。导航栏一般放置在页面中醒目的位置（常用的位置有 4 个：页面的顶部、左侧、右侧和底部），让浏览者能够在第一时间看到它。

图 1-3 所示为导航栏位于页面顶部的网页。

图 1-3 | 导航栏位于页面顶部

（7）表格

表格是 HTML 语言中的一种元素，主要用于网页内容的布局，组织整个网页的外观。通过表格可以精确地控制各个网页元素在网页中的位置。

（8）框架

框架是网页的一种组织形式，将相互关联的多个网页的内容组织在一个浏览器窗口中显示。例如，在一个框架内放置导航栏，另一个框架中的内容可以随着单击导航栏中的链接而改变。

（9）表单

表单是用于收集访问者信息或实现一些交互作用的网页。浏览者填写表单的方式是输入文本、选中单选按钮或复选框、从下拉菜单中选择选项等。

（10）横幅广告

横幅广告又称旗帜（Banner）广告，是横跨于网页上的矩形公告牌，当用户点击这些横幅时，通常可以链接到广告主的网页。在网页布局中，大部分网页将横幅广告放置在与导航栏相邻处或其他醒目的位置，以吸引浏览者，如图 1-4 所示。

图 1-4 | 横幅广告

在网页中除了上述这些基本的构成元素外，还包括版尾或版权块、字幕、悬停按钮、日戳、计算器、音频、视频和 Java Applet 等元素，在此不再赘述。

二、电子商务网站设计准则

无论是大型的电商平台网站，还是中小型的电子商务类网站，在网站设计初始，都应考虑网站的美观性、界面的友好性，以及访问的便捷性。因此，网站设计必须遵循一定的准则，才能准确表达和有效传递企业组织的商务诉求。具体而言，电子商务网站建设至少应该遵循以下设计准则。

1. 明确网站建设目的和用户需求

网站类型的选择、内容功能的筹备、界面设计等各个方面都受到目的性和用户需求的直接影响，所以企业必须明确设计网站的目的和用户需求，从而做出切实可行的设计计划。

首先，要明确建立网站的目的。例如，建设网站主要是向用户宣传自己的企业，进而扩大知名度和影响力，还是宣传企业所拥有的技术或产品，进而促进销售，还是建立以交易为主的电子商务网站。如果目的不唯一，还应该清晰地列出不同目的的主次关系。

其次，需要根据用户的需求、市场的状况、企业自身的情况等进行综合分析，以"用户"为中心。现在很多网站并没有起到预想的效果，主要原因就是在设计前期对网站的最终目的和用户的需求理解有偏差，缺少对网站对行业作用和用户需求的分析。

2. 总体设计主题鲜明

在明确了网站的总体方案设计以后，需要对网站的整体风格和特色进行恰当的定位，细致规划网站组织结构是设计制作的前提。网站的形式应该针对所服务对象的不同而有所不同。有些网站只提供简洁的文本信息即可，有些网站需要提供精美的图像、动听的音乐以及进行错综复杂的页面布局等。

设计者应该根据网站的目的和用户的特点规划出最终的表现手法和表现形式，但必须做到主题鲜明突出、要点明确，页面整体形式要能体现出网站的主题。

3. 设计人性化的交互界面

用户访问电子商务网站是为了获取需要的商品或服务，所以用户除了按照设计者的设计思路来浏览页面外，更多的是想通过自己的主观性合理、有机地选择要浏览的内容，或希望与其他浏览者互相交流信息、解答疑惑等。因此，电子商务网站需要设计人性化的交互界面。

首先，电子商务网站应该具有良好的导航设计，通过简单的搜索就可以到达各种商品的页面；其次，在内容编排上必须简洁明了，提供有效的产品描述，使潜在客户能够在没有实物的情况下通过网站就能很方便地了解产品。网站提供的详情细节看起来越真实，获得的客户成交转化率就越高。此外，在电子商务网页设计中有时还需要考虑残疾人、病人等特殊群体的需要。

4. 网页形式与内容相统一

网页的内容虽然各不相同，但作为一个完整的网站，要力求做到网页形式与内容的完美统一。要将页面中的丰富意义和多元化的形式相统一，形式语言必须符合页面的内容，体现丰富的内涵。

设计者可以运用对比调和、对称与平衡以及留白等手段，通过文字、表格与图形相互之间的关系建立整体的均衡状态，从而产生和谐的美感。例如，合理地应用对称原则，页面就不会显得呆板。加入一些富有动感的文字、图片、动画等，或采用一些非常规的夸张手法来表现，可能也会达到较好的效果。

在网站的品牌标识方面，要确保字体、品牌特定的调色板、产品照片的色调、描述性文字、口号用语、按钮以及设计中使用的每种元素和风格都严格遵循品牌风格，这也能帮助企业与客户建立强大的品牌客户关系。

5. 准确无误的链接

互联网实际上就是一个巨大的信息空间，并且各个节点之间的链接关系错综复杂，用户在上网浏览网页时有可能会"迷路"。例如，用户在浏览网页的过程中可能会出现以下情况：不知道下一步该去哪里；知道该去哪里，但不知道该如何去；不知道当前处于整个网站的哪个位置等。这些都与用户不熟悉网站结构有直接关系。

为了减少和避免出现浏览者"迷路"现象，通常可以采用以下策略：一是改变用户界面，如采用导航地图、多窗口显示等技术；二是对文本进行分析，更换超文本的结构及链接设计；三是注意网站的层次性和一致性，复杂的网站必须注意版块划分的层次性，通常以不超过 5 层为佳，较常用的信息内容、功能服务应尽量放到更浅的层次，以减少用户的点击次数，信息内容的获取和功能服务的过程都应该尽量将所需进行的步骤控制在 3～5 步。

6. 网站信息的时效性

电子商务网站要根据市场行情的波动随时更新网页上的价格信息，经常提供新的商品或服务，并通过促销等活动来刺激客户的购买欲。在进行网站设计时，要考虑到内容更新的快捷与简便。在更新内容的同时，还要注意保持网页在结构上的相对一致性，以便于老客户能够既方便又快速地找到所需要的各类信息。

7. 合理利用多媒体功能

多媒体现在已经成为网站设计的基本要素。为了吸引浏览者的注意力，在页面内容中可以适当添加一些具有冲击力的 Flash 动画、三维动画等元素。但在设计多媒体效果时必须考虑网络带宽的限制，考虑多媒体效果的应用会不会直接影响用户浏览页面的下载速度。如果网站下载信息的速度太慢，很容易让用户失去浏览的兴趣，进而关闭网页。

8. 努力提高网站的性能

网站用户的满意度与其对系统的控制感有着密切的关系，而控制感在很大程度上取决于系统的响应速度。一般情况下，用户对当前网页上的内容能持续保持注意的时间长度约为 10 秒，若系统响应时间超过 10 秒，用户会在等待计算机完成当前操作时转向其他的任务。常用的解决办法是：尽量减少网页上的图片与多媒体的使用，或者网站服务器本身要保证有足够的运行速度和传输带宽。

互联网具有巨大的商务潜能，没有人可以确切地预计系统的最终访问量和最佳的商务运行模式。因此，随着企业网上平台业务量的扩展和平台访问量的增长，系统应该能够具有很强的扩展能力，以适应新业务的发展。

另外，网站的稳定性、安全性、防攻击能力、对异常灾害的恢复能力也是衡量网站性能的重要标志。

任务二　电子商务网站结构设计

任务概述

对于电子商务网站而言，网站流量的多少在很大程度上取决于网站的结构设计。合理的网站结构设计有利于企业商务诉求的表达。不同类型的电子商务网站，其页面设计在内容呈现、版面处理等方面也会有所不同，这其中的结构设计非常有讲究。本任务将学习如何设计电子商务网站结构。

任务实施

一、网站的物理结构

网站的物理结构指的是网站目录及包含文件所存储的真实位置表现出来的结构。物理结构一般包含两种不同的表现形式：扁平式结构和树形结构。

1. 扁平式结构

网站将所有网页都存放在网站根目录下，这种结构就是扁平式结构，如图 1-5 所示。

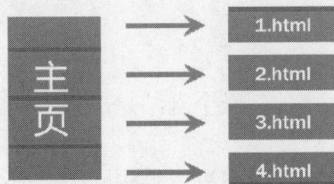

图 1-5 | 扁平式网站结构

扁平式结构的优点是结构层次短、蜘蛛效率高、URL 短，对搜索引擎而言最为理想，因为搜索引擎在抓取网页时，在第一层就可以抓取到内页，有利于搜索引擎的收录与排名；缺点是 URL 语义不明显，随着数据量的增加会使网站变得难以组织，内部链接不好做，权重传递难以集中，查找和维护起来非常麻烦。因此，扁平式结构一般适用于只有少量页面的微型、小型站点。

2. 树形结构

网站的树形结构是指数据元素之间存在着"一对多"的树形关系的数据结构。简单来说，树形结构就是该目录下还分别有几个分类文件夹，页面放在这几个分类文件夹中。当然，分类文件夹中同时也可以有子分类文件夹，如图 1-6 所示。

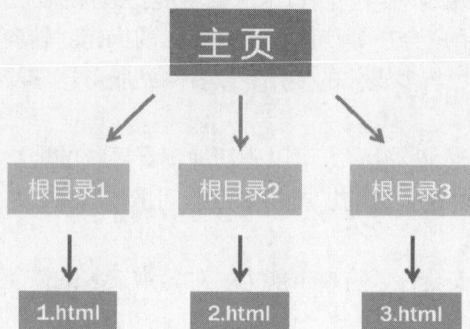

图 1-6 | 树形网站结构

树形结构的优点是结构清楚、URL 语义明确、识别度高、搜索引擎处理内部链接的权值传递比较容易、后期管理比较方便；缺点是深层次将导致收录速度下降，而且过密的结构也会导致网站混乱、链接复杂、蜘蛛效率下降。所以，做好树形结构的栏目组织和链接优化至关重要。这种结构适合内容类别多、内容量大的网站。

二、网站的逻辑结构

网站的逻辑结构也称作链接结构，主要是指由网页内部链接所形成的逻辑结构。

在网站的逻辑结构中，通常采用"链接深度"来描述页面之间的逻辑关系。链接深度是指从源页面到达目标页面所经过的路径数量。例如，某网站的网页 A 中，存在一个指向目标页面 B 的链接，则从页面 A 到页面 B 的链接深度就是 1。

与物理结构类似，网站的逻辑结构同样可以分为扁平式和树形两种。扁平式逻辑结构的网站，实际上就是网站中任意两个页面之间都可以相互链接，也就是说网站中任意一个页面都包含其他所有页面的链接，网页之间的链接深度都是 1，很少有单纯采用扁平式逻辑结构作为整站结构的网站。树形逻辑结构是指使用分类、频道等页面，对同类属性的页面进行链接地址组织的网站结构。在树形逻辑结构网站中，链接深度大多大于 1。

三、网站的构成

网站是一个整体，网页是一个个体，一个网站是由很多网页构建而成的。一般来说，网站都至少有两种页面，即首页和内页。

网站首页是一个网站的入口网页，作用是引导用户浏览网站其他部分的内容，其重要性不言而喻。

首先，首页的基本职能是为访问网站的用户提供导航的作用。首页中可以有网站的简介、业务的分类等，也可以根据网站的类型进行更深层次的划分。通常网站会将最想展示的内容放置在首页中，以达到在第一时间直观地向用户展示的目的。

其次，首页有体现和突出网站主题的作用。根据网站的不同类型，要设置好网站的主题。例如，服务型企业会在首页展示自己的服务体系及相关内容，而生产型企业一般都会将自己的主打产品放置在首页中。

相较于首页的结构设置，内页的结构布局没有首页那么重要，但也有着重要的作用。无论哪种类型的网站，其中的内容都起着重要的作用。根据用户需求的不同，内页会有风格各异的设置，但都要遵循一点，那就是内容制胜。内页具体的结构设置需要根据实际情况具体分析，但必须要明确内容的关键性。

四、网页的空间结构

一个优秀的网页，除了素材和颜色的搭配之外，布局井井有条也是至关重要的。网页设计中的空间结构就是网页中各种构成要素（如文字、照片、图像、图表和菜单等）在网页浏览器中的位置分布。传统的经典网页可以分为顶部、主体、底部三个部分，各部分又分别可以细分。

1. 网页顶部

无论对电子商务网站而言，还是从用户体验而言，顶部都是网站最重要的位置。搜索引擎的抓取规则是从网页的顶部往下，从左往右，因此在进行网页设计时要重视网页的左上角位置。

一般在这个位置放的是网站 Logo，网页的头部留上一行字的位置，以添加网站的关键字。在 Logo 中添加 ALT 标签（网站上图片的文字提示），不但可以提高网站的关键字密度，而且对网站的排名也很有好处。此外，登录条、页面横幅广告、菜单栏等内容都可以放在顶部。苏宁易购网站首页的顶部设计如图 1-7 所示。

图 1-7 | 网页的顶部设计

2. 网页主体

网页主体是网页的内容部分，网站的中间位置也就是网站的重点位置，因为大多数企业信息、产品介绍、业务流程等一系列想要对用户表达的内容都在这个区域。

一般可以把网页主体分为 2～3 个竖列，包括侧栏、栏目等。在构架网站时，可以选择一个新闻版块放置在网站中间的左上角，这样方便搜索引擎收录网站，而且对网站的权重提升会起到关键性的作用。图片信息也要添加 ALT 标签，但不要全是关键字，合理地控制关键字的密度也是网站排名中很重要的一点。

小米网站首页的主体设计如图 1-8 所示。

3. 网页底部

网页底部大多用于放置友情链接、网站版权信息、使用协议等，也可以放一些导航链接。友情链接版块对网站的权重和排名都是很有利的，所以这一块尽量保留。在版权信息中可以添加一些关键字并且加粗、加链接，这对关键字的排名提升也会起到一定的作用。

图 1-8 ｜ 网页的主体设计

淘宝网站首页的底部设计如图 1-9 所示。

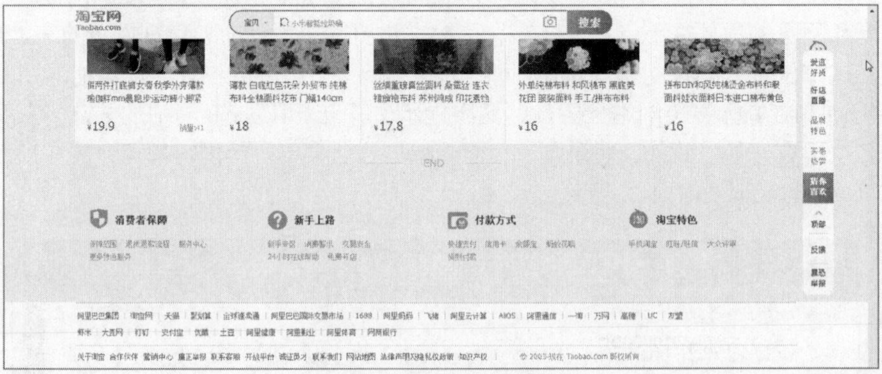

图 1-9 ｜ 网页的底部设计

▎五、网页的布局结构

　　创建网页结构实际上就是对网页内容的布局进行规划。网页布局结构的创建是页面优化的重要环节之一，会直接影响页面的用户体验及相关性，还在一定程度上影响网站的整体结构及页面被收录的数量。

　　网页常见的布局结构有"国"字形结构布局、"厂"字形结构布局、"回"字形结构布局、框架型结构布局和自由式结构布局等。

1."国"字形结构布局

　　"国"字形结构也称为"同"字形结构，这种结构布局是电子商务网站中最常见的一种布局类型，即最上面是网站的标题及横幅广告条，接下来是网站的主要内容，左右分列一些内容，中间是主要部分，与左右一起罗列到底，最下面是网站的一些基本信息、联系方式、版权声明等，如图 1-10 所示。

　　这种布局的优点是页面结构清晰，主次分明，是适合初学者使用的布局方法；缺点是因为过于规矩而显得呆板，如果在细节、色彩上安排不得当，很容易让人产生视觉疲劳。

图 1-10 "国"字形结构布局

2. "厂"字形结构布局

这种结构布局与"国"字形结构布局其实只是形式上的区别，它去掉了"国"字形结构布局中最右侧的部分，给主内容区释放了更多的空间。这种布局上面是标题及横幅广告，接下来左侧是一窄列信息或链接等，右侧是很宽的内容区，下面也是一些网站的辅助信息，如图1-11所示。

图 1-11 "厂"字形结构布局

3. "回"字形结构布局

"回"字形结构布局是"国"字形结构布局的一种变形，即在"国"字形结构布局的下方增加了一个横向通栏。这种结构的优点是将网页中不被重视的页脚利用起来，增加了主体内容，充分利用了页面的有限空间，如图 1-12 所示。但是，这种结构往往会使页面充斥着各种内容，可能会给人造成过于繁杂的感觉。

4. 框架型结构布局

常见的框架型结构布局主要分为左右框架型、上下框架型和综合框架型。左右框架型是一种左右分别为两页的框架结构，一般左侧是导航链接，有时最上面会有一个小的标题或标志，右侧是内容。上下框架型与左右框架型类似，区别仅仅在于它是一种上下分为两页的框架。综合框架型结合以上两种结构，是相对复杂的一种框架结构，较为常见的是类似于"拐角"的结构布局。

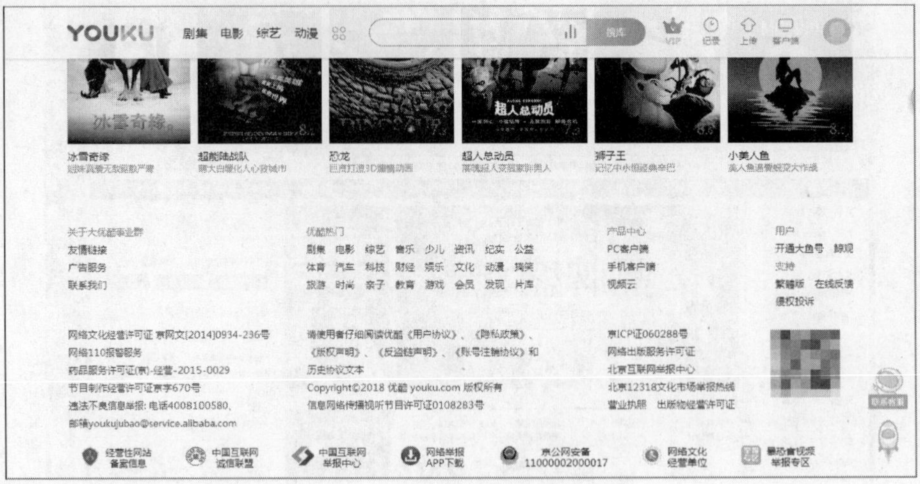

图 1-12 │ "回"字形结构布局

由于兼容性和美观等因素，这种布局目前专业设计人员采用的已经不多，不过在一些大型论坛上还是比较受青睐的，有些企业网站也有应用。

5. 自由式结构布局

自由式结构布局的随意性特别大，它改变了传统的以图文为主的表现形式，将图片、Flash动画或视频作为主体内容，导航栏、文字说明等都放在不太显眼的位置、通常化妆品类、时装类、科技类等网站会采用这种结构。精美的平面设计、富有创意的 Flash 动画、精彩的视频让表达的信息更丰富，如图 1-13 所示。但是，这种结构文字过少，难以让浏览者长时间关注，有时可能因为导航栏不太明显而给用户操作造成不便。

图 1-13 │ 自由式结构布局

任务三　使用 Dreamweaver 创建站点

任务概述

在设计网页之前，先要创建站点。所谓站点，其实就是一个文件夹，它包含了网站中所有用到的文件。创建站点的目的是利用站点窗口对站点文件进行管理，尽可能地减少错误的出现。例如，用到的图片会存入网页所在的站点中，并且在网页中自动使用相对路径，以避免路径出错或者链接出错。

  Dreamweaver 是一款简便易用的创建与管理站点的工具，使用它不仅可以制作精美的 Web 网页，还可以创建完整的 Web 站点。本任务将学习如何使用 Dreamweaver 创建站点。

任务实施

▎一、初识 Dreamweaver

  Dreamweaver 是一套专业可视化网页开发工具，与 Flash、Fireworks 并称为"网页三剑客"，其中 Flash 用于制作网页动画、Fireworks 用于制作网页图像、Dreamweaver 则用于网页设计与制作。Dreamweaver 可以用于各类素材的集成与发布，可视性强，且支持 Flash、Shockwave、Active 等许多外部媒体的发布，采用浮动面板的设计风格，使用简单、方便。目前，很多专业的网页设计师都在使用这款软件进行网页设计与制作。

  Dreamweaver 是集网页制作和网站管理于一体的网页编辑器，通过它可以对网站的相关页面及各类素材进行统一管理，还可以使用站点管理功能将文件上传到网页服务器，测试网站。它支持代码、拆分、设计、实时视图等多种方式，以创作、编写和修改网页，对于初级制作人员来说，无须编写任何代码就能快速地创建 Web 页面。本书将以 Dreamweaver CS6 版本进行介绍，其工作界面如图 1-14 所示。

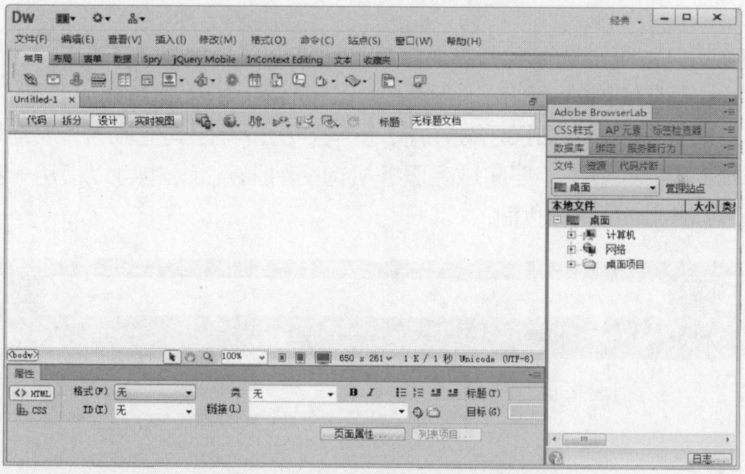

图 1-14｜Dreamweaver CS6 工作界面

  Dreamweaver 具有制作效率高、网站管理系统和控制能力强等优点。

  首先，Dreamweaver 可以用最快速的方式将 Photoshop、Fireworks 等文档移至网页上。使用检色吸管工具选择屏幕上的颜色，可以设置最接近的网页安全色。对于选单、快捷键与格式控制，都只需一个简单的操作便可完成。

  其次，在 Dreamweaver 中使用网站地图可以快速制作网站雏形，设计、更新和重组网页。改变网页位置或档案名称，可以自动更新所有链接。使用支援文字、HTML 码、HTML 属性标签和一般语法的搜寻及置换功能使复杂的网站更新变得既迅速又简单。

  最后，Dreamweaver 是提供 Roundtrip HTML、视觉化编辑与原始码编辑同步的设计工具，包含 HomeSite 和 BBEdit 等主流文字编辑器。帧（Frames）和表格的制作速度非常快，表格编辑功能强大，甚至可以排序或格式化表格群组。Dreamweaver 支持精准定位，利用可轻易转换成表格的图层以拖放的方式进行版面配置。

二、创建站点的准备

无论是企业还是个人，在创建站点前都要先明确做网站的目的，并确定网站需要的功能、规模，以及准备为此而投入的费用，并进行必要的市场分析，然后拟定出初步的网站策划书。

需要明确的问题有：建立什么主题或类型的网站？网站面向的对象或客户是谁？打算如何盈利，主要靠实体货物还是虚拟产品或广告？投资有多大？运作团队如何？只有通过详细而周密的准备，才能避免在网站建设中出现各种问题，从而使网站建设工作能够顺利地进行下去。在开始正式建设网站及创建站点之前，还需要注册域名、申请空间。

1. 注册域名

域名是很重要的，它就像网站的"门牌号"，没有它别人就找不到你。域名要尽可能短、尽可能便于记忆，以纯字母或纯数字为佳，这需要网站设计者认真考虑，最好有一定的规律或者便于用户记忆。

除了域名的主要部分之外，还要选择一个合适的域名后缀，因为不同的域名后缀代表着不同的网站类型。常见的域名后缀有.com（常用于商业企业）、.net（常用于网络服务）、.org（非盈利组织）、.cn（国内域名）等，其中.com 是最普遍的后缀，其次是.cn。有些特殊域名是分配给特定机构的，如.gov 只开放给政府机构、.edu 只开放给教育机构。域名最好与网站主题相关，以简单易记为宜。

在确定域名之后，就可以选择域名注册机构进行注册了。域名的注册机构有很多，如万网、新网等，建议选择一些有信誉的大网站进行注册。在注册时，需要先查询域名是否已被别人注册，如果没被注册，可以提交申请；如果已被注册，就需要重新考虑其他域名，或向域名持有者购买这个域名。注册域名后，一般每年要向域名服务机构交纳服务费，也可以使用一些免费的二级域名。图 1-15 所示为万网域名注册页面。

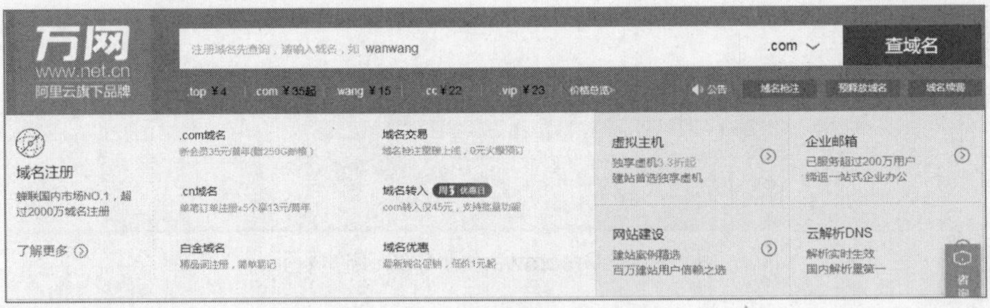

图 1-15｜万网域名注册页面

2. 申请空间

如果说域名是网站的"门牌号"，那么空间就是"屋子"，我们要把自己的程序放在自己的空间里，而空间的质量决定访客的舒适程度，所以网站空间的选择也是非常重要的，它直接影响着用户的上网体验度。

首先，需要估算网站大约需要占用多大的容量，根据所需的容量去找空间。如果占用的容量比较大，可以租用整台服务器或购买服务器托管。

其次，要清楚需要什么类型的空间？是全能型的、PHP 专用型的，还是 ASP 或 ASP.NET 型的？数据库是 MSSQL 还是 MySQL？选择哪种类型的空间取决于网站程序。

接着，选择网络线路。选择电信、移动或联通的线路？选择双线或三线？除了以上选择，还需要选择带宽，考虑需要多快的网速。一般情况下，不建议建设视频类、图片类以及资源下载类网站，因为运营这样的网站需要投入大量的资金购买服务器与带宽。

网站空间按照类型可以分为三种，从低到高的顺序分别为：虚拟主机、VPS（虚拟专用服务器）和独立服务器。独立服务器就是现实中真正的服务器，其价格是最贵的，因此一般个人站长很少使用。虚拟主机操作起来比较傻瓜化，如果使用 VPS 和独立服务器，需要进行相应的配置，相对来说技术要求更高。如果做的网站较为简单，那么推荐选择使用虚拟主机；如果网站稍大，推荐选择 VPS。因为独立服务器的租用价格较高，所以只建议企业使用。如果不想为空间投入成本，也可以从网上找到免费的空间，但这会对网站日后的发展造成一定的障碍。

申请好网络空间后，就会获得相应的 IP 地址，将域名解析到这个 IP 上，然后把空间和域名进行绑定即可。

▌三、创建与设置站点

在 Dreamweaver 中创建站点是为了便于对整个网站的维护和管理。这个站点实际上就是一个文件夹，将与制作网页有关的文件都放在此文件夹中。需要注意的是，站点文件夹要用字母或数字的组合来命名，还要把不同类型的文件放到不同的二级文件夹下，如 images 文件夹用于存放图像文件、CSS 文件夹用于存放样式表文件、JS 文件夹用于存放 JavaScript 脚本文件。

下面将详细介绍如何利用 Dreamweaver 建立一个站点目录，并对创建的站点进行相关的设置。

1. 创建站点

在 Dreamweaver CS6 中创建站点非常简单，具体操作方法如下。

Step 01 从系统桌面或"开始"菜单中启动 Dreamweaver CS6 程序，在启动界面的"新建"选项区中选择 HTML 选项，如图 1-16 所示。

Step 02 新建网页文档，在菜单栏中单击"站点"|"新建站点"命令，如图 1-17 所示。

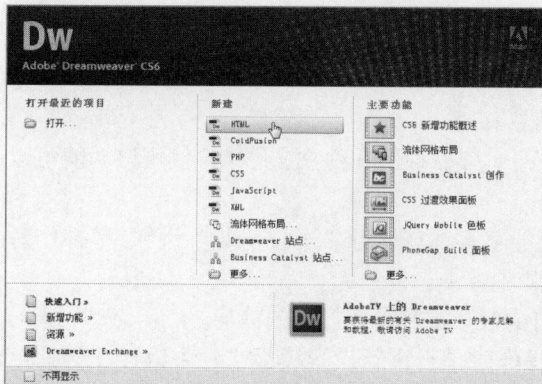

图 1-16 | Dreamweaver CS6 启动界面

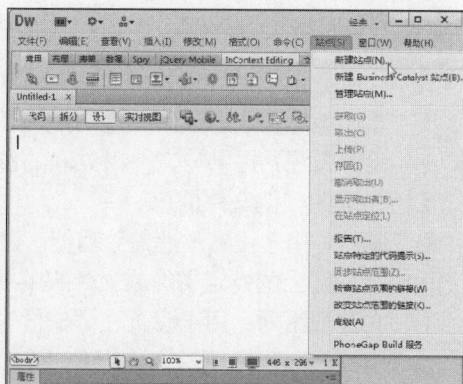

图 1-17 | 新建站点

Step 03 弹出"站点设置对象"对话框，在左侧选择"站点"选项，在右侧设置站点名称，然后单击"浏览文件夹"按钮，设置站点保存路径，如图 1-18 所示。

Step 04 单击"窗口"|"文件"命令，打开"文件"面板，可以看到站点中的文件，如图 1-19 所示。

图 1-18 ｜"站点设置对象"对话框

图 1-19 ｜查看站点文件

2. 编辑站点

站点的高级设置包括"本地信息""遮盖""设计备注""文件视图列"、Contribute、"模板"、Spry 和 "Web 字体" 8 个选项，用户可以根据需要进行相应的设置，如图 1-20 所示。

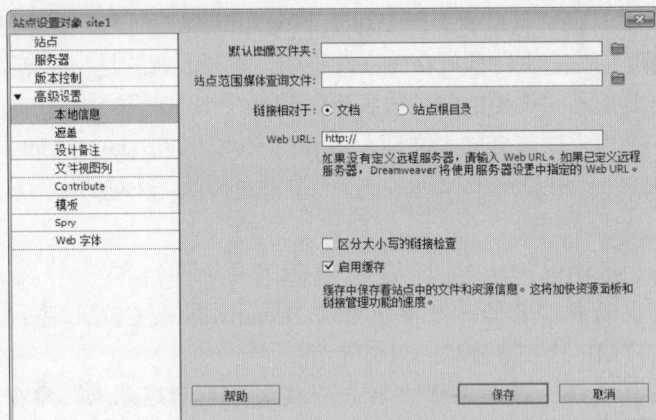

图 1-20 ｜站点高级设置

其中，部分选项的作用如下。

◇ **本地信息**：用于设置本地站点的基本信息。

◇ **设计备注**：提供与文件相关联的备注信息，单独存储在独立文件中。使用该功能可以记录与文档关联的其他文件信息。

◇ **遮盖**：用于设置"遮盖"功能。该功能能够实现在执行"获取"或"上传"等操作时排除本地或服务器上的特定文件或文件夹的效果。

◇ **文件视图列**：用于设置在"文件"窗口中各个文件需要显示的信息。

◇ **模板**：用于设置站点模板在执行更新操作时是否重新设置模板文件中链接文档的相对路径。

◇ **Web 字体**：用于设置站点使用的特殊字体的存放路径。

3. 删除站点

单击"站点"｜"管理站点"命令，弹出"管理站点"对话框，单击"删除当前选定的站点"按钮 ▬，即可对不再使用的站点执行删除操作。注意，该操作仅能在 Dreamweaver 中清除该站点信息，不能删除站点中的实际文件，如图 1-21 所示。

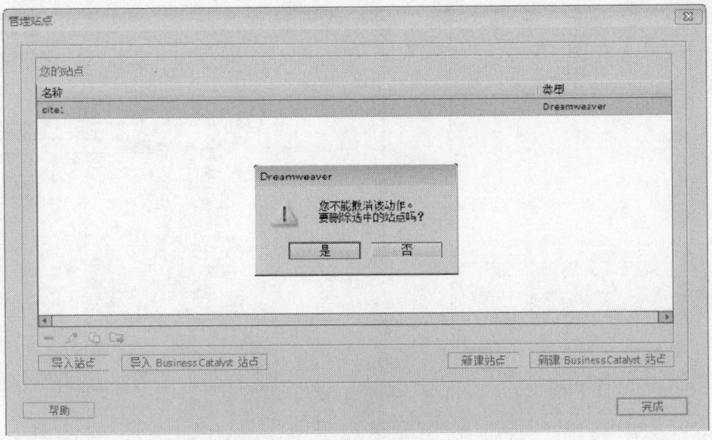

图 1-21 | 删除站点

4. 修改站点

通过编辑站点可以实现对站点信息的修改，具体操作方法如下。

`Step 01` 在"管理站点"对话框中单击"编辑当前选定的站点"按钮 ✎，如图 1-22 所示。

`Step 02` 在弹出的"站点设置对象"对话框中对站点信息进行重新设置，然后单击"保存"按钮，如图 1-23 所示。

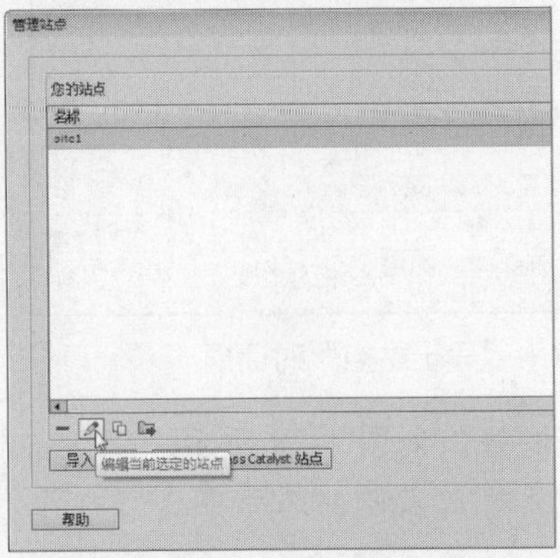

图 1-22 | 编辑当前选定的站点

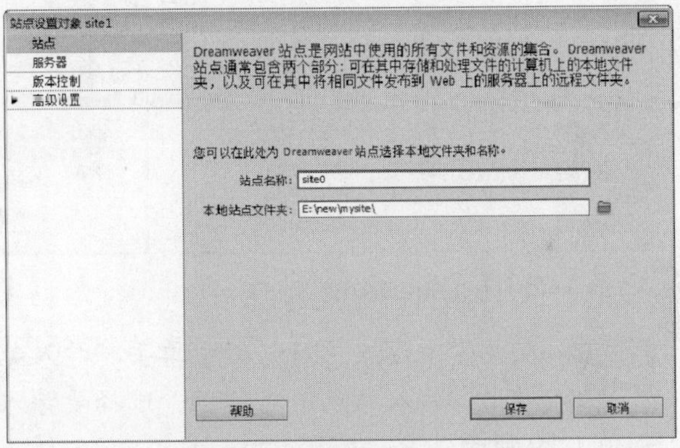

图 1-23 | 重新设置站点信息

5. 复制站点

如果要创建多个结构相同的站点，可以在"管理站点"对话框中单击"复制当前选定的站点"按钮 ▣，实现对选择站点的复制，如图 1-24 所示。

默认情况下，复制站点的存储路径和源站点路径一致。若要修改站点的存储路径，可以在"管理站点"对话框中双击复制的站点名称，在弹出的"站点设置对象"对话框的"本地站点文件夹"文本框中设置存储路径，如图 1-25 所示。

6. 导出与导入站点

若要导出站点，可以将当前站点配置文件（*.ste）导出到指定路径下；若要导入站点，可以将站点的配置文件导入 Dreamweaver 中，具体操作方法如下。

`Step 01` 在"管理站点"对话框中选中要导出的站点，然后单击"导出当前选定的站点"按钮 ➡，如图 1-26 所示。

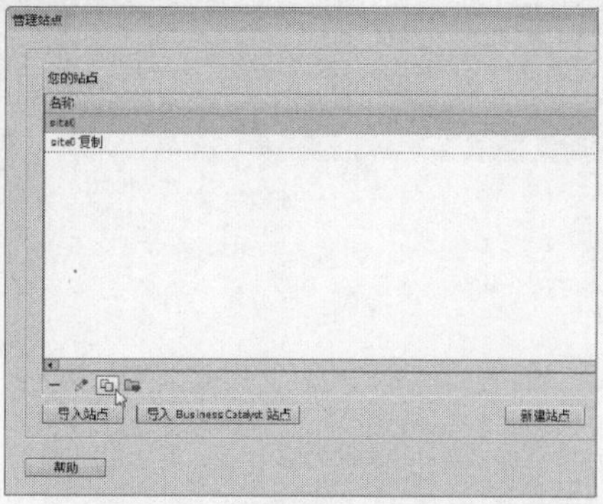

图 1-24 | 复制当前选定的站点

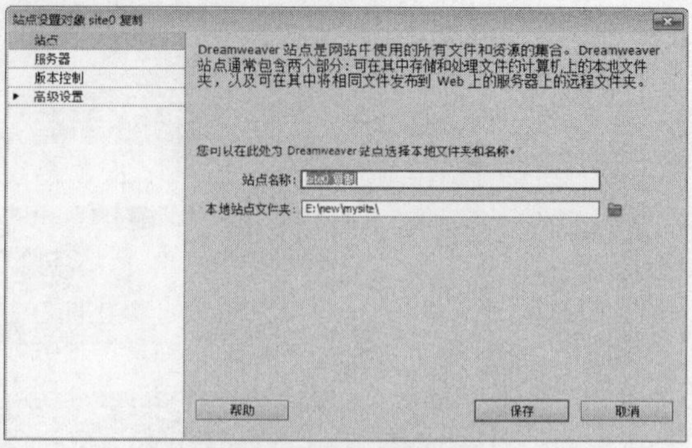

图 1-25 | 修改站点的存储路径

Step 02 弹出"导出站点"对话框，设置保存路径和文件名，然后单击"保存"按钮，如图 1-27 所示。

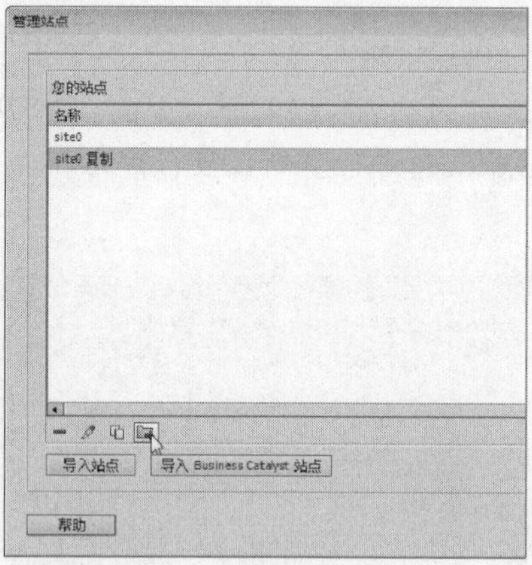

图 1-26 | 导出当前选定的站点

图 1-27 | "导出站点"对话框

Step 03 在"管理站点"对话框中单击"导入站点"按钮，如图 1-28 所示。

Step 04 弹出"导入站点"对话框，选择要导入的站点配置文件，然后单击"打开"按钮，如图 1-29 所示。

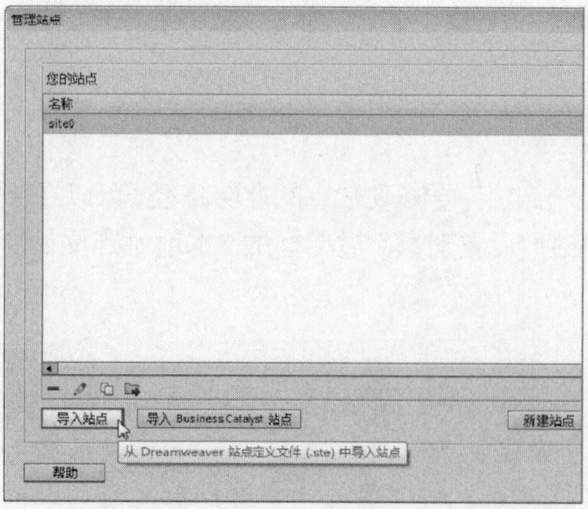

图 1-28 | 单击"导入站点"按钮

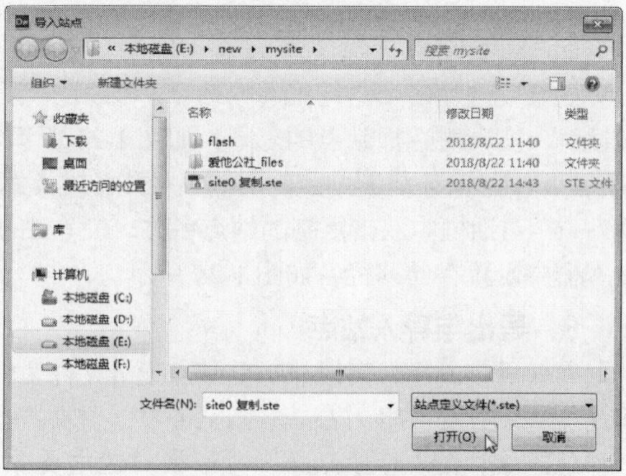

图 1-29 | "导入站点"对话框

项目小结

通过本项目的学习，读者应重点掌握以下知识。

（1）网页的构成要素主要包括文本、图像、动画、超级链接、网站 Logo、导航栏、表格、框架、表单、横幅广告、版尾或版权块、字幕、悬停按钮等元素。

（2）电子商务网站建设应该遵循一定的准则，如明确网站建设目的和用户需求、总体设计主题鲜明、设计人性化的交互界面等。

（3）网站结构可以分为物理结构和逻辑结构（也叫作链接结构），其中物理结构又分为扁平式结构和树形结构。

（4）网页的空间结构可划分为网页顶部、网页主体和网页底部三个部分。

（5）网页常见的布局结构布局包括"国"字形、"厂"字形、"回"字形、框架型和自由式等。

（6）在 Dreamweaver CS6 中可以很方便地创建与设置本地站点，如新建站点、编辑站点、复制站点、删除站点、导入和导出站点等。

项目习题

1. 简述电子商务网站建设应该遵循哪些设计准则。

2. 常见的网页布局结构有哪些？试举例说明。

3. 在 Dreamweaver CS6 中创建一个名为"时尚科技"的站点，将其中的本地站点保存在 D:\shishangkeji 文件夹下，然后为"时尚科技"网站建立一个存放图片的文件夹 images。

项目二
使用 Photoshop 制作网页版面

项目重点

- 掌握 Photoshop 文件、工具等基本操作。
- 学会利用 Photoshop 制作文字特效和图像特效。

项目目标

- 能够利用 Photoshop 设计电子商务网站首页。
- 能够利用 Photoshop 设计促销活动页。

项目概述

Photoshop 是一款集图像扫描、编辑修改、图像制作、广告创意等于一体的图形图像处理软件，凭借其便利、专业的图像处理功能，已经成为网页设计与制作的必备工具。通过本项目的学习，我们可以熟悉 Photoshop 的基本操作，利用 Photoshop 制作文字特效、图像特效等，并制作出具有专业水准的网页版面。本书将以 Photoshop CS6 版本为操作平台进行学习。

任务一　Photoshop 基本操作

任务概述

一般在网页设计中会大量使用图形图像。Photoshop 作为一款便利、专业的图像处理软件，在网页制作中的作用不言而喻。它能与其他软件超强组合，已经成为现在网页制作的必备工具。本任务将重点学习 Photoshop 的基本操作。

任务实施

一、认识 Photoshop 工作界面

Photoshop CS6 的工作界面由菜单栏、工具栏、选项栏、编辑窗口和面板组等部分组成，如图 2-1 所示。

图 2-1 | Photoshop CS6 工作界面

1. 菜单栏

Photoshop CS6 的菜单栏中包含"文件""编辑""图像""图层""文字""选择""滤镜""视图""窗口"和"帮助"主菜单，如图 2-2 所示。单击任何一个主菜单，都会弹出相应的下拉菜单，使用下拉菜单中的命令可以完成大部分图像处理操作。

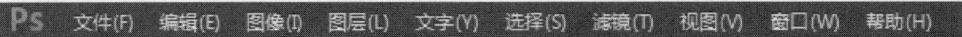

图 2-2 │ 菜单栏

2. 工具栏

工具栏在屏幕左侧，是所有工具的集合面板，包含许多绘图和编辑工具，其中每个工具都用一个按钮来表示。用户可以根据自己的需要设置单、双栏显示工具栏，也可通过拖动工具栏的标题栏来移动工具栏。如果工具右下角有小三角形，表示它是一个工具组，按住鼠标左键可以显示隐藏的工具，单击可以选择要使用的工具，如图 2-3 所示。

3. 选项栏

选项栏是为各个工具提供选项的面板。在选择工具后，可以在该栏中显示相应的工具选项，通过设置选项可以控制所选工具的操作结果。例如，图 2-4 所示为"减淡工具"选项栏，用于设置范围、曝光度等。

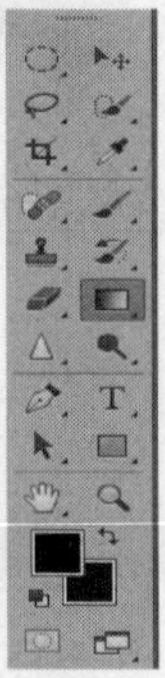

图 2-3 │ 工具栏

图 2-4 │ 减淡工具选项栏

4. 编辑窗口与面板组

编辑窗口是 Photoshop 的常规工作区，主要用于显示图像文件、浏览和编辑图像等。编辑窗口带有自己的标题栏，包括文件名、缩放比例和色彩模式等。面板组通常位于窗口的右侧，主要用于调整与图像有关的各种属性等，如图 2-5 所示。

图 2-5 │ 编辑窗口与面板组

二、图像文件的基本操作

图像文件的基本操作包括图像文件的新建、打开、保存等，下面将详细介绍这些基本操作。

1. 新建图像文件

在 Photoshop 中新建图像文件的具体操作方法如下。

Step 01 启动 Photoshop 程序，按【Ctrl+N】组合键，打开"新建"对话框，从中设置"名称""大小""分辨率""颜色模式"和"背景内容"等参数。单击"高级"按钮，展开"高级"选项，从中设置"颜色配置文件"和"像素长宽比"选项。设置完成后，单击"存储预设"按钮，即可将这些设置存储为预设参数，最后单击"确定"按钮，如图 2-6 所示。

Step 02 此时，即可在编辑窗口中显示新建的图像文件，如图 2-7 所示。

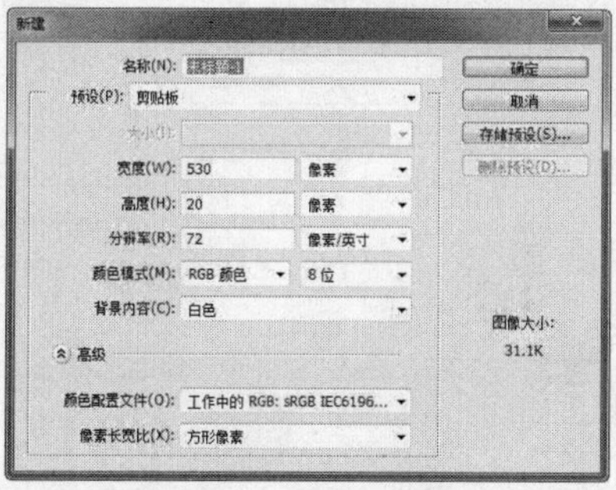

图 2-6 | "新建"对话框

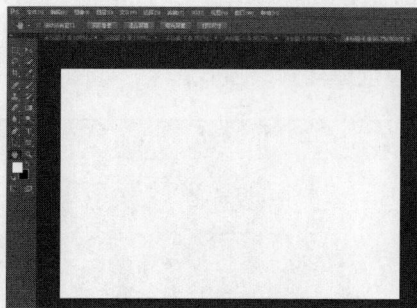

图 2-7 | 新建图像文件

2. 打开图像文件

使用 Photoshop CS6 打开已有图像文件的方式有多种，可以直接单击"文件"|"打开"命令，或直接按【Ctrl+O】组合键，还可在 Photoshop 工作界面中双击空白区域，在弹出的"打开"对话框中选择要打开的图像文件。

默认情况下文件列表中显示的是所有格式的文件，如果只想显示指定格式的图像文件，可以在"文件类型"下拉列表框中选择要打开文件的格式类型。在"打开"对话框中选择图像文件后，单击"打开"按钮，即可打开所选的文件，如图 2-8 所示。

3. 保存图像文件

在创建或编辑完图像文件后需要对其进行保存，可以单击"文件"|"存储"命令，或直接按【Ctrl+S】组合键，打开"存储为"对话框，设置保存位置、文件名以及相关存储选项后单击"保存"按钮，即可保存该图像文件，如图 2-9 所示。

图 2-8 | "打开"对话框

图 2-9 | "存储为"对话框

三、商品图片编辑工具

在运用 Photoshop 制作电子商务网站图像的过程中，选择工具、绘图工具和形状工具是最常用的图像编辑工具，下面将分别对其进行介绍。

1. 选择工具

在网页图像编辑过程中，经常需要选取特定的图像或特定的区域，这时常用的选择工具主要有选框工具、套索工具和魔棒工具。

（1）选框工具是最常用的选区创建工具，包括矩形选框工具、椭圆选框工具、单行选框工具和单列选框工具。其中，利用矩形选框工具可以创建矩形选区，如图 2-10 所示。利用椭圆选框工具可以创建椭圆或圆形选区，如图 2-11 所示。

图 2-10 ｜ 创建矩形选区

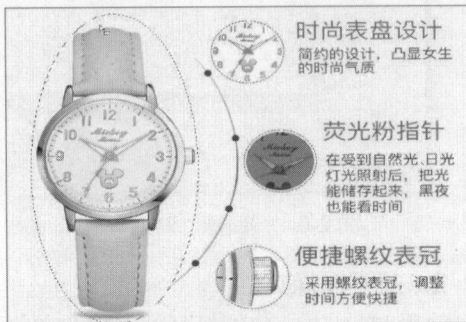

图 2-11 ｜ 创建椭圆选区

使用单行选框工具和单列选框工具可以选择一行或一列像素，一般用于制作特殊的效果，如制作图像的描边和对齐、制作水平和竖直的线条等。在使用这两个工具时，要注意将"羽化"设置为 0。图 2-12 和图 2-13 所示分别为使用单行选框工具和单列选框工具创建的选区。

图 2-12 ｜ 创建单列选区

图 2-13 ｜ 创建单行选区

（2）使用套索工具可以选择不规则形状的曲线区域，具体操作方法如下。

Step 01 打开"素材文件\项目二\套索工具.jpg"，如图 2-14 所示。在工具栏中单击套索工具按钮 ，在弹出的列表中选择"套索工具"，如图 2-15 所示。

Step 02 在图像上拖动鼠标，即可选取所需的范围，如图 2-16 所示。

多边形套索工具与套索工具的使用方法相似，不同的是它采用单击的方式创建不规则的多边形选区，如图 2-17 所示。

图 2-14 | 打开素材文件

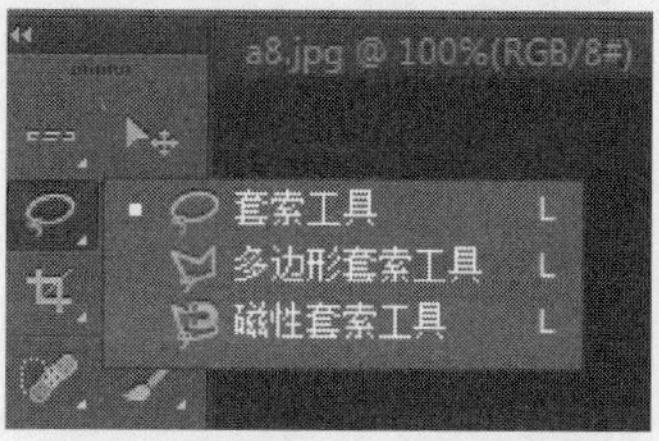

图 2-15 | 选择"套索工具"

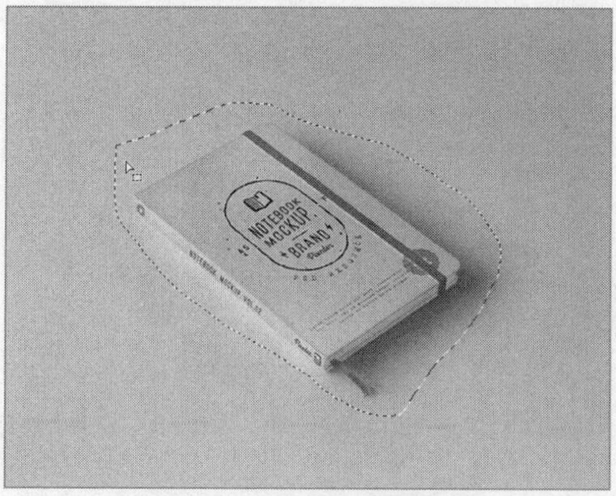

图 2-16 | 创建选区

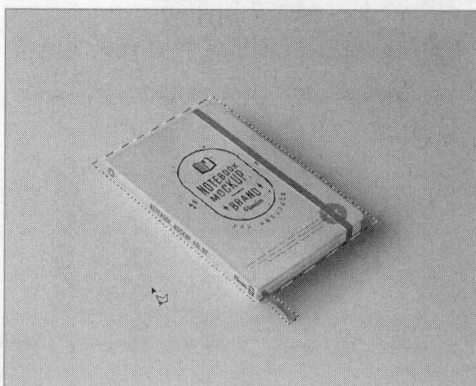

图 2-17 | 使用多边形套索工具

磁性套索工具是一种具有可识别边缘功能的工具。在工具栏中选择"磁性套索工具",在要创选选区的位置单击鼠标左键,选框线就会自动吸附到选取对象的边框线上,如图 2-18 所示。

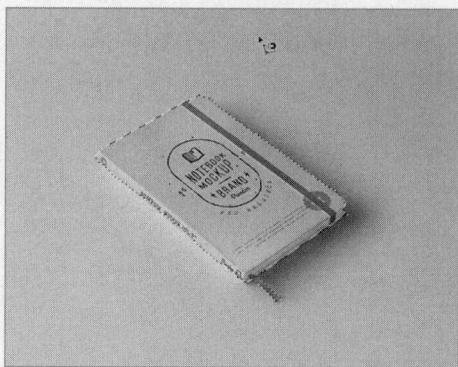

图 2-18 | 使用磁性套索工具

(3)魔棒工具也是常用的区域选择工具,可以根据图像中像素的颜色来建立选区。当用魔棒工具单击某个点时,与该点颜色相近的区域就会被选中,具体操作方法如下。

Step 01 打开素材文件"素材文件\项目二\玫瑰花.jpg",如图 2-19 所示。

Step 02 在工具栏中选择魔棒工具,在白色背景上单击鼠标左键,即可将背景区域选中,如图 2-20 所示。

图 2-19 ｜打开素材文件

图 2-20 ｜选择白色背景

Step 03 若选择的目标是玫瑰花，可在选区中右键单击，在弹出的快捷菜单中选择"选择反向"命令，如图 2-21 所示。

Step 04 此时，玫瑰花即可作为选区被选取出来，效果如图 2-22 所示。

图 2-21 ｜选择"选择反向"命令

图 2-22 ｜创建反向选区

2. 绘图工具

在网页图像处理过程中，绘图也是最基本的操作。Photoshop CS6 提供了非常便捷的绘图工具，常用的有画笔工具、橡皮工具、渐变工具、仿制图章工具等。

使用画笔工具不仅可以创建比较柔和的艺术笔触效果，还可以自定义笔画。使用铅笔工具可以在图像上或选区内绘制所需的线条，具体操作方法如下。

Step 01 打开"素材文件\项目二\米家扫地机器人.jpg"，如图 2-23 所示。

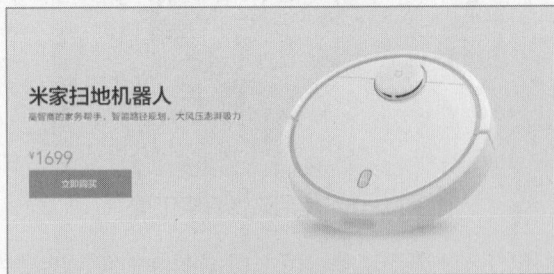

图 2-23 ｜打开素材文件

Step 02 在工具栏中选择"画笔工具"，单击"窗口"｜"画笔预设"命令，打开"画笔预设"面板，选择"散布枫叶"选项，然后在"画笔"面板中设置各项参数，如图 2-24 所示。

图 2-24 | 设置画笔

Step 03 在图像上拖动鼠标进行绘制，效果如图 2-25 所示。

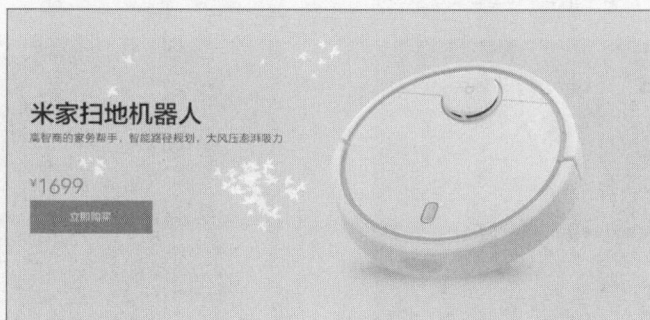

图 2-25 | 散布枫叶画笔效果

仿制图章工具是复制图像的工具，使用它可以将局部图像复制到其他位置或另一个图像文件中。在"仿制图章工具"选项栏中选中"对齐"复选框，不管停笔后再画多少次，每次复制都间断其连续性，这种功能可以粘贴多次的图像重合。

如果取消选中"对齐"复选框，那么每次停笔再画时都会从原先的起点画起。此功能适用于多次复制同一图像。多次使用该工具在原粘贴点粘贴图像后，将会出现重影，可以据此制作重影特效。其使用方法为：在工具栏中选择"仿制图章工具"，在图像中右键单击，弹出"画笔预设"面板，从中设置画笔的大小、硬度和样式等，如图 2-26 所示。

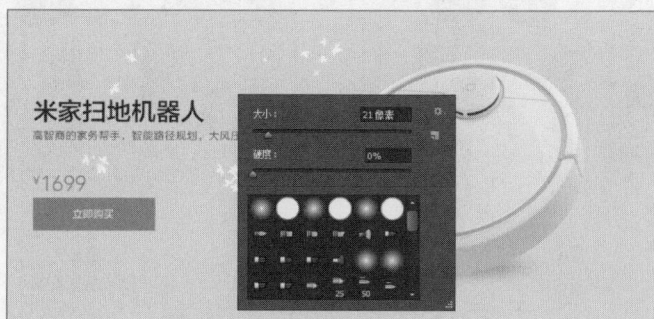

图 2-26 | 使用仿制图章工具

油漆桶工具用于向鼠标单击处色彩相近并相连的区域填充前景色或指定图案，单击鼠标就可以完成操作。通过其选项栏可以进一步设置"模式""不透明度""容差"等参数，如图 2-27 所示。其使用方法为：在工具栏中选择"油漆桶工具"，然后设置前景色，在编辑窗口中所需填充颜色的位置单击鼠标左键，即可填充前景色。

图 2-27 | 油漆桶工具选项栏

锐化工具与模糊工具主要用于对图像的清晰度进行调整。锐化工具是通过增强相邻颜色的对比度来增加图像的清晰度，可以使图像变得相对清晰，但也会使图像画面看起来较为尖锐。模糊工具则是通过减弱相邻颜色的对比度来降低图像的清晰度，使图像变得相对模糊，从而使图像看起来比较柔和。

使用锐化工具和模糊工具调整图像的具体操作方法如下。

Step 01 打开"素材文件\项目二\短袖.jpg"，在工具栏中选择"锐化工具"，然后在图像中进行涂抹，前后对比效果如图 2-28 所示。

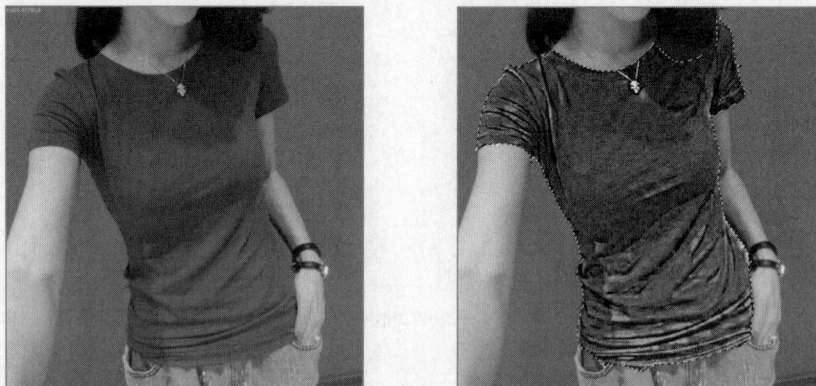

图 2-28 | 锐化图像前后对比效果

Step 02 打开"素材文件\项目二\沙发.jpg"，在工具栏中选择"模糊工具"，然后在图像中进行涂抹，前后对比效果如图 2-29 所示。

图 2-29 | 模糊图像前后对比效果

3. 形状工具

形状工具用于绘制各种形状的图形和路径。在工具栏的"矩形工具"组中包括矩形工具、圆角矩形工具、椭圆工具、多边形工具、直线型工具和自定形状工具。

形状工具的使用方法比较简单，在工具栏中选择自定形状工具▣，其选项栏如图 2-30 所示。在"形状"下拉列表框中选择所需的形状样式，然后在图像中拖动鼠标进行绘制即可，效果如图 2-31 所示。

图 2-30 | 自定形状工具选项栏

图 2-31 | 绘制自定义形状

在绘制过程中也可以进行图层样式、自选图形的设置，如图 2-32 和图 2-33 所示。

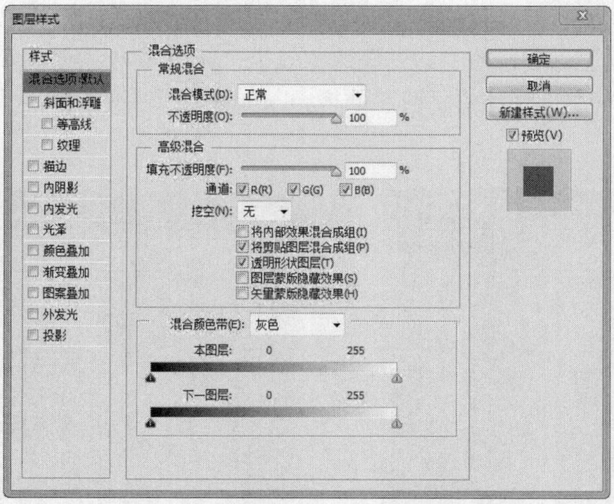

图 2-32 | 设置图层样式

图 2-33 | 设置自选图形

在利用 Photoshop CS6 编辑电商网页图像的过程中，除了上述工具外，还有用于切割图片、制作网页分页的切片工具和切片选择工具，针对图像的颜色深浅进行调整的减淡与加深工具，以及调整路径位置的路径工具等。由于篇幅有限，在此不再赘述，读者可以自行学习。

任务二　使用 Photoshop 制作文字特效

任务概述

在使用 Photoshop 编辑网页图像时，文字是修饰画面不可或缺的重要元素。将特效文字运用在电子商务网站的图片广告中，往往能起到画龙点睛的作用。在特效文字制作过程中，还要应用滤镜与图层样式等。本任务将学习几种常用的文字特效的制作方法。

任务实施

一、添加文字

文本工具是矢量工具的一部分，主要作用是输入文字或创建文字蒙版。文本工具主要包括横排文字工具、直排文字工具、横排文字蒙版工具和直排文字蒙版工具，这些工具的选项栏是相同的。下面以横排文字工具 T 为例，介绍如何在图像中添加文字。在工具栏中选择横排文字工具，在其选项栏中设置字体、字号等，如图 2-34 所示。

图 2-34 | 文字工具选项栏

1. 输入文字

选择横排文字工具 T，在图像中的合适位置单击鼠标左键，在光标闪烁处输入所需的文字，并按【Ctrl+Enter】组合键确认操作，此时"图层"面板中会自动新建一个文字图层，如图 2-35 所示。

2. 设置文字属性

在图像中添加文字后，通常需要对其进行编辑才能达到满意的效果，此时需要用到"字符"面板。在菜单栏单击"窗口"|"字符"命令，打开"字符"面板，从中设置文字的字体、字号和颜色等属性，如图 2-36 所示。

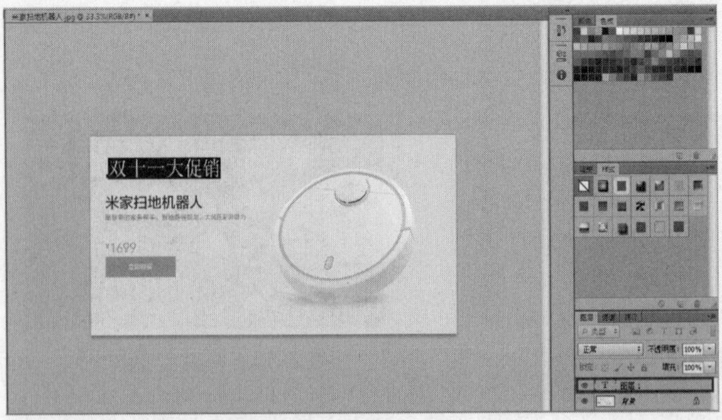

图 2-35 | 新建文字图层

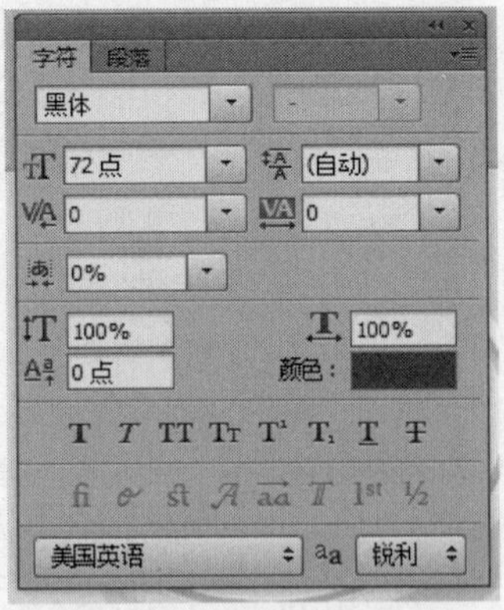

图 2-36 | 设置文字属性

3. 创建段落文字

选择横排文字工具 T，在图像窗口中按住鼠标左键并拖动，拖至合适的位置后松开鼠标，即可绘制一个文本框，然后在其中输入段落文字，单击选项栏中的✓按钮或按【Ctrl+Enter】组合键确认输入操作，如图 2-37 所示。

图 2-37 | 创建段落文字

4. 创建变形文字

使用文字变形功能可以对文字进行多种变形操作。使用文本工具输入文字后，在选项栏中单击 "创建文字变形" 按钮，弹出 "变形文字" 对话框，在 "样式" 下拉列表框中包括 "拱形" "波浪" "上弧" "贝壳" "旗帜" "鱼形" 等 16 种变形效果，例如选择 "膨胀" 样式，并设置 "弯曲" "水平扭曲" 和 "垂直扭曲" 等参数（见图 2-38），其效果如图 2-39 所示。

图 2-38 | 设置变形参数

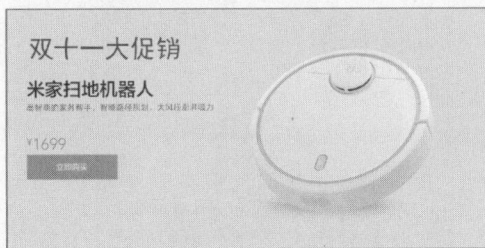

图 2-39 | 变形文字效果

5. 将文字转换为路径

选中文字图层并右键单击，在弹出的快捷菜单中选择 "创建工作路径" 命令，或单击 "文件" | "创建工作路径" 命令，即可将文字转换为路径，如图 2-40 所示。

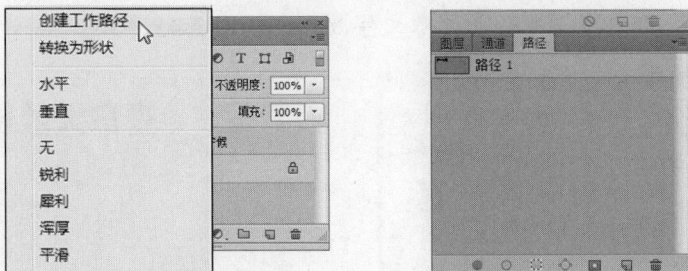

图 2-40 | 将文字转换为路径

6. 将文字图层转换为普通图层

文字图层与普通图层不同，对其只能进行文字属性的设置。若要对文字图层应用 "滤镜" 命令，或使用工具箱中的工具进行编辑，需要先将文字图层转换为普通图层，也就是将文字图层栅格化。方法为：选择文字图层，单击 "文字" | "栅格化文字图层" 命令，即可将文字图层转换

为普通图层，如图 2-41 所示。

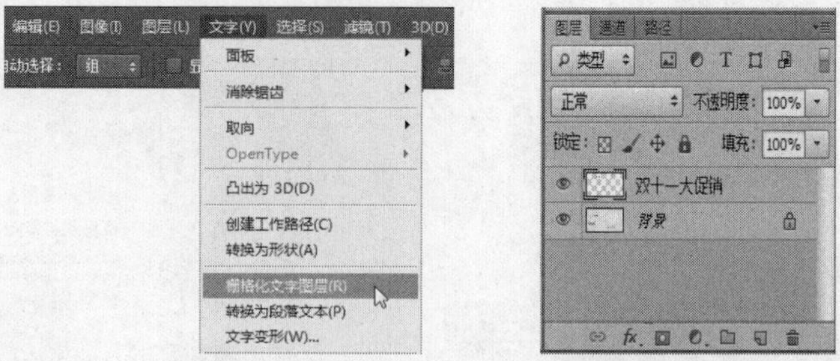

图 2-41 | 将文字图层转换为普通图层

二、浮雕文字特效

在进行广告设计或制作网页时，具有浮雕效果的文字和图案能给人以三维立体的感觉，可以增强视觉冲击力。下面将详细介绍如何制作浮雕文字特效，具体操作方法如下。

Step 01 打开"素材文件\项目二\沙发 2.jpg"，如图 2-42 所示。

Step 02 在工具栏中选择"横排文字工具"，在选项栏中将字体大小设置为 90 点，然后在图像中输入文字"夏日大放价"，如图 2-43 所示。

图 2-42 | 打开素材文件

图 2-43 | 输入文字

Step 03 单击"图层"|"图层样式"|"斜面和浮雕"命令，弹出"图层样式"对话框，从中设置相关参数，然后单击"确定"按钮，如图 2-44 所示。

Step 04 此时，即可查看制作的浮雕文字效果，如图 2-45 所示。

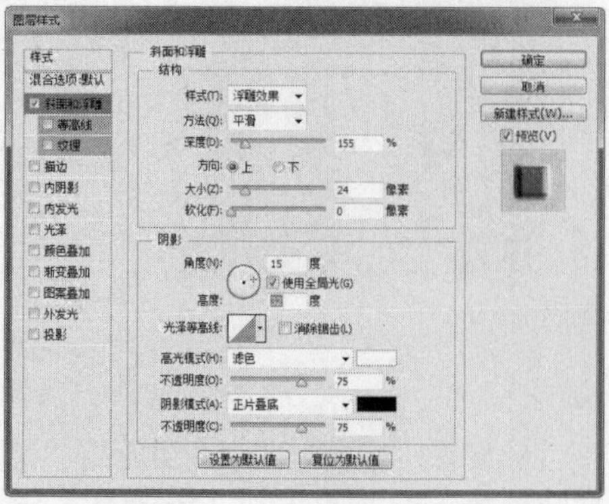

图 2-44 | "图层样式"对话框

图 2-45 | 浮雕文字效果

三、金属文字特效

金属文字特效通常用于珠宝首饰等商品的宣传广告中，更能衬托出商品的奢华与质感。下面将详细介绍如何制作金属文字特效，具体操作方法如下。

Step 01 单击"文件"|"新建"命令，在弹出的"新建"对话框中设置各项参数，然后单击"确定"按钮，如图 2-46 所示。

Step 02 在工具栏中选择"渐变工具" ▨，在选项栏单击 ▬▬，弹出"渐变编辑器"对话框，选择"黑，白渐变"选项，然后设置左、右两侧的颜色分别为#8b0303、#5b0101。在"背景"图层上从左到右绘制渐变，如图 2-47 所示。

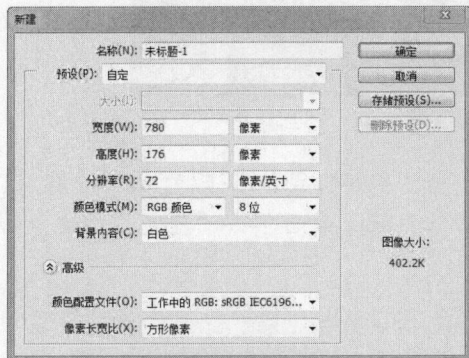

图 2-46 | "新建"对话框   图 2-47 | 绘制渐变

Step 03 打开"素材文件\项目二\丝带.psd"，将其拖入编辑窗口中。使用横排文字工具输入文字"九福银饰 七夕特惠"，在"字符"面板中设置文字颜色为#4b4b4b，并设置字体、字号、字符间距等参数，如图 2-48 所示。

图 2-48 | 添加文字

Step 04 按【Ctrl+J】组合键，复制文字图层。右键单击文字副本图层，在弹出的快捷菜单中选择"栅格化文字"命令，将文字图层转换为普通图层。设置文字副本的颜色为浅蓝色#b7c3f3，效果如图 2-49 所示。

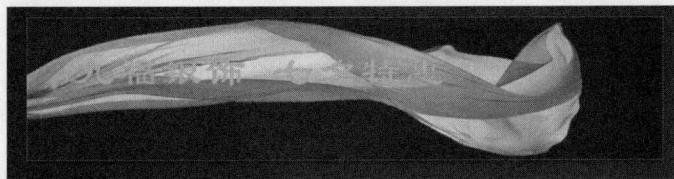

图 2-49 | 复制文字图层并设置颜色

電子商务网站建设与网页设计（微课版）

Step 05 在"图层"面板中选择文字副本图层，在面板下方单击"添加图层面板"按钮，添加图层蒙版，如图 2-50 所示。选择"渐变工具"并设置为黑白渐变色，按住【Shift】键在图层蒙版上从上到下短距离地绘制渐变，如图 2-51 所示。

图 2-50｜添加图层蒙版

图 2-51｜绘制渐变

Step 06 双击"九福银饰七夕特惠"文字图层，打开"图层样式"对话框，添加"投影""外发光""斜面和浮雕"和"描边"样式，并设置各项参数，最后单击"确定"按钮，如图 2-52～图 2-55 所示。

图 2-52｜设置"投影"样式

图 2-53｜设置"外发光"样式

图 2-54｜设置"斜面和浮雕"样式

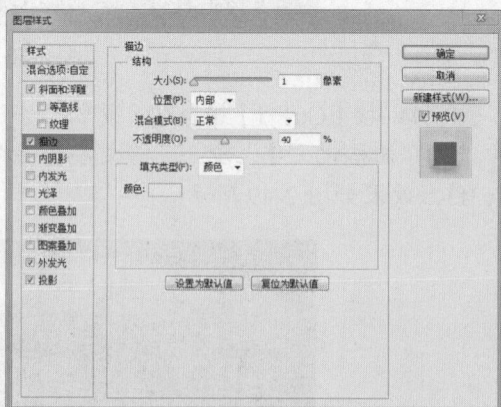

图 2-55｜设置"描边"样式

Step 07 此时，即可查看添加图层样式后的金属文字效果，如图 2-56 所示。

图 2-56 | 金属文字效果

四、磨砂涂鸦文字特效

磨砂涂鸦文字是一种网络广告中常用的文字特效，其制作方法如下。

Step 01 单击"文件"|"新建"命令，在弹出的"新建"对话框中设置各项参数，然后单击"确定"按钮，如图 2-57 所示。

Step 02 设置前景色为#1e8d00，按【Alt+Delete】组合键填充前景色。单击"滤镜"|"杂色"|"添加杂色"命令，在弹出的"添加杂色"对话框中设置"数量"为 20%，选中"高斯分布"单选按钮和"单色"复选框，然后单击"确定"按钮，如图 2-58 所示。

图 2-57 | "新建"对话框

图 2-58 | "添加杂色"对话框

Step 03 使用横排文字工具输入文字"双十一购物狂欢节"，在"字符"面板设置文字颜色为#023591，并设置字体、字号等参数，如图 2-59 所示。

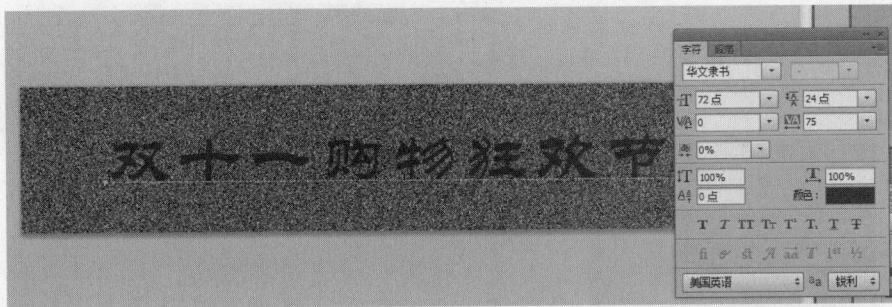

图 2-59 | 添加文字

Step 04 选择文字图层并右键单击，在弹出的快捷菜单中选择"栅格化文字"命令，按

【Ctrl+J】组合键复制图层，如图 2-60 所示。双击文字副本图层，打开"图层样式"对话框，选择"描边"样式，并设置各项参数，然后单击"确定"按钮，如图 2-61 所示。

图 2-60 | 复制图层

图 2-61 | 设置"描边"样式

Step 05 选择"双十一购物狂欢节"文字图层，在工具栏中选择"移动工具"，然后使用方向键调整文字的位置。按【Ctrl+U】组合键，打开"色相/饱和度"对话框，设置各项参数，然后单击"确定"按钮，如图 2-62 所示。查看此时的文字效果，如图 2-63 所示。

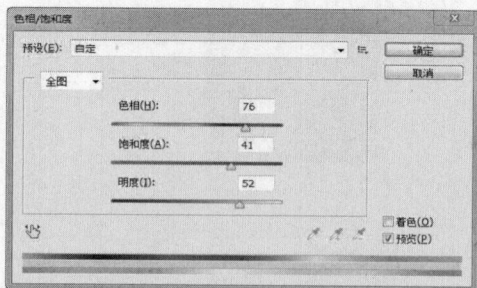

图 2-62 | "色相/饱和度"对话框

图 2-63 | 文字效果

Step 06 选择文字副本图层，按【Ctrl+E】组合键向下合并图层，将两个文字图层合并为一个图层，如图 2-64 所示，双击合并后的图层，打开"图层样式"对话框，在左侧选择"描边"样式，在右侧设置描边颜色和大小，然后单击"确定"按钮，如图 2-65 所示。

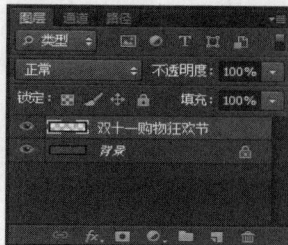

图 2-64 | 合并图层

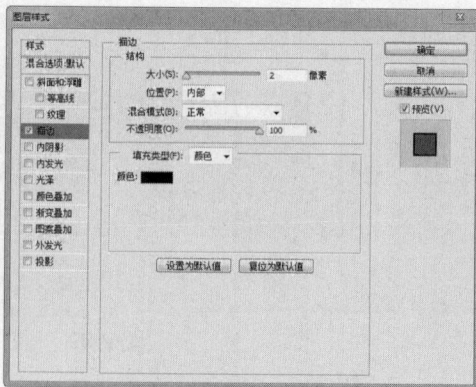

图 2-65 | 设置"描边"样式

Step 07 单击"滤镜"|"杂色"|"添加杂色"命令，在弹出的"添加杂色"对话框中设置"数量"为 20%，选中"高斯分布"单选按钮和"单色"复选框，然后单击"确定"按钮，最终效果如图 2-66 所示。

图 2-66 | 磨砂涂鸦文字特效

五、晶莹剔透文字特效

晶莹剔透文字也是网络广告中一种常用的文字特效，其制作方法如下。

Step 01 单击"文件"|"新建"命令，在弹出的"新建"对话框中设置各项参数，然后单击"确定"按钮，如图 2-67 所示。

Step 02 选择"渐变工具"，打开"渐变编辑器"窗口，选择"黑，白渐变"，在渐变条上设置左、右两侧的颜色分别为 # 0c074d、# 050000，然后单击"确定"按钮，如图 2-68 所示。

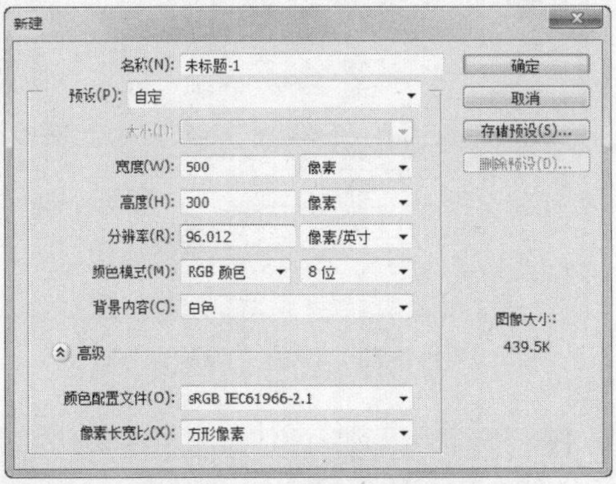

图 2-67 | "新建"对话框

图 2-68 | "渐变编辑器"窗口

Step 03 在渐变工具栏中单击"径向渐变"按钮，在画布上从中间向四周绘制渐变。使用"横排文字工具"在图像中输入文字"现榨果汁"。在"字符"面板中设置文本颜色为"#f39519"，字体为"微软雅黑"加粗、斜体，字号为 71 点，如图 2-69 所示。

Step 04 打开"素材文件\项目二\橙子.jpg"，将其导入编辑窗口中，按【Ctrl+T】组合键调整其大小与位置，如图 2-70 所示。

图 2-69 | 添加文字

图 2-70 | 导入图像

37

Step 05 在"图层"面板中选择文字图层，按【Ctrl+J】组合键复制图层，然后右键单击该图层，在弹出的快捷菜单中选择"栅格化文字"命令，如图 2-71 所示。

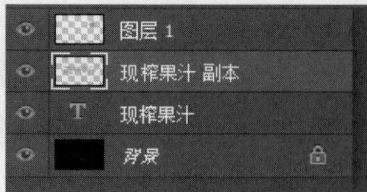

图 2-71 | 复制文字图层并栅格化

Step 06 双击文字图层副本，打开"图层样式"对话框，分别添加"投影""内发光""斜面和浮雕"和"描边"颜色为#ffa36e，最后单击"确定"按钮，如图 2-72～图 2-75 所示。

图 2-72 | 设置"投影"样式

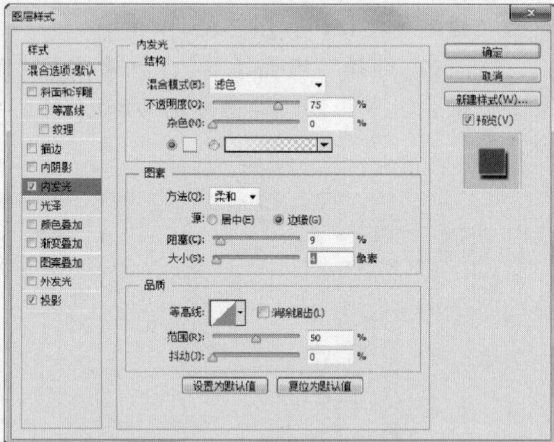

图 2-73 | 设置"内发光"样式

图 2-74 | 设置"斜面和浮雕"样式

图 2-75 | 设置"描边"样式

Step 07 此时，即可查看添加图层样式后的文字效果。根据需要为文字图层制作倒影，最终效果如图 2-76 所示。

图 2-76 | 晶莹剔透文字效果

任务三　使用 Photoshop 制作图像特效

任务概述

在电子商务网页设计与制作中，应用图像特效对美化商品、提高网店宣传效果有着重要的辅助作用。在图像特效制作过程中，经常需要调整图像的大小、调整图像的色彩与色调、应用滤镜制作图像特效等，本任务将分别对其进行详细介绍。

任务实施

一、调整图像大小

在电子商务网页设计中，图像的尺寸、大小等都有严格的要求。例如，横幅广告是互联网广告中最基本的广告形式，以前常用的尺寸是 468 像素×60 像素或 233 像素×30 像素，但现在随着大屏幕显示器的出现，Banner 的表现尺寸越来越大，760 像素×70 像素和 1000 像素×70 像素的大尺寸 Banner 也悄然出现。

通常使用工具栏中的裁剪工具调整图形的尺寸大小，也可以利用菜单命令进行操作，方法为：打开网页图像，单击"图像"|"图像大小"命令，弹出"图像大小"对话框，从中设置"像素大小""文档大小""缩放样式""约束比例"等参数，然后单击"确定"按钮，如图 2-77 所示。

如果不需要改变图像大小，而是要改变图像周围空间的大小，此时可以通过"调整画布大小"进行设置，方法为：打开网页图像，单击"图像"|"画布大小"命令，弹出"画布大小"对话框，从中设置画布"宽度""高度""画布扩展颜色""定位"等参数，然后单击"确定"按钮，如图 2-78 所示。

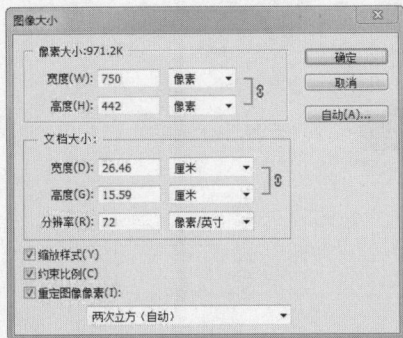

图 2-77 | "图像大小"对话框

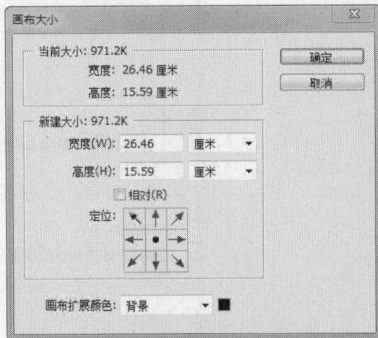

图 2-78 | "画布大小"对话框

▌二、调整图像色彩与色调

图像是网页设计的重点元素之一，恰当的图像可以使电子商务网站变得更有吸引力与说服力。在"图像"|"调整"菜单下选择相关的命令，可以对图像的色彩与色调进行精确的调整，如图 2-79 所示。

图 2-79 │ "调整"菜单命令

在电子商务网站的制作过程中，比较常用的命令有"色阶""亮度/对比度""色相/饱和度"等，下面将详细介绍如何使用这些命令进行色彩与色调的调整。

1．色阶

使用"色阶"命令可以调整高亮区或阴影区像素高度集中的图像。它与亮度有关，表示图片的明暗关系，最亮的是纯白色，最暗的是纯黑色。在"色阶"对话框中，从左至右为从暗到亮的像素分布，黑色三角形滑块▲表示最暗的位置，白色三角形滑块△表示最亮的位置，灰色三角形滑块◢表示中间调，如图 2-80 所示。

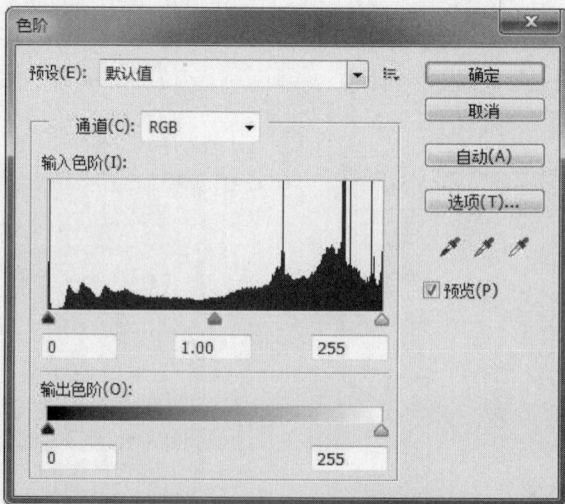

图 2-80 │ "色阶"对话框

在"色阶"对话框的"通道"下拉列表框中可以选择整个复合颜色通道进行色调调整，也可以分别选择各分色通道进行单独颜色色调的调整。"输入色阶"选项的主要作用是调节图像颜色的参数值，可以通过移动色阶直方图下方的 3 个滑块进行调整，也可以在"输入色阶"文本框中直接输入所需的参数值。"输出色阶"选项的主要作用是调整图像色彩的中间参数值，可以通过移动"输出色阶"滑块调整参数值，也可以直接在"输出色阶"文本框中输入所需的参数值。

2. 亮度/对比度

使用"亮度/对比度"命令可以对图像的色调按照其表现效果直接进行调整。单击"图像"|"调整"|"亮度/对比度"命令，弹出"亮度/对比度"对话框，如图 2-81 所示。

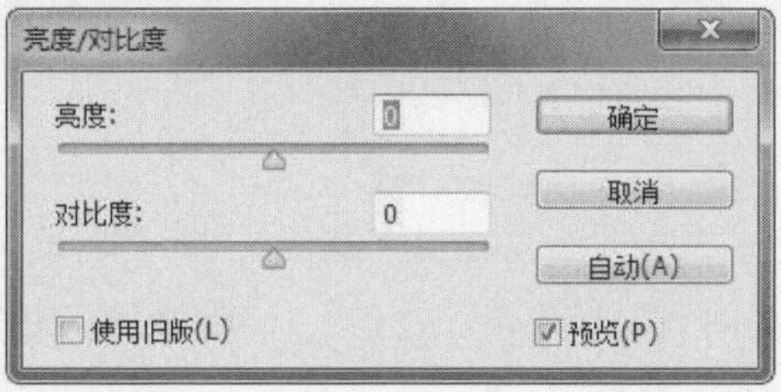

图 2-81 | "亮度/对比度"对话框

其中，"亮度"选项用于调整图像的亮度，当数值为正值时，可以增加图像的亮度；当数值为负值时，可以降低图像的亮度。"对比度"选项用于调整图像的对比度，当数值为正值时，可以增加图像的对比度；当数值为负值时，可以降低图像的对比度。

下面将通过实例介绍如何使用"亮度/对比度"命令调整图像的亮度/对比度，具体操作方法如下。

Step 01 打开"素材文件\项目二\亮度.jpg"，单击"图像"|"调整"|"亮度/对比度"命令，弹出"亮度/对比度"对话框，设置"亮度"为38、"对比度"为-20，然后单击"确定"按钮，即可调整图像的明暗度，前后对比效果如图 2-82 所示。

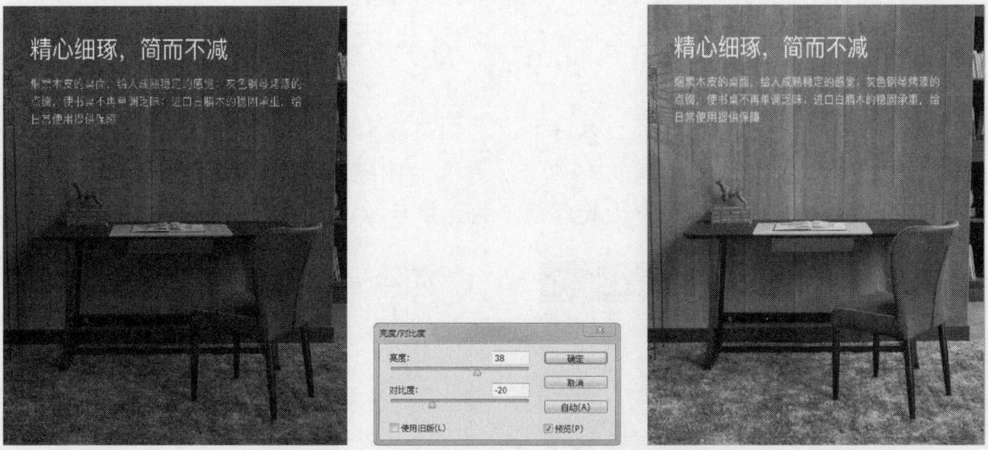

图 2-82 | 调整亮度和对比度前后效果对比

Step 02 打开"素材文件\项目二\对比度.jpg"，单击"图像"|"调整"|"亮度/对比度"命令，弹出"亮度/对比度"对话框，将"对比度"设置为-48，即可调整图像的对比度，前后对比效果如图 2-83 所示。

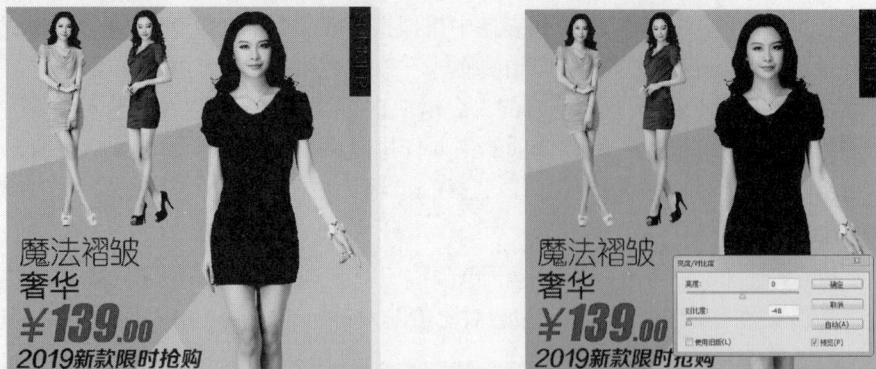

图 2-83 │ 调整对比度前后效果对比

3. 色相/饱和度

使用"色相/饱和度"命令不仅可以调整整个图像颜色的色相、饱和度和明度，还可以调整单色颜色通道的色相、饱和度和明度。单击"图像"|"调整"|"色相/饱和度"命令，弹出"色相/饱和度"对话框，如图 2-84 所示。

图 2-84 │ "色相/饱和度"对话框

下面将通过实例介绍如何使用"色相/饱和度"命令调整图像的色相/饱和度，具体操作方法如下。

Step 01 打开"素材文件\项目二\茶叶.jpg"，利用矩形选框工具在图像中创建一个矩形选区，设置"羽化"为 50 像素，如图 2-85 所示。单击"图像"|"调整"|"色相/饱和度"命令，在弹出的"色相/饱和度"对话框中设置各项参数，然后单击"确定"按钮，如图 2-86 所示。

图 2-85 │ 创建矩形选区

图 2-86 │ "色相/饱和度"对话框

Step 02 此时，即可查看调整色相/饱和度后的效果，如图 2-87 所示。使用文字工具在羽化区域添加相应的文字，效果如图 2-88 所示。

图 2-87 │ 调整效果

图 2-88 │ 添加文字

三、应用滤镜特效

滤镜是 Photoshop 中功能最丰富、效果最神奇的工具之一，其中包括"扭曲"滤镜、"渲染"滤镜、"风格化"滤镜、"模糊"滤镜等。使用这些滤镜可以快速制作一些特殊的图像效果，如球面化效果、纹理效果、浮雕效果、光照效果、云彩效果、风吹效果等。

1. 使用"扭曲"滤镜创建球面化效果

"扭曲"滤镜组中的滤镜通过移动、扩展或缩小构成图像的像素来创建 3D 效果或各种各样的扭曲变形效果。使用"球面化"滤镜可以将图像最大限度地扭曲为一个球形，并且可以在水平或垂直方向上进行单向球面化。

下面将详细介绍如何创建球面化效果，具体操作方法如下。

Step 01 打开"素材文件\项目二\球面化滤镜.jpg"，如图 2-89 所示。单击"滤镜"|"扭曲"|"球面化"命令，在弹出的"球面化"对话框中设置各项参数，然后单击"确定"按钮，如图 2-90 所示。

图 2-89 │ 打开素材文件

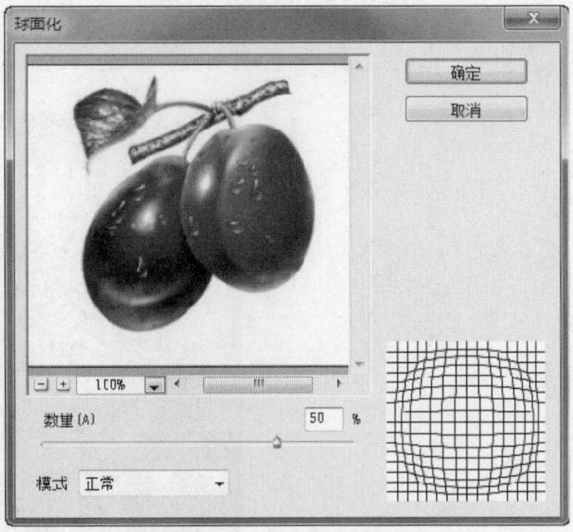

图 2-90 │ "球面化"对话框

Step 02 此时，即可查看图像球面化之后的效果，如图 2-91 所示。

图 2-91 │ 球面化效果

2. 使用"渲染"滤镜创建镜头光晕效果

使用"渲染"滤镜可以在图像中创建 3D 形状、云彩图案、折射图案和模拟光反射效果等，制作出许多奇妙的灯光纹理效果。

下面将详细介绍如何创建镜头光晕效果，具体操作方法如下。

Step 01 打开"素材文件\项目二\望远镜.jpg"，如图 2-92 所示。单击"滤镜"|"渲染"|"镜头光晕"命令，在弹出的"镜头光晕"对话框中设置各项参数，然后单击"确定"按钮，如图 2-93 所示。

图 2-92 │ 打开素材文件

图 2-93 │ "镜头光晕"对话框

Step 02 此时，即可查看创建的镜头光晕效果，如图 2-94 所示。

图 2-94 │ 镜头光晕效果

3. 使用"风格化"滤镜创建拼贴效果

"风格化"滤镜是通过置换图像中的像素，或通过查找并增加图像的对比度，使图像产生绘画或印象派风格的艺术效果。其中，利用"拼贴"滤镜（无预览功能）可以将图像分割成许多方形的小贴块，每个小贴块都有一些侧移。

下面将详细介绍如何创建拼贴效果，具体操作方法如下。

Step 01 打开"素材文件\项目二\吊床.jpg"，如图 2-95 所示。单击"滤镜"|"风格化"|"拼贴"命令，在弹出的"拼贴"对话框中设置各项参数，然后单击"确定"按钮，如图 2-96 所示。

图 2-95 | 打开素材文件　　　　　　　　图 2-96 | "拼贴"对话框

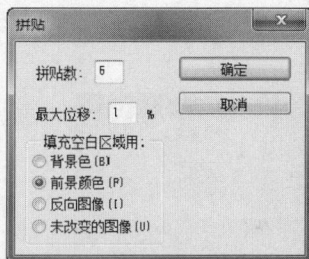

Step 02 此时，即可查看应用"拼贴"滤镜后的图像效果，如图 2-97 所示。

图 2-97 | 拼贴效果

4. 使用"模糊"滤镜创建径向模糊效果

"模糊"滤镜用于平滑边缘过于清晰或对比度过于强烈的区域，从而产生模糊效果，柔化边缘，也可用于制作柔和的阴影。"模糊"滤镜主要是针对相邻像素间的颜色进行处理，使被处理的图像产生一种模糊效果。在"模糊"滤镜组中包含多种"模糊"滤镜，如图 2-98 所示。

利用"径向模糊"滤镜可以模拟出缩放或旋转相机时所产生的模糊效果。下面将详细介绍如何创建径向模糊效果，具体操作方法如下。

Step 01 打开"素材文件\项目二\茶园.jpg"，如图 2-99 所示。单击"滤镜"|"模糊"|"径向模糊"命令，在弹出的"径向模糊"对话框中设置各项参数，并在"中心模糊"区域拖动鼠标设置模糊中心，然后单击"确定"按钮，如图 2-100 所示。

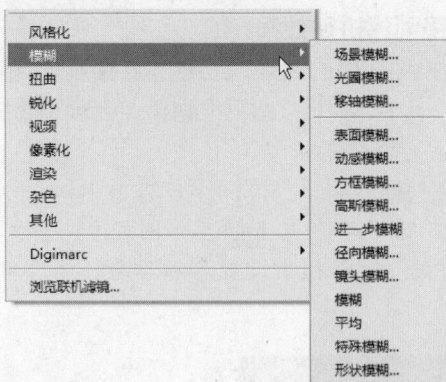

图 2-98 | "模糊"滤镜

Step 02 此时，即可查看应用"径向模糊"滤镜后的图像效果，如图 2-101 所示。

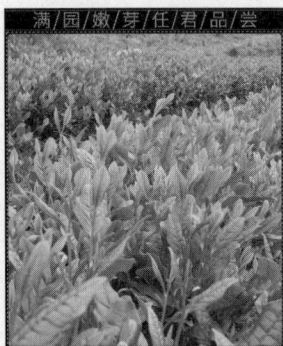

图 2-99 | 打开素材文件　　　　图 2-100 | "径向模糊"对话框　　　　图 2-101 | 径向模糊效果

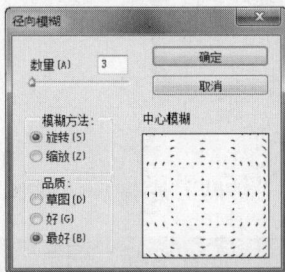

任务四　电子商务网站首页设计

任务概述

　　本任务使用 Photoshop 制作一个以酒水线上销售为主的电子商务企业网站首页。整个首页的设计以突出企业形象为首要目的，页面内容包括形象图片、栏目文字与企业标志等。通过对首页的设计，要充分表现出"专业、品质、便捷"的企业形象。

任务实施

一、页面头部的制作

　　下面使用 Photoshop 制作网站首页的头部，主要涉及搜索框与导航栏的制作，具体操作方法如下。

　　Step 01 单击"文件"|"新建"命令，在弹出的对话框中设置"名称"为"品酒网"、"宽度"为 1000 像素、"高度"为 750 像素，然后单击"确定"按钮，如图 2-102 所示。

　　Step 02 按【Ctrl+R】组合键显示标尺，然后在标尺上按住鼠标左键并拖动，从水平标尺和垂直标尺上分别拖出 4 条水平辅助线和 2 条垂直辅助线，如图 2-103 所示。

图 2-102 | "新建"对话框

图 2-103 | 添加辅助线

Step 03 打开"素材文件\项目二\横幅广告.jpg、logo.jpg",分别将其移到首页的相应位置,如图 2-104 所示。

图 2-104 | 导入横幅广告和 Logo

Step 04 单击"文件"|"新建"命令,在弹出的对话框中设置"名称"为"搜索 1",并设置其他参数,然后单击"确定"按钮,如图 2-105 所示。利用矩形选框工具绘制矩形选区,然后右键单击选区,在弹出的快捷菜单中选择"描边"命令。

Step 05 在弹出的"描边"对话框中设置相关参数,然后单击"确定"按钮,如图 2-106 所示。

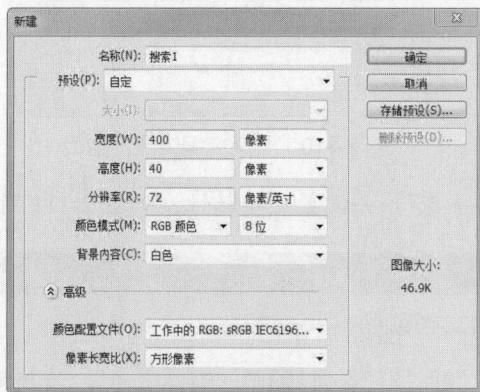

图 2-105 | "新建"对话框

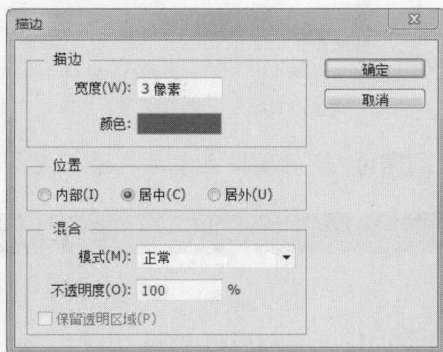

图 2-106 | "描边"对话框

Step 06 单击"文件"|"新建"命令,在弹出的对话框中设置"名称"为"搜索 22",并设置其他参数,然后单击"确定"按钮,如图 2-107 所示。

Step 07 设置前景色为#f21a38,按【Alt+Delete】组合键填充前景色。使用横排文字工具输入文字"搜索",设置字符属性,如图 2-108 所示。在"图层"面板中按住【Ctrl】键选中文字图层和背景图层并右键单击,在弹出的快捷菜单中选择"合并"命令,即可合并图层。

47

采用同样的方法创建"登录注册"文件，并将其移到搜索框的右侧。

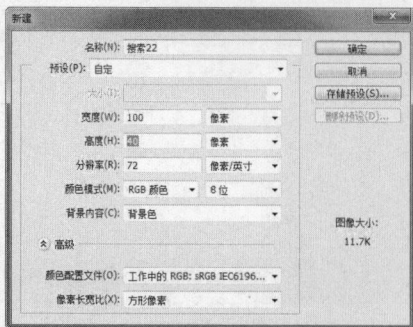

图 2-107 ｜ "新建"对话框

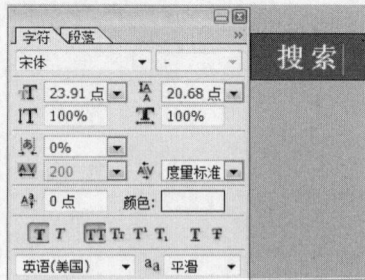

图 2-108 ｜ 添加文字

Step 08 单击"文件"｜"新建"命令，在弹出的对话框中设置"名称"为"导航栏"，并设置其他参数，然后单击"确定"按钮，如图 2-109 所示。

Step 09 设置前景色为#ec2fb9、背景色为#f50829，选择工具栏中的"渐变工具"，打开"渐变编辑器"窗口，设置从前景色到背景色的渐变，然后单击"确定"按钮，如图 2-110 所示。

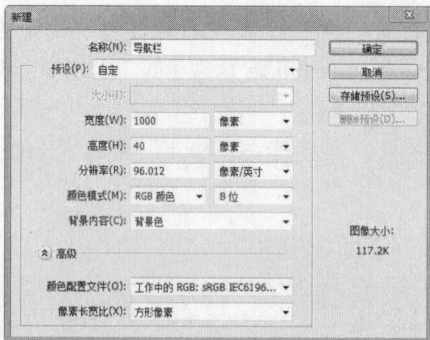

图 2-109 ｜ "新建"对话框

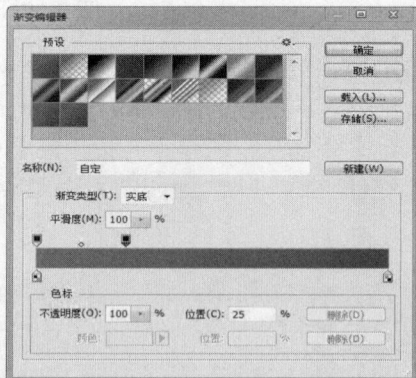

图 2-110 ｜ "渐变编辑器"窗口

Step 10 使用横排文字工具输入文本"商品分类"，并设置文字属性，如图 2-111 所示。

图 2-111 ｜ 设置文字属性

Step 11 采用相同的方法，添加"领券中心""秒杀""会员福利""新品上市""清场甩卖"等文本。设置完成后，将导航栏图像移到搜索框的下方，页面头部制作完成，效果如图 2-112 所示。

图 2-112 ｜ 页面头部效果

二、页面左侧的制作

页面左侧部分为商品分类，具体制作方法如下。

Step 01 利用矩形选框工具在左侧绘制一个矩形选区，然后右键单击选区，选择"描边"命令，在弹出的对话框中设置相关参数，然后单击"确定"按钮，如图 2-113 所示。

Step 02 使用"横排文字工具"输入所需的文本，并设置字符属性，效果如图 2-114 所示。

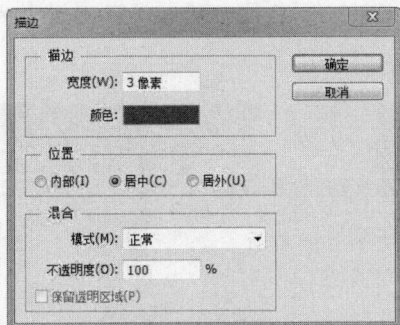

图 2-113 | "描边"对话框

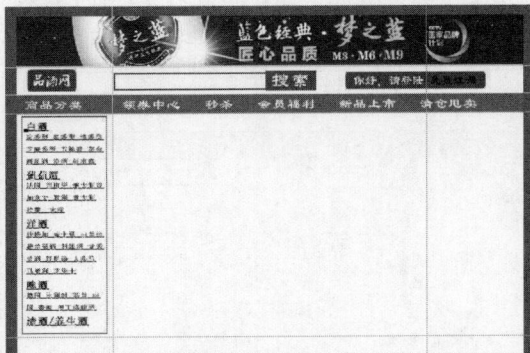

图 2-114 | 添加文本

三、页面中间及右侧的制作

任何一个电子商务网站都离不开广告。目前，网络广告的主要展现形式有以下几种：Banner、轮播图、专题、按钮、擎天柱、动图等，它们占据了网站首页的大部分位置，尤其是网页中间和右侧的位置。

电子商务网站广告基本上是以 GIF、JPG、SWF 等格式创建的图像文件，尺寸一般也是固定的。例如，横幅广告一般尺寸为 468 像素×60 像素、728 像素×90 像素、760 像素×90 像素等，按钮广告尺寸一般是 125 像素×125 像素、120 像素×90 像素、120 像素×60 像素、88 像素×31 像素等。

下面将制作好的广告放到网站首页中，方法为：使用 Photoshop CS6 分别打开需要添加的广告图片，然后使用移动工具将它们拖至网站首页的相应位置，效果如图 2-115 所示。

图 2-115 | 添加广告图片

四、页面底部的制作

网页的底部也是整个首页的重要组成部分，浏览者可以从中获得网站的基本信息。如果在网站设计中忽略了页面底部，那么网页的整体布局也就不完善了。页面底部的制作方法如下。

Step 01 单击"文件"|"新建"命令，在弹出的对话框中设置"名称"为"底部"，并设置其他参数，然后单击"确定"按钮，如图2-116所示。

Step 02 设置背景色为#3d3a3b，使用横排文字工具输入公司简介、管理团队、合作加盟等文字信息。在"图层"面板中按住【Ctrl】键的同时选中文字图层和背景图层并右键单击，在弹出的快捷菜单中选择"合并"命令，即可将图层合并。最后将该图层拖至网站首页图像的底部，效果如图2-117所示。

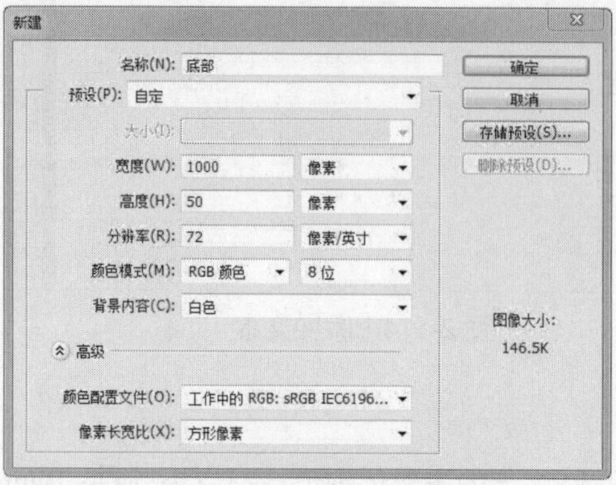

图 2-116 | "新建"对话框    图 2-117 | 首页效果图

任务五　促销活动页设计

任务概述

促销活动对于电商卖家而言是必不可少的，其中促销活动页是电商促销活动方案的重要组成部分。图形、文字和字体设计的巧妙运用能够使促销活动页成为强有力的传播媒介，有利于卖家进行各种商业活动宣传。

促销活动页的设计要有强烈的视觉冲击力，要能给买家留下深刻的印象，这就要求设计既要准确、到位，又要有独特的创意形式，使版面一目了然、简洁明确。本任务将通过实例学习促销活动页的设计方法。

任务实施

下面以"双十一"促销活动为背景，设计一个家电产品的促销活动页，具体操作方法如下。

Step 01 单击"文件"|"新建"命令，在弹出的对话框中设置"名称"为"双十一促销"、"宽度"为800像素、"高度"为500像素，然后单击"确定"按钮，如图2-118所示。

Step 02 设置前景色为#49cac8，按【Alt+Delete】组合键填充前景色，效果如图 2-119所示。

Step 03 打开"素材文件\项目二\长条.psd、多边形.psd"，将其拖至"双十一促销"图像窗口中，如图2-120所示。

图 2-118 | "新建"对话框

图 2-119 | 填充前景色

图 2-120 | 导入素材图像

Step 04 在"图层"面板中选择"多边形"图层，双击该图层，在弹出的"图层样式"对话框中设置"斜面和浮雕""内发光"和"投影"样式，如图 2-121～图 2-123 所示，然后单击"确定"按钮，效果如图 2-124 所示。

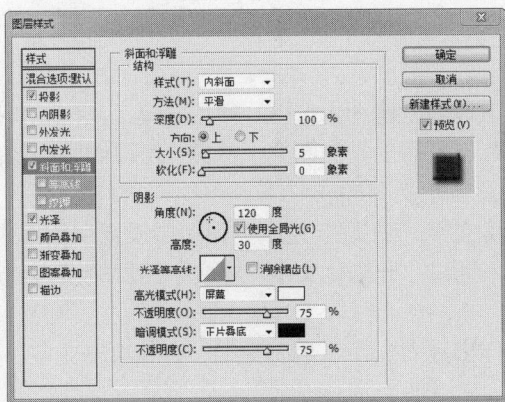

图 2-121 | 设置"斜面和浮雕"样式

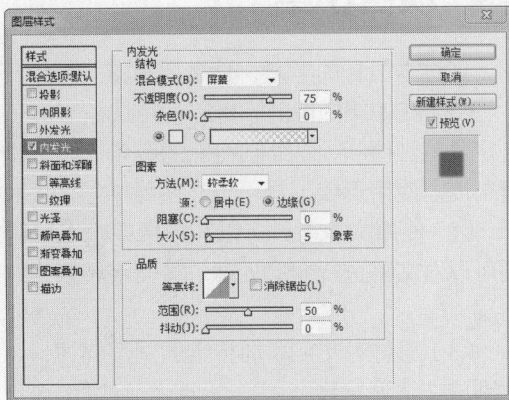

图 2-122 | 设置"内发光"样式

Step 05 打开"素材文件\项目二\促销活动页设计\电器产品.png"，将其移到"双十一促销"图像中合适的位置。使用横排文字工具输入文字"11.11 家电促销"，并为文字图层添加"斜面和浮雕"样式，效果如图 2-125 所示。

图 2-123｜设置"投影"样式

图 2-124｜设置图层样式效果

Step 06 打开"素材文件\项目二\红包.psd、优惠.psd"，将它们移到"双十一促销"图像窗口中的合适位置，最终效果如图 2-126 所示。

图 2-125｜文字设置效果

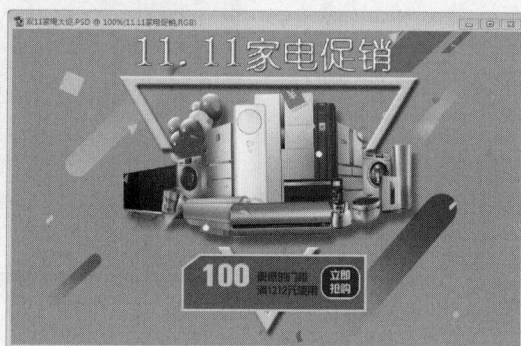

图 2-126｜促销活动页效果

项目小结

通过本项目的学习，读者应重点掌握以下知识。

（1）在编辑图像时，可以使用选框工具、魔棒工具等创建图像选区。使用画笔工具时，可以自定义笔触形状，以绘制特殊的线条。使用锐化工具与模糊工具在图像上涂抹，可以调整图像的清晰度。使用形状工具可以在图像中绘制多种形状及自定义图形。

（2）使用文本工具可以在图像中输入单行或段落文字，可以在"字符"面板中设置字体格式，还可以对文字进行变形处理、将文字转换为路径，或通过"栅格化文字"将文字图层转换为普通图层。

（3）通过对文字添加特定的图层样式，可以制作出浮雕文字、金属文字、磨砂涂鸦文字、晶莹剔透文字等特效。

（4）在 Photoshop 中可以通过"图像大小"或"画布大小"命令调整图像大小、通过"色阶""亮度/对比度""色相/饱和度"等命令调整图像色调。Photoshop 中还提供了功能丰富的滤镜，以快速制作图像特殊效果，如"风格化"滤镜、"扭曲"滤镜、"模糊"滤镜等。

（5）在使用 Photoshop 设计电子商务网站首页时，可以按网站布局逐个进行设计，包括页面头部、页面左侧、页面中间、页面右侧以及页面底部的设计。

（6）促销活动页是电子商务网站中比较常见的广告形式，在 Phtoshop 中利用图像素材、图形和文字的巧妙设计可以很快地完成促销活动页的制作。

项目习题

1. 综合运用本项目所学知识，利用"素材文件\项目二\习题 1"中提供的素材，设计并制作化妆品网店宣传横幅广告，效果如图 2-127 所示。

图 2-127｜化妆品网店宣传横幅广告

2. 综合运用本项目所学知识，利用"素材文件\项目二\习题 2"中提供的素材，设计并制作茶叶产品的中秋活动促销页，效果如图 2-128 所示。

图 2-128｜中秋活动促销页

项目三

使用Flash制作
网页广告动画

项目重点

- 掌握 Flash 菜单栏、常用工具、时间轴、"属性"面板等基本操作。
- 掌握电子商务网站中导航菜单的分类及其设计方法。
- 掌握 Flash 横幅广告的设计方法。

项目目标

- 能够利用 Flash 制作电子商务网站导航菜单。
- 能够利用 Flash 制作电子商务网站横幅广告。

项目概述

　　Flash 动画具有操作性强、占用空间小、可创造性强等优势，能够满足网页设计的审美多元化需求，在网页设计中得到了广泛的应用。在电子商务网站中，随处可见应用 Flash 技术制作的商品展示、网站广告、Banner 及交互动画，甚至可以使用 Flash 进行视频交流，这些都极大地提升了用户的浏览兴趣。

　　通过本项目的学习，读者可以熟悉 Flash 的基本操作，并能利用 Flash 制作电子商务网站的导航菜单和横幅广告。本书将以 Flash CS6 版本为操作平台进行学习。

任务一　认识 Flash 工作界面

任务概述

　　Flash 是用于创建动画和多媒体内容的专业工具软件。如果电子商务网站中只有静态的文字和图像，就会显得呆板。但 Flash 可以将动画、音乐和声效等相融合，有效地增强网页的动态效果，从而吸引浏览者的注意力。要想运用 Flash 制作网页广告动画，就必须先了解其工作界面及功能。本任务就来认识 Flash CS6 的工作界面。

任务实施

　　Flash CS6 的工作界面由菜单栏、基本功能区、窗口选项卡、编辑栏、舞台、"属性"面板、工具栏和"时间轴"面板等部分组成，如图 3-1 所示。

图 3-1 | Flash CS6 工作界面

一、菜单栏

　　在 Flash CS6 菜单栏中提供了几乎所有的操作命令，其中包含"文件""编辑""视图""插入""修改""文本""命令""控制""调试""窗口"和"帮助"菜单项，如图 3-2 所示。

图 3-2 | 菜单栏

其中，各菜单项的作用如下。

◇ 文件：包含最常用的命令，如"新建""打开""关闭""保存文档""导入""导出选项""发布相关"和"退出"等。

◇ 编辑：用于对帧的复制与粘贴、编辑时的参数设置，以及自定义工具面板、字体映射等。

◇ 视图：用于快速设置屏幕上显示的内容，如浮动面板、时间轴和网格标尺等。

◇ 插入：该菜单中的命令利用率非常高，如转换元件和新建元件等。

◇ 修改：用于修改文档的属性和对象的形状等。

◇ 文本：用于设置文本属性。

◇ 命令：Flash CS6 允许用户使用 JSFL 文件创建自己的命令，在"命令"菜单中可以运行与管理这些命令，或使用 Flash 默认提供的命令。

◇ 控制：用于测试影片。

◇ 调试：用于导出 SWF 格式来播放动画影片。

◇ 窗口：用于控制各个面板的打开与关闭。

◇ 帮助：该菜单中有帮助文档，在遇到困难时可以按【F1】键寻求帮助。

二、基本功能区

Flash CS6 提供了多种软件工作区预设，在"基本功能"下拉列表中可以选择相应的工作区预设，如图 3-3 所示。

三、窗口选项卡

窗口选项卡显示文档名称，提示有无保存文档。若用户修改文档后没有保存，在文档名称后就会显示"*"标记，可以通过该选项卡快速关闭文档。

四、编辑栏

在编辑栏左侧显示当前场景或元件，单击右侧的"编辑场景"按钮，可以选择需要编辑的场景；单击"编辑元件"按钮，可以选择需要切换编辑的元件。单击右侧的 100% 下拉按钮，可以设置舞台显示比例。

选择不同的选项，即可将 Flash CS6 的工作区更改为所选的工作区预设。在列表中还提供了"重置基本功能""新建工作区""管理工作区"3 个选项，其中，"重置基本功能"用于恢复工作区的默认状态，"新建工作区"用于创建个人喜好的工作区配置，"管理工作区"用于管理个人创建的工作区配置，并执行重命名或删除操作。

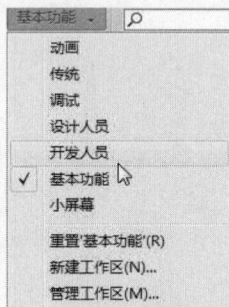

图 3-3 | 基本功能区

五、舞台

舞台是场景白色区域中的内容，即放置动画内容的区域。在编辑动画时，可以在整个场景中绘制或编辑图形，内容包括矢量插图、文本框、按钮和导入的位图图形或视频剪辑等，也可根据需要改变舞台的属性和形式。舞台之外的灰色区域称为工作区，在播放动画时不显示。

此外，舞台的上方是文档窗口和编辑栏。在文档窗口标签中显示文档名称，当用户对文档进行修改而未保存时，会显示"*"作为标记；如果同时打开了多个 Flash 文档，可以单击相应的文档窗口标签进行切换。在编辑栏左侧单击"编辑场景"下拉按钮 ，在弹出的下拉菜单中可以选择要编辑的场景；单击"编辑元件"下拉按钮 ，在弹出的下拉菜单中可以选择要切换编辑的元件。

六、"时间轴"面板

"时间轴"面板是 Flash CS6 工作界面的重要组成部分，用于组织和控制文档内容在一定时间内播放的图层数和帧数，可以将其放在主窗口的下部或者作为一个窗口单独显示，也可以将其隐藏起来。"时间轴"面板由图层、帧和播放头等组成，几乎所有的动画都需要在"时间轴"面板中进行制作，如图 3-4 所示。

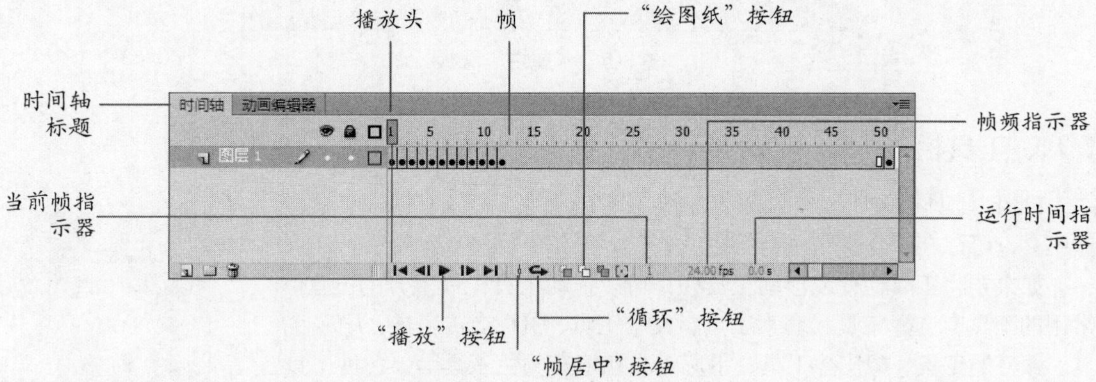

图 3-4 | "时间轴"面板

图层就像堆叠在一起的多张幻灯片，每个图层都包含一个显示在舞台中的不同图像。图层用于帮助用户组织文档中的插图（用户可以在图层上绘制和编辑对象），一般位于"时间轴"面板左侧，每个图层中包含的帧显示在该图层名称右侧的一行中。

时间轴类似于胶片，也将时长分为帧。"时间轴"面板顶部的时间轴标题指示帧号，如果需要更改时间轴中的帧显示，可以单击"时间轴"面板右上角的下拉按钮，在弹出的下拉菜单中更改帧单元格的宽度或者减小帧单元格行的高度。

播放头指示当前在舞台中显示的帧。当播放 Flash 文件时，播放头会从左向右通过时间轴。

时间轴状态显示在"时间轴"面板的底部，显示内容包括当前帧频、帧速率以及到当前帧为止的运行时间等。其中，帧频直接影响动画的播放效果，其单位为"帧/秒（ts）"，默认值为 24 帧/秒。

七、"属性"面板

Flash CS6 提供了许多自定义工作区的方式，其中"属性"面板是常用的一种，是位于窗口右侧的活动面板的集合。它可以显示舞台或时间轴上当前选定项的常用属性，如当前文档、文本、元件、形状、位图、视频、帧或工具的信息和设置，如图 3-5 所示。

在"属性"面板中，不仅可以查看、组织、更改媒体和资源及其属性，也可显示或隐藏面板，调整面板的大小，还可将面板组合在一起保存自定义面板设置，从而简化文档的创建过程。

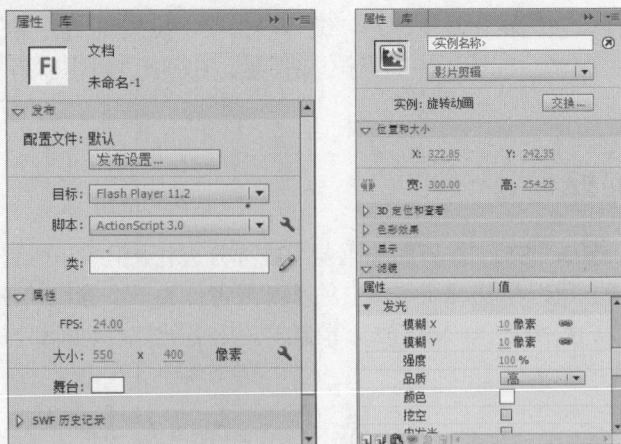

图 3-5 | "属性"面板

八、工具栏

Flash 工具栏位于工作界面的右侧，其中提供了许多工具。通过这些工具，可以在工作区中进行绘图、调整等操作，如图 3-6 所示。

如果要将工具栏变成浮动工具栏，可以拖动工具栏最上方的位置。常用的工具有选择工具、套索工具、文本工具、**3D** 旋转工具、刷子工具、颜料桶工具、橡皮擦工具、手形工具和填充颜色工具等，各种工具的作用如下。

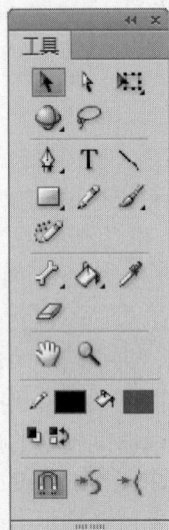

图 3-6 | 工具栏

- ◇ **选择工具**：用于选定对象、拖动对象等操作。
- ◇ **部分选取工具**：用于选取对象的部分区域。
- ◇ **3D 旋转工具**：用于对选取的对象进行 3D 旋转，只对影片剪辑起作用。
- ◇ **套索工具**：用于选择一个不规则的图形区域，还可以处理位图图像。
- ◇ **钢笔工具**：用于绘制曲线。
- ◇ **文本工具**：用于在舞台上添加文本，编辑现有的文本。
- ◇ **矩形工具**：用于绘制矩形或正方形。
- ◇ **铅笔工具**：用于绘制折线、直线等。
- ◇ **刷子工具**：用于绘制或填充图形。
- ◇ **骨骼工具**：用于为动画角色添加骨骼，轻松地制作出各种动作的动画。
- ◇ **颜料桶工具**：用于编辑填充区域的颜色。
- ◇ **滴管工具**：用于将图形的填充颜色或线条属性复制到其他图形线条上，也可以采集位图作为填充内容。
- ◇ **橡皮擦工具**：用于擦除舞台上的内容。
- ◇ **手形工具**：当舞台上的内容较多时，可以使用该工具平移舞台各个部分的内容。
- ◇ **笔触颜色工具**：用于设置线条的颜色。
- ◇ **填充颜色工具**：用于设置图形的填充区域。

任务二　Flash 工具的应用

任务概述

　　Flash 作为交互式动画设计工具，可以将音乐、声效和动画融合在一起，制作出高品质的动态效果。在使用 Flash 制作网页动画之前，本任务先学习 Flash 工具的应用方法。

任务实施

一、文本工具

　　在电子商务网站中，文字是必不可少的设计元素。文字元素的创意设计，能够弥补图像所不能表达的信息，甚至直接影响网站和网店主题的传递和版面的视觉效果。

　　在 Flash 中用户可以创建形式多样的静态文本和动态文本，使浏览者能从简洁易记、朗朗上口的文字中去感受、品味网站商品的深意、内涵、意趣和精神等信息，如图 3-7 所示。

图 3-7 ｜静态文本和动态文本

1. 静态文本

　　下面将通过实例介绍如何添加静态文本，具体操作方法如下。

　　Step 01 单击"文件"|"导入"|"导入到舞台"命令，将"素材文件\项目三\七夕促销.jpg"导入到舞台中。单击工具栏中的"文本工具"按钮**T**，在舞台中输入文本"浪漫七夕　爱要有礼"，如图 3-8 所示。

　　Step 02 打开"属性"面板，对字符格式进行设置，如图 3-9 所示。

图 3-8 ｜添加静态文本

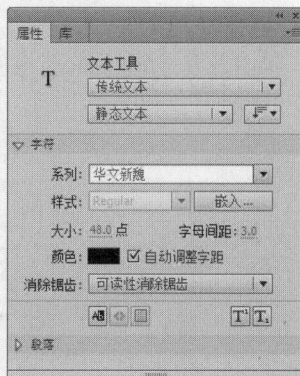

图 3-9 ｜文本工具"属性"面板

Step 03 字符格式设置完成后，即可完成静态文本的添加，效果如图 3-10 所示。

图 3-10 | 添加静态文本效果

2. 动态文本

动态文本字段显示动态更新的文本。动态文本包含外部源（如文本文件、XML 文件及远程 Web 服务）加载的内容，其功能强大，但并不完美，只允许动态显示，不允许动态输入。

在创建动态文本时，可以创建单独的一行文本，也可以创建定宽和定高的文本字段。对于扩展的动态文本字段，该文本字段的右下角会出现一个圆形手柄，如图 3-11 所示。对于动态可滚动文本字段，圆形控制手柄将变为方形，如图 3-12 所示。双击控制手柄，可在两种字段之间切换。

图 3-11 | 扩展动态文本字段   图 3-12 | 动态可滚动文本字段

下面将通过实例介绍如何添加动态文本，具体操作方法如下。

Step 01 打开"素材文件\项目三\动态文本 1.fla"，在工具栏中选择"文本工具"，在"属性"面板中选择"传统文本"类型，然后在其下方的下拉列表框中选择"动态文本"选项，如图 3-13 所示。

Step 02 在舞台中拖动鼠标创建文本框并将其选中，在"属性"面板中设置其实例名称为"txt1"，如图 3-14 所示。

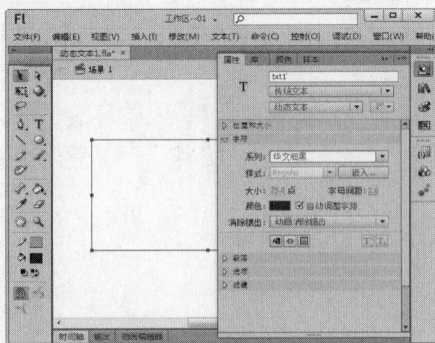

图 3-13 | 选择"动态文本"选项   图 3-14 | 设置实例名称

Step 03 按【F9】键打开"动作"面板，从中输入代码"txt1.text="双十一全场半价"",
如图 3-15 所示。

Step 04 按【Ctrl+Enter】组合键进行调试，查看动态文本效果，如图 3-16 所示。

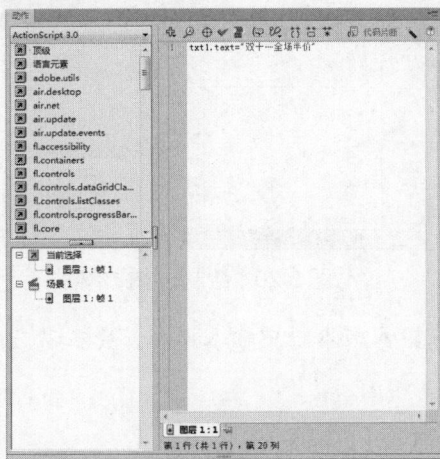

图 3-15 | 输入代码

图 3-16 | 测试动画

3. 输入文本

输入文本用于在 Flash 动画中接收用户的输入数据，如表单或密码输入区域。下面将通过实例介绍如何在舞台上添加输入文本，具体操作方法如下。

Step 01 新建 ActionScript 2.0 Flash 文件，如图 3-17 所示。ActionScript 3.0 的 Flash 文件不支持"变量"选项，因此只能选择低版本的 ActionScript 语言。

Step 02 在工具栏中选择"文本工具"，在"属性"面板中选择"输入文本"选项，然后单击"在文本周围显示边框"按钮 ▣，如图 3-18 所示。

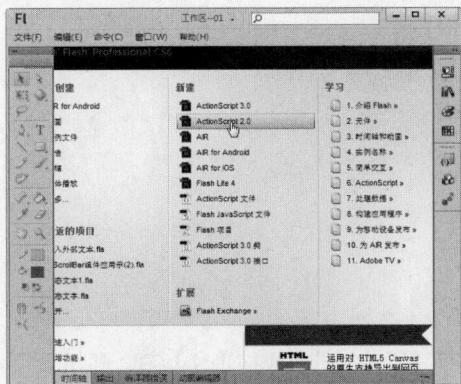

图 3-17 | 新建文件

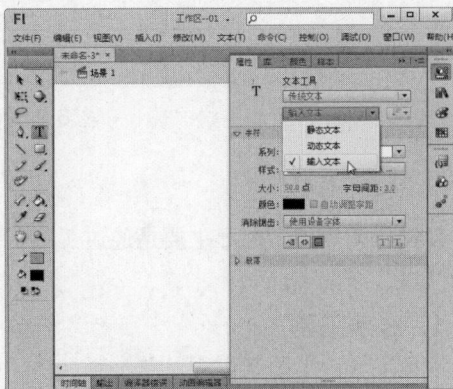

图 3-18 | 选择"输入文本"选项

Step 03 在舞台中绘制文本框，并在"属性"面板的"选项"组中设置"变量"为 a1，如图 3-19 所示。

Step 04 采用同样的方法再绘制一个文本框，并将其设置为"动态文本"，设置其变量同样为 a1，如图 3-20 所示。

图 3-19 | 设置变量值

图 3-20 | 绘制动态文本框

Step 05 按【Ctrl+Enter】组合键进行测试，在输入文本框中输入内容，会在动态文本框中动态显示输入的文本，如图 3-21 所示。

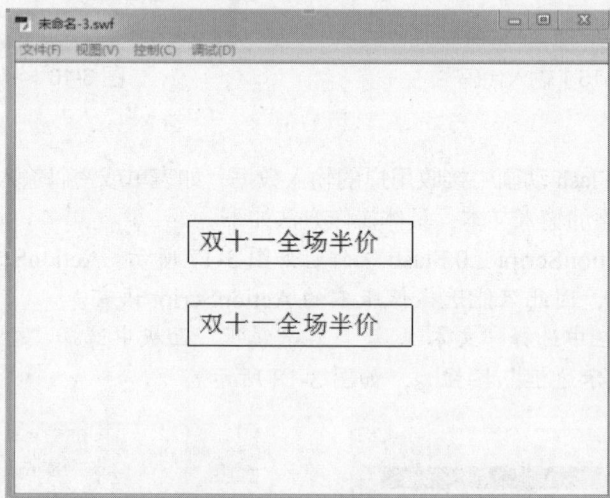

图 3-21 | 测试动态文本效果

二、绘图工具

创建和编辑矢量图形主要是通过工具栏中的绘图工具来完成的，下面将详细介绍这些绘图工具的使用方法。

1. 线条工具

线条工具用于绘制直线。单击工具栏中的"线条工具"按钮◥或按【N】键，即可调用线条工具。调用线条工具后，鼠标指针变为"十"形状，单击并拖动鼠标即可绘制出一条直线，如图 3-22 所示。此时绘制的直线"笔触颜色"和"笔触高度"均为系统默认值，通过"属性"面板可以对绘制对象进行相应的属性设置，如图 3-23 所示。此外，在"属性"面板中还可以设置线条的颜色、大小、笔触样式以及端点和接合样式等。

在 Flash 中有 6 种笔触样式：实线、虚线、点状线、锯齿状、点描和斑马线。单击"属性"面板中的"编辑笔触样式"按钮▱，即可对其分别进行设置，如图 3-24～图 3-29 所示。

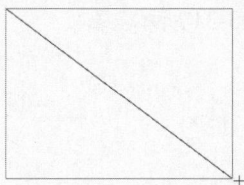

图 3-22 | 绘制线条

图 3-23 | 设置绘制对象属性

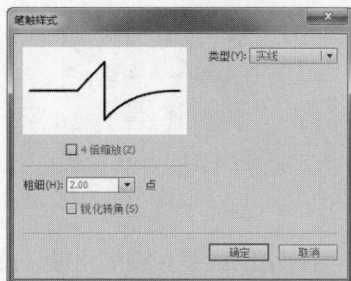

图 3-24 | "实线"样式

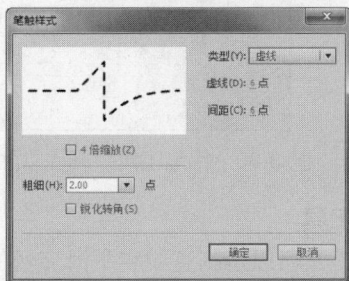

图 3-25 | "虚线"样式

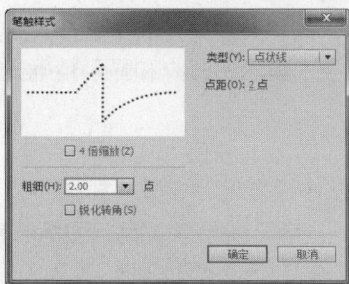

图 3-26 | "点状线"样式

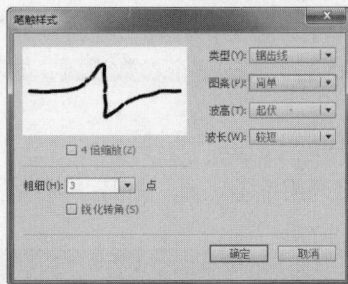

图 3-27 | "锯齿状"样式

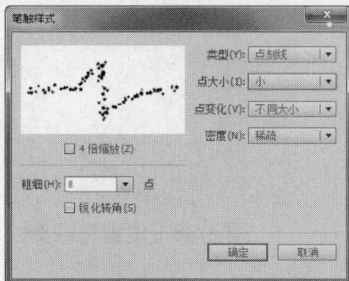

图 3-28 | "点描"样式

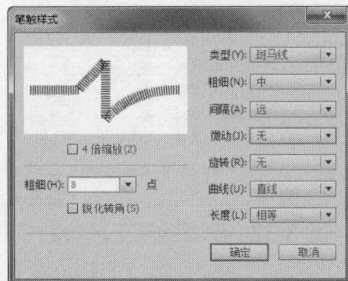

图 3-29 | "斑马线"样式

在绘制直线前，可以先对线条工具的属性进行设置，也可在绘制完成后在"属性"面板中对线条的样式进行修改。

2. 铅笔工具

单击工具栏中的"铅笔工具"按钮 或按【Y】键，即可调用铅笔工具。这时将鼠标指针移至舞台，当其变为 形状时即可绘制线条。铅笔工具所对应的"属性"面板和线条工具是相同的，如图 3-30 所示，其参数设置在此不再赘述。

在工具栏中选择"铅笔工具"后，在其选项区中单击"铅笔模式"按钮，就会弹出下拉列表，其中包括"伸直""平滑"和"墨水"三种模式，如图 3-31 所示。

图 3-30 | 铅笔工具"属性"面板

图 3-31 | 铅笔模式

3. 钢笔工具

使用钢笔工具可以绘制直线和平滑流畅的曲线，而且可以调节直线的角度、长度和曲线的倾斜度等。

（1）设置钢笔工具参数

按【Ctrl+U】组合键，打开"首选参数"对话框，在"类别"列表中选择"绘画"选项，在右侧显示有关钢笔工具的三个参数设置：显示钢笔预览、显示实心点和显示精确光标，如图 3-32 所示。

（2）使用钢笔工具绘制直线段

按【P】键调用钢笔工具，打开"属性"面板，从中设置笔触参数，如图 3-33 所示。

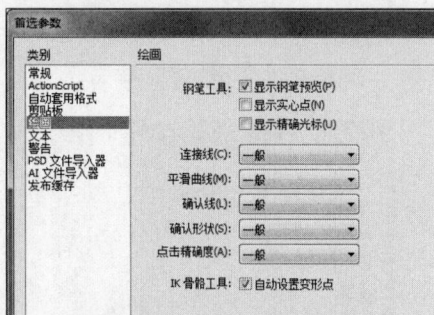

图 3-32 | 设置钢笔工具参数

图 3-33 | 设置笔触参数

在舞台中单击确定第一个锚点的位置，随着鼠标的移动将出现一条线段，然后再次单击确定第二个锚点，如图 3-34 所示。

重复以上操作，绘制多条连续的线段。当将鼠标指针移至第一个锚点位置时，鼠标指针右侧会出现一个小圆圈 ，此时单击鼠标左键即可绘制一个闭合路径，如图 3-35 所示。在绘制过程中若按住【Shift】键，可以让绘制的点与上一个点保持 45° 整数倍的夹角。

以上绘制的是一个闭合路径，这样的路径可以为其填充颜色。若要绘制一个开放的路径，可以通过以下方式来结束路径的绘制：再次在工具栏中选择"钢笔工具"或按【P】键，按住【Ctrl】

键的同时在舞台的空白处单击鼠标左键，或者直接单击"编辑"|"取消全选"命令等。

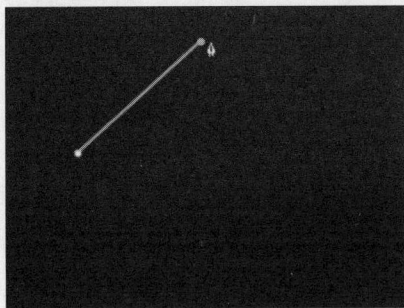

图 3-34 | 确定锚点

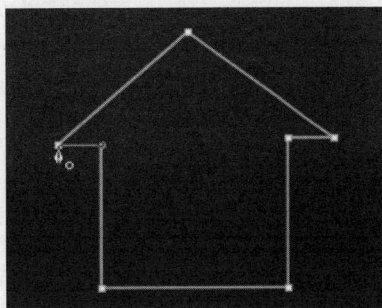

图 3-35 | 绘制图形

若在绘制结束后想在原有的路径上继续绘制，可以将鼠标指针指向原路径的起始点或结束点，当指针变为 形状时单击鼠标左键，即可继续绘制路径。

（3）使用钢笔工具绘制曲线

使用钢笔工具绘制曲线的方法和绘制直线的方法类似，唯一不同的是在确定线段的锚点时需要按下鼠标左键并拖动，而不是简单的单击操作，如图 3-36 所示。

若要绘制 C 形曲线，可以在绘制锚点时向前一个锚点的方向线相反的方向拖动鼠标；若要绘制 S 形曲线，则在绘制锚点时向前一个锚点的方向线相同的方向拖动鼠标。

若在绘制曲线的过程中又想绘制直线，可以将鼠标指针移至最近的一个锚点处，当指针变为 形状时单击鼠标左键，然后拖动鼠标到舞台中的其他位置单击鼠标左键，如图 3-37 所示。

图 3-36 | 绘制曲线

图 3-37 | 绘制直线

（4）使用钢笔工具添加和删除锚点

使用钢笔工具添加或删除锚点时，只要将鼠标指针移至绘制好的路径的线段上，当其右侧出现"+"时单击鼠标左键，即可添加一个锚点，如图 3-38 所示。将鼠标指针移至已有的锚点上，当其右侧出现"-"时单击鼠标左键，即可删除一个锚点，如图 3-39 所示。

图 3-38 | 添加锚点

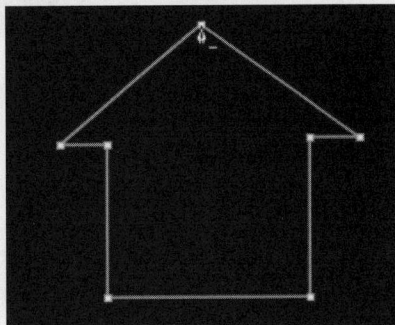

图 3-39 | 删除锚点

（5）使用添加锚点工具和删除锚点工具

在工具栏中的"钢笔工具"按钮 上按住鼠标左键不放，在弹出的下拉列表中选择"添加锚点工具" 或直接按【=】键，即可调用添加锚点工具。将鼠标指针移至舞台上，当其变为 形状时在路径上单击鼠标左键，即可添加锚点。

在"钢笔工具"下拉列表中选择"删除锚点工具" 或直接按【-】键，即可调用删除锚点工具。其使用方法和添加锚点工具类似，在此不再赘述。

（6）钢笔工具的交互

在使用钢笔工具进行绘图的过程中，可以使用其交互用法，以提高绘图效率。按【Alt】键，可以将其转换为转换锚点工具，以调整曲率和转换锚点，如图 3-40 所示；按【Ctrl】键，可以将其转换为部分选择工具，以调整锚点的位置和曲线的曲率，如图 3-41 所示。

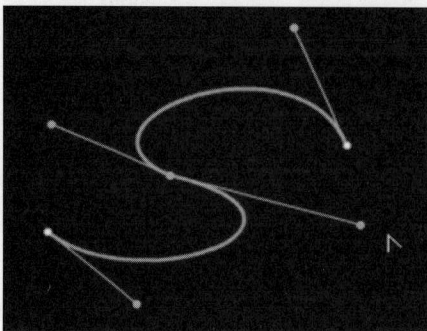

图 3-40 | 转换为"转换锚点工具"

图 3-41 | 转换为"部分选择工具"

4. 多边形工具

多边形工具包括矩形工具、椭圆工具、多角星形工具等，主要用于绘制一些常见的规则形状，如图 3-42 所示。在绘制图形时，需要在各种工具的"属性"面板中设置填充与笔触及相应的工具选项。

图 3-42 | 使用多边形工具绘制形状

三、填充工具

填充工具主要包括颜料桶工具、墨水瓶工具、滴管工具和刷子工具，下面将介绍这几种工具的使用方法。

1. 颜料桶工具

使用颜料桶工具可以对封闭的区域填充颜色，也可对已有的填充区域进行修改，还可设置位图填充。单击工具栏中的"颜料桶工具"按钮 或按【K】键，即可调用该工具。打开其"属性"面板，其中只有填充颜色可以修改，如图 3-43 所示。

在工具栏中选择"颜料桶工具"，单击其选项区中的"空隙大小"下拉按钮 ，选择不同的选项，可以设置对封闭区域或带有缝隙的区域进行填充，如图 3-44 所示。

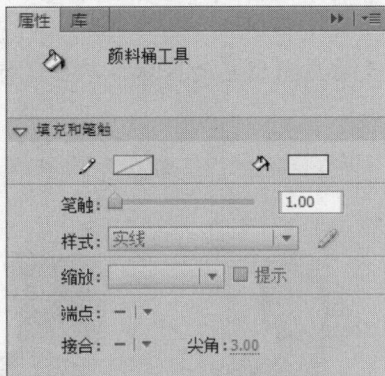

图 3-43 | 颜料桶工具"属性"面板   图 3-44 | "空隙大小"选项

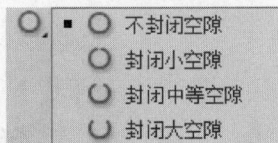

其中，各选项的含义如下。

◇ **不封闭空隙**：系统默认选项，只能对完全封闭的区域填充颜色。

◇ **封闭小空隙**：选择该选项，可以对有极小空隙的未封闭区域填充颜色。

◇ **封闭中等空隙**：选择该选项，可以对有比上一种模式略大空隙的未封闭区域填充颜色。

◇ **封闭大空隙**：选择该选项，可以对有较大空隙的未封闭区域填充颜色。

2. 墨水瓶工具

墨水瓶工具可以用于改变线条的颜色、宽度和类型，还可为只有填充的图形添加边缘线条。单击工具栏中的"墨水瓶工具"按钮 或按【S】键，即可调用该工具。

3. 滴管工具

使用滴管工具可以吸取线条的笔触颜色、笔触大小以及笔触样式等基本属性，并可将其应用于其他图形的笔触。同样，它也可以吸取填充的颜色或位图等信息，并将其应用于其他图形的填充。该工具没有与其对应的"属性"面板和功能选项区。单击工具栏中的"滴管工具"按钮 或按【I】键，即可调用该工具。

下面将通过实例介绍如何应用滴管工具，具体操作方法如下。

Step 01 打开"素材文件\项目三\椅子.fla"，在工具栏中选择"滴管工具"，将鼠标指针移至线条上，当其变为 形状时单击鼠标左键，即可吸取笔触属性，如图 3-45 所示。

Step 02 此时鼠标指针变成墨水瓶形状 ，在目标图形上单击鼠标左键，即可应用笔触属性，如图 3-46 所示。

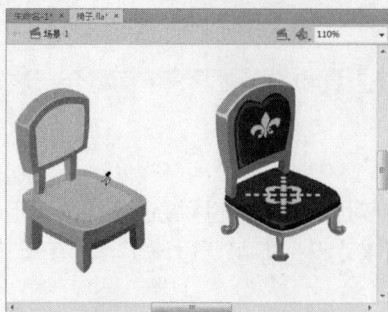

图 3-45｜吸取笔触属性

图 3-46｜应用笔触属性

Step 03 选择滴管工具，将鼠标指针移至图形的填充区域，当其变为 形状时单击鼠标左键，即可吸取填充属性，如图 3-47 所示。

Step 04 此时鼠标指针变为 形状，将其移至要应用填充的区域，单击鼠标左键即可应用填充属性，如图 3-48 所示。

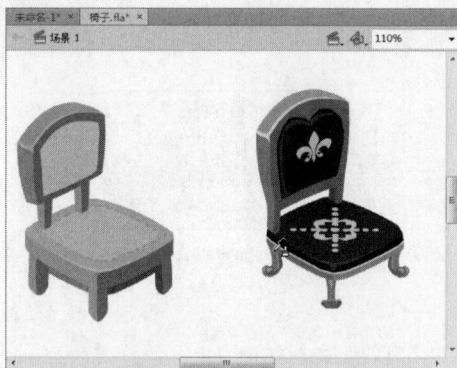

图 3-47｜吸取填充属性

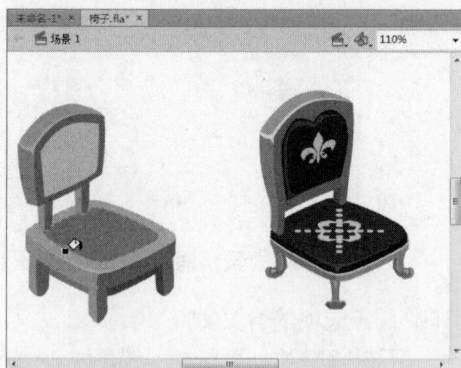

图 3-48｜应用填充属性

4．刷子工具

刷子工具组包含两种工具，分别是刷子工具和喷涂刷工具。使用刷子工具绘制的图形是被填充的，利用这一特性可以绘制出具有书法效果的图形。单击工具栏中的"刷子工具"按钮 ，即可调用该工具。在使用刷子工具之前，需要对其属性进行设置。打开"属性"面板，可以调整其"填充和笔触""平滑"选项，如图 3-49 所示。

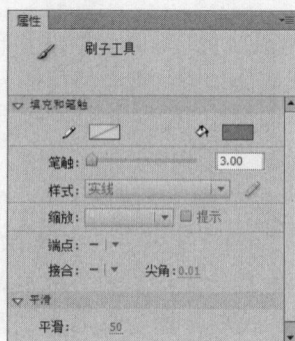

图 3-49｜刷子工具"属性"面板

任务三　使用 Flash 制作导航菜单

任务概述

导航菜单是指位于页面顶部或侧边区域的一排水平导航按钮，起着链接站点各个页面的作用。导航菜单在电子商务网站中发挥着极其重要的作用，用于引导用户快速浏览网站中的内容。

通常所见的导航菜单大都是静态的，效果较为单一。为了解决这个问题，可以将导航菜单制作成动画。在 Flash 中可以迅速地为导航菜单添加各种动画特效。本任务将学习如何利用 Flash CS6 制作电子商务网站的导航菜单。

任务实施

▌ 一、认识导航菜单

电子商务网站的导航设计可以让用户快速找到所需商品或服务的相关信息、清晰地了解网站的结构框架，起到重要的指引作用。常用的网页导航形式有顶部导航、侧边栏导航、底部导航、汉堡包式导航和滚动式导航等。

1. 顶部导航

顶部导航可以一目了然地让用户迅速找到自己所需的信息。虽然顶部导航的设计形式相对保守，但其目的性强，能够确保组织结构可靠和减少用户寻找的时间。这类导航的缺点是：当首页内容过多需要滚屏时，用户需要滚动到顶部再去切换导航内容。所以现在很多电子商务网站都会将这类导航始终固定在页面顶部，让用户操作起来更加方便。

顶部导航的设计成熟、稳重，中规中矩，不容易出现问题，所以使用率比较高。顶部导航设计的样式也比较多，可以与 Logo、登录注册、搜索框搭配组合成多种效果，如图 3-50 所示。

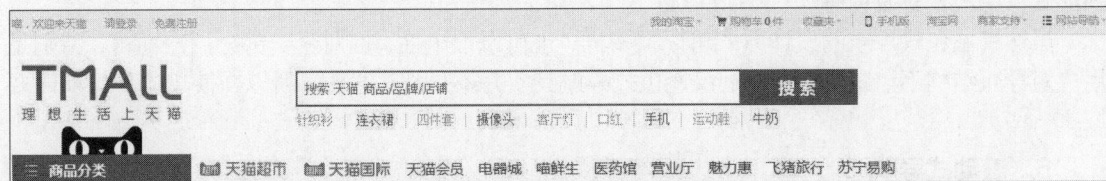

图 3-50 ｜ 天猫商城顶部导航

2. 侧边栏导航

侧边栏导航的设计形式比较多样，也可以有多种表现形式，可动可静，可大可小，比较个性化。

固定的侧边栏导航效果不是很好，特别是侧边栏导航宽度较大时，会影响整个网页的宽度。此时，可以考虑将侧边栏导航以滑动的方式进行展现，在节约网页空间的同时也显得更加简约。当然，大部分平台类电子商务网站都采用这类导航展示商品的分类信息，如图 3-51 所示。

3. 底部导航

底部导航的应用不是很广，经常出现在一些活动或个性化的网站当中，如图 3-52 所示。一般底部导航被广泛使用在移动端页面中，而不是在 PC 端网页中。

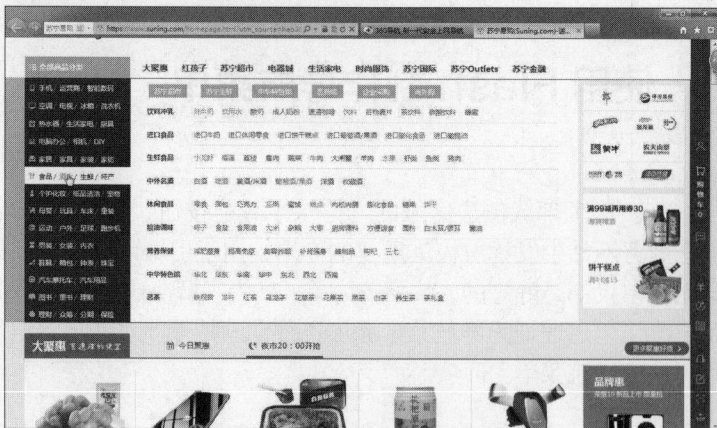

图 3-51 │ 网上商城侧边栏导航

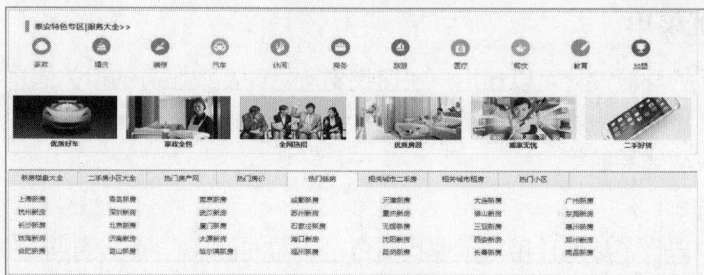

图 3-52 │ 底部导航

4. 汉堡包式导航

汉堡式导航其实与底部导航一样，经常出现在移动端页面中，但现在不少 PC 端网页设计者也越来越喜欢用汉堡包式的导航设计。这种导航比较节约空间，相当于将导航设计成隐藏或弹出的形式，比较具有设计感。

虽然汉堡包式导航的设计方式可以很多样，也可以很个性，但对于一部分用户而言，特别是用户对导航结构不清楚的情况下，汉堡包式导航其实并不是那么直观，所以在使用这种导航时要慎重一些。

5. 滚动式导航

滚动式导航分为水平式滚动导航和垂直式滚动导航。水平式滚动导航就是导航内容在左右水平方向滚动，当用户首次遇到这类网站导航时体验感会比较差，这是因为当使用鼠标滚轮滚动网页时，导航的左右水平滚动会让用户产生交互上的错位感。垂直式滚动导航在网页中运用得较为广泛，很多设计师很喜欢采用这样的设计方式。将一些动画特效和垂直式滚动导航相结合，可以达到一种全新的视觉效果。

以上介绍的几种导航方式各有利弊，无论采用哪一种方式，都要起到方便用户查找与操作的作用，提高网站的易用性和易操作性。

二、导航菜单设计

下面将通过实例详细介绍如何利用 Flash 制作电子商务网站的顶部导航菜单，具体操作方法如下。

Step 01 单击"文件"|"新建"命令，在弹出的"文档设置"对话框中设置各项参数，然后单击"确定"按钮，如图 3-53 所示。

Step 02 在"颜色"面板中设置填充颜色为"径向渐变"，双击渐变色条下的颜色块，设置渐变色分别为#10C6EA、#005BAF，然后使用矩形工具绘制一个与舞台大小相同的矩形，如图 3-54 所示。

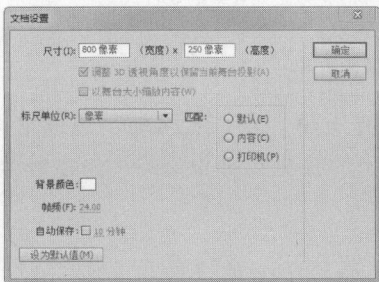

图 3-53 | "文档设置"对话框

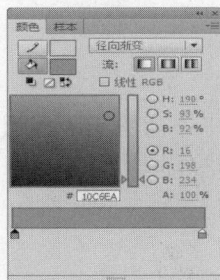

图 3-54 | "颜色"面板

Step 03 使用渐变变形工具将矩形颜色设置为从下到上渐变，效果如图 3-55 所示。

图 3-55 | 矩形渐变效果

Step 04 单击"文件"|"导入"|"导入到库"命令，将"素材文件\项目三\导航菜单素材"导入到库中，按【Ctrl+F8】组合键，新建"首页按钮"按钮元件，然后单击"确定"按钮，如图 3-56 所示。

Step 05 将"素材文件\项目三\导航菜单素材\首页按钮.png"拖入舞台中，按【F8】键将其转化为"首页初始状态"影片剪辑元件，如图 3-57 所示。

图 3-56 | 新建按钮元件

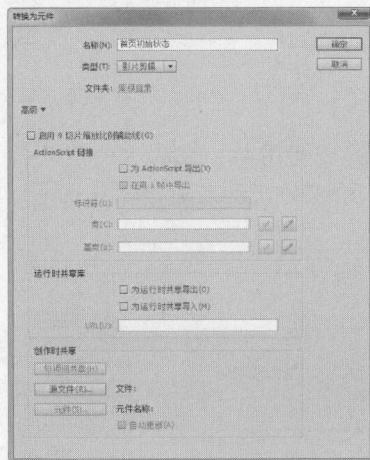

图 3-57 | 新建影片剪辑

Step 06 单击"插入"|"创建新元件"命令，在弹出的对话框中设置"名称"为"首页-鼠标经过"、"类型"为"影片剪辑"，然后单击"确定"按钮，如图3-58所示。

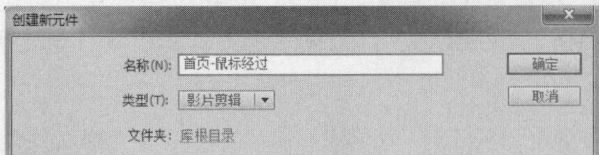

图 3-58｜创建新元件

Step 07 将"首页初始状态"影片剪辑拖入舞台中。在"时间轴"面板中选择第50帧，按【F5】键插入普通帧。右键单击任意帧，在弹出的快捷菜单中选择"创建补间动画"命令，创建补间动画，如图3-59所示。

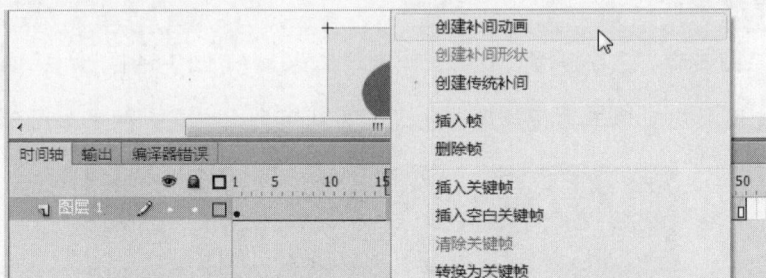

图 3-59｜创建补间动画

Step 08 打开"动画编辑器"面板，将播放头移至第25帧，设置"缩放"属性为50%；将播放头移至第50帧，设置"缩放"属性为100%，如图3-60所示。

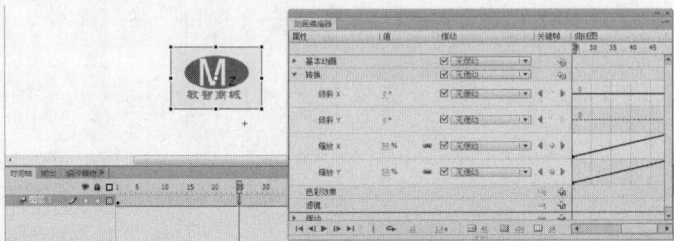

图 3-60｜插入属性关键帧并设置缩放

Step 09 新建图层，在最后一帧处按【F6】键，插入关键帧，然后按【F9】键打开"动作"面板，输入停止播放命令"stop();"，如图3-61所示。

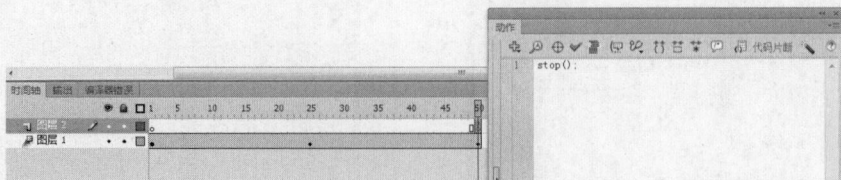

图 3-61｜设置动作命令

Step 10 打开"首页按钮"按钮元件，在"属性"面板中的"指针经过"处插入关键帧，将"首页-鼠标经过"影片剪辑元件拖入舞台中，如图 3-62 所示。

Step 11 右键单击"弹起"帧，在弹出的快捷菜单中选择"复制帧"命令；右键单击"按下"帧，在弹出的快捷菜单中选择"粘贴帧"命令，将"弹起"帧中的内容复制到"按下"帧中；选择"点击"帧，按【F5】键插入普通帧，如图 3-63 所示。

图 3-62｜设置"指针经过"帧

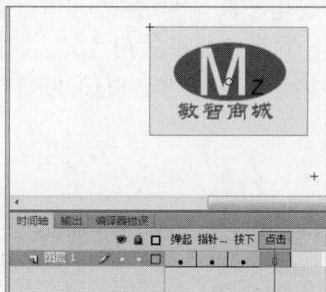

图 3-63｜设置"按下"和"点击"帧

Step 12 返回场景，单击时间轴左侧的"图层"按钮，新建图层。将"首页按钮"按钮元件拖入舞台左侧，单击"窗口"|"动画预设"，选择"从左边飞入"选项，并单击面板底部的"应用"按钮，将该动画应用到"首页按钮"按钮元件上，返回场景，其效果如图 3-64 所示。

图 3-64｜应用预设动画

Step 13 采用上述方法，创建"智能手机""数码产品""数码酷玩"和"家用电器"四个按钮元件，其中在"指针经过"处插入关键帧时设置"预设动画"为"脉搏"，设置场景"预设动画"为"2D 放大"。新建图层，并在不同的补间范围内制作相同的动画效果，最后新建一个图层，在最后一帧处插入关键帧，并在"动作"面板中输入停止播放动画命令。按【Ctrl+Enter】组合键预览动画效果，如图 3-65 所示。

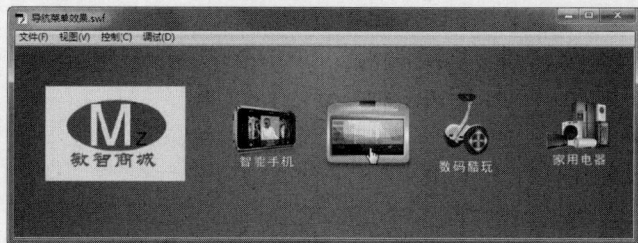

图 3-65｜导航菜单动画效果

任务四　使用 Flash 制作横幅广告

任务概述

横幅广告是电子商务网站中常见的一种广告形式，当用户点击这些横幅时，通常可以链接到广告主的网页。这种广告形式尺寸较大，视觉冲击力强，表现更突出，能给网站访客留下深刻的印象。本任务将学习如何利用 Flash 制作电子商务网站的横幅广告。

任务实施

一、认识横幅广告

横幅广告（Banner）经常出现在页面的上方首要位置或底部中央，多用于作为提示性广告，可供浏览者点击进入以了解更多的信息，是互联网广告中常见的一种形式。它的展示方式灵活多变，可以用文字、图片、图文结合以及动画等形式进行展示，如图 3-66 所示。

图 3-66 | 横幅广告

横幅广告的尺寸通常是 720 像素×90 像素、480 像素×60 像素或 233 像素×30 像素，一般使用 GIF 格式的图片，既可是静态图像，也可是 SWF 动画图像。除普通的 GIF 格式外，新兴的 Rich Media Banner（富媒体 Banner）能够赋予横幅广告更强的表现力和交互内容，但一般需要用户使用支持 Plug-in 的浏览器插件。

从表现形式上，横幅广告可以分成三种类型：静态横幅、动画横幅与互动式横幅。

二、横幅广告设计

在横幅广告中，其体现形式主要是以文字动画为主。下面将通过实例介绍如何利用 Flash 制作电子商务网站的首页横幅广告，具体操作方法如下。

Step 01 单击"文件"|"新建"命令，在弹出的"文档设置"对话框中设置各项参数，然后单击"确定"按钮，如图 3-67 所示。

Step 02 单击"文件"|"导入"|"导入到舞台"命令，将"素材文件\项目三\横幅广告背景.jpg"导入到舞台中，如图 3-68 所示。

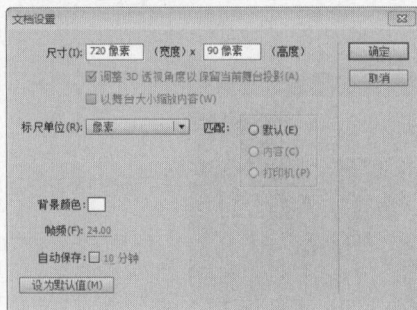

图 3-67 | 设置文档属性

图 3-68 | 导入背景效果

Step 03 使用文本工具在舞台中输入文本"11.11 购物狂欢节",并设置字符属性,如图 3-69 所示。

Step 04 在舞台中选中文本,按【Ctrl+B】组合键分离文本。再次选中输入的文本并右键单击,在弹出的快捷菜单中选择"转换为元件"命令,在弹出的对话框中选择"影片剪辑"元件类型,然后单击"确定"按钮,如图 3-70 所示。

图 3-69 | 设置文字属性　　　　　　　　图 3-70 | "转换为元件"对话框

Step 05 在"属性"面板中为文字实例添加发光效果,效果如图 3-71 所示。

图 3-71 | 为文字添加发光效果

Step 06 单击"时间轴"面板左下方的"图层"按钮🞄,新建图层。使用文字工具在舞台中输入文字"高清徕卡三摄,AI 摄像大师",在"属性"面板中设置字符属性,如图 3-72 所示。

Step 07 选中所有文本,按【Ctrl+B】组合键将其分离。再次选中文本,将其转换为影片剪辑元件。双击文本,进入文本元件舞台,选中所有文字并右键单击,在弹出的快捷菜单中选择"分散到图层"命令,将文字单独分散到各个图层中,如图 3-73 所示。

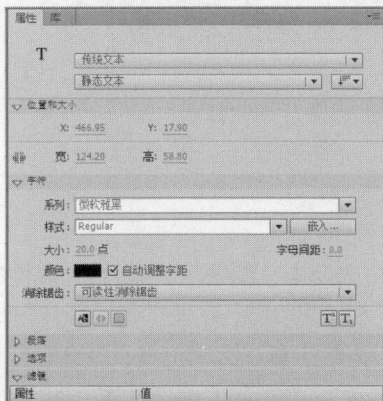

图 3-72 | 设置文字属性　　　　　　　　图 3-73 | 将文字分散到图层

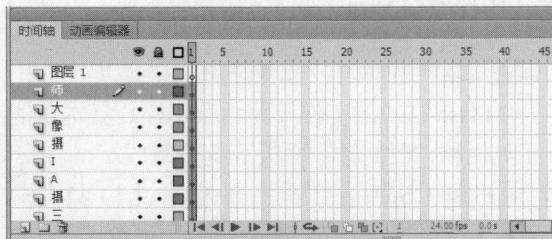

Step 08 选中"高"字，将其转化为图形元件，在其图层第 10 帧处插入一个关键帧，将第 1 帧处的图形压缩，然后在关键帧之间右键单击，选择"创建传统补间动画"命令，如图 3-74 所示。

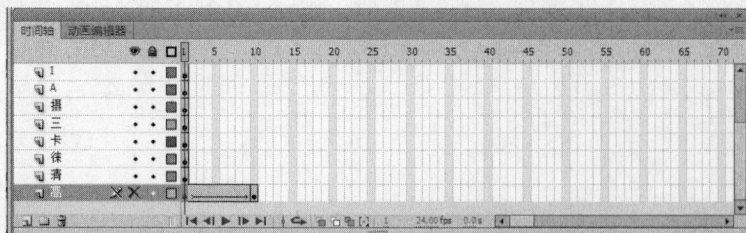

图 3-74 | 为文字创建传统补间动画

Step 09 采用同样的方法，为其他各字创建传统补间动画，然后将相应图层中的所有帧依次向后移动 5 帧，如图 3-75 所示。

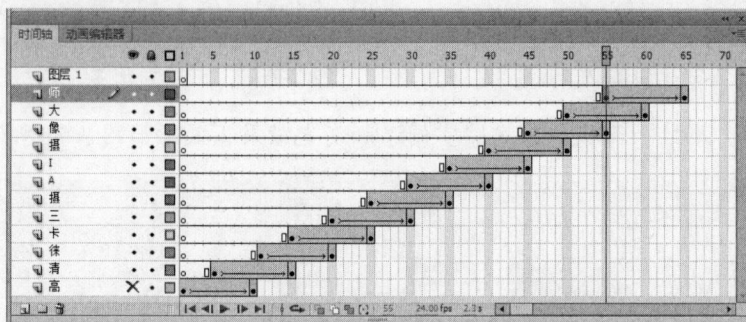

图 3-75 | 移动帧

Step 10 返回主场景，单击"时间轴"面板左下方的"图层"按钮，新建一个图层，并导入影片剪辑元件。按【Ctrl+Enter】组合键测试动画，最终效果如图 3-76 所示。

图 3-76 | 横幅广告效果

项目小结

通过本项目的学习，读者应重点掌握以下知识。

（1）Flash CS6 的工作界面由菜单栏、基本功能区、窗口选项卡、编辑栏、舞台、"属性"面板、工具栏和"时间轴"面板等部分组成。

（2）Flash CS6 中的工具主要包括绘图工具（线性工具、铅笔工具、钢笔工具、多边形工具）、填充工具（颜料桶工具、墨水瓶工具、滴管工具、刷子工具）和文本工具（静态文本、动态文本、输入文本）。

（3）在 Flash 中制作网站导航菜单的过程中，使用"影片剪辑"元件制作各按钮"指针经过"帧的动画效果，在设计动画时使用"动画编辑器"面板和"动画预设"面板快速生成补间动画。

（4）在制作横幅广告动画时，主要是对文字应用动画、将文字转换为影片剪辑元件、将文字进行分离并分散到各图层，以及为单个文字制作补间动画。

项目习题

1. 根据以下提示制作文字转变效果，即由一个文字逐渐转化为另一个文字。

操作提示：

（1）新建动画文件，设置文档大小为 600 像素×400 像素、帧频为 12fps。

（2）在第 1 帧中添加文字"数码之家网上商城"，按两次【Ctrl+B】组合键将文字转换为形状；在第 12 帧中添加文字"购物新体验"，并将其转换为形状。

（3）在第 1 帧和第 12 帧之间创建补间形状动画。

2. 某电商企业根据消费者调查，重新设置网站的导航菜单，内容包括"首页""商品分类""会员中心""购物车""积分兑换""帮助中心""活动专区"和"留言板"。利用"素材文件\项目三\习题二"中提供的素材，为该公司设计导航菜单，效果如图 3-77 所示。

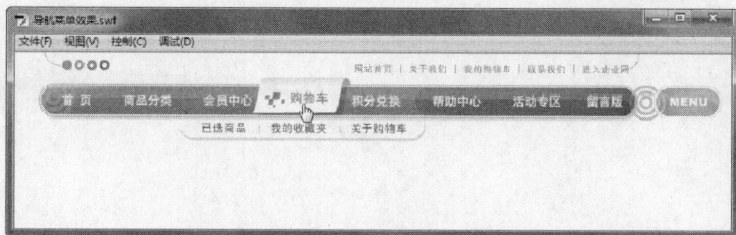

图 3-77 | 导航菜单效果

3. 森马服饰股份有限公司是一家以虚拟经营为特色、以系列成人休闲服为主导产品的品牌服饰企业。近期公司推出一款女士羽绒服，利用"素材文件\项目三\习题三"中提供的素材，为该产品设计横幅广告，效果如图 3-78 所示。

图 3-78 | 横幅广告效果

项目四

使用 Dreamweaver 添加网页元素

项目重点

- 熟悉 Dreamweaver CS6 的工作界面，了解各部分的功能。
- 掌握在 Dreamweaver 中添加文字和表格的方法。
- 掌握在 Dreamweaver 中添加图像和 Flash 动画的方法。

项目目标

- 能够对网页中的文字进行编辑，在网页中插入图像并美化。
- 能够将图片及 Flash 动画插入网页中，并进行相应的编辑操作。

项目概述

Dreamweaver 是 Adobe 公司推出的一款网页编辑软件，用于对网站的设计、编辑和开发。由于它支持代码、拆分、设计、实时视图等多种方式来创作、编写和修改网页，并拥有可视化编辑界面，所以在电子商务网站的设计与制作中也被广泛应用。本书将以 Dreamweaver CS6 版本为操作平台进行学习。本项目主要学习如何在网站中添加文本、表格、图像和 Flash 等网页基本元素。

任务一　认识 Dreamweaver CS6 工作界面

任务概述

Dreamweaver 将可视布局工具、应用程序开发功能和代码编辑支持组合在一起，功能强大，使各个层次的网店开发人员和设计人员都能快速创建网站、设计与制作网页等。本章将引领读者初步认识 Dreamweaver CS6 的工作界面。

任务实施

Dreamweaver CS6 的工作界面主要由菜单栏、工具栏、文档窗口、"属性"面板与面板组等部分组成，如图 4-1 所示。

图 4-1 │ Dreamweaver CS6 工作界面

一、菜单栏

菜单栏主要包括"文件""编辑""查看""插入""修改""格式""命令""站点""窗口"和"帮助"10 个菜单项，如图 4-2 所示。

图 4-2｜菜单栏

其中，各菜单项的作用如下。

- ✧ **文件**：用于查看当前文档或对当前文档进行操作。
- ✧ **编辑**：用于对文档的各种基本编辑操作。
- ✧ **查看**：用于设置文档的各种视图，还可显示或隐藏不同类型的页面元素和工具栏。
- ✧ **插入**：提供了工具栏的扩充选项，用于将对象插入当前文档中。
- ✧ **修改**：用于更改选定页面元素或项的属性。使用此菜单可以编辑标签属性，更改表格元素，为库和模板执行不同的操作。
- ✧ **格式**：用于设置文本的格式。
- ✧ **命令**：提供对各种命令的访问。
- ✧ **站点**：用于创建与管理站点。
- ✧ **窗口**：用于打开与切换所有的面板和窗口。
- ✧ **帮助**：包括 Dreamweaver 帮助、技术中心和 Dreamweaver 的版本说明。

单击菜单项，或按住【Alt】键的同时按键盘上各菜单英文名称的首字母，即可打开相应的下拉菜单。Dreamweaver CS6 还为一些命令提供了快捷键，它们是执行菜单命令的快捷方式之一。例如，单击"插入"|"表格"命令或按【Ctrl+Alt+T】组合键，均可在网页中插入表格。

二、工具栏

工具栏有两种显示方式，一种是以菜单方式显示，另一种是以面板方式显示，如图 4-3 所示。

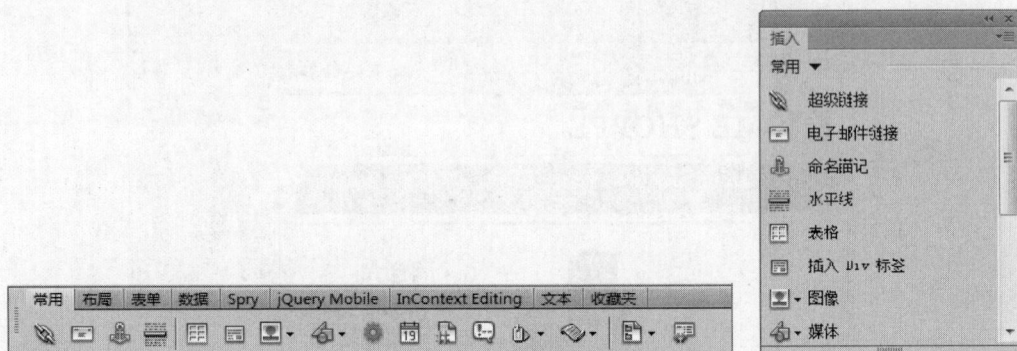

图 4-3｜工具栏的两种显示方式

工具栏提供了制作网页经常用到的对象和工具，通过它们可以很方便地插入网页对象。"插入"面板包含用于创建和插入对象（如表格、图像和链接）的按钮，这些按钮按类别进行组织，可以通过"类别"列表来进行切换。当前文档（如 ASP 或 CFML 文档）包含服务器代码时，还会显示其他类别。

三、文档窗口

启动 Dreamweaver CS6，即可打开其起始页。单击起始页"新建"栏中的 HTML 选项，可以新建 HTML 文档，并进入文档窗口，如图 4-4 所示。

图 4-4 | 文档窗口

文档窗口显示当前创建和编辑的网页文档，可以在"代码""拆分""设计"视图和"实时视图"中分别查看文档。视图选项中包含了一些辅助设计工具，不同视图下显示的选项也不尽相同。

✦ "代码"视图：用于编写和编辑 HTML、JavaScript、服务器语言代码（如 PHP 或 ColdFusion 标记语言（CFML），以及任何其他类型代码的手工编码环境）。

✦ "拆分"视图：可以在一个窗口中同时看到同一文档的"代码"视图和"设计"视图。

✦ "设计"视图：用于可视化页面布局、可视化编辑和快速应用程序开发的设计环境，包含网格、标尺、辅助线等菜单选项。在该视图中，Dreamweaver 显示文档完全可编辑的可视化表示形式，类似于在浏览器中查看页面时看到的内容。

✦ 实时视图：实时视图与"设计"视图类似，它能更逼真地显示文档在浏览器中的效果。实时视图不可编辑，不过可以在"代码"视图中进行编辑，然后通过刷新实时视图来查看所做的更改。

文档窗口右下方图标的作用如下。

✦ "选取工具"按钮 ：用于在不同工具间进行切换。

✦ "手形工具"按钮 ：用于在文档尺寸大于文档的显示窗口时移动当前文档画面，以显示文档的全部内容。

✦ "缩放工具"按钮 和"设置缩放比率"下拉列表框 100% ：均用于设置文档的显示大小，缩放比率可以通过选择下拉列表框中的选项或直接输入数值实现。

✦ "窗口大小"按钮 ：显示当前文档可显示部分的大小，分别代表手机大小、平板电脑大小、桌面电脑大小。

▌四、"属性"面板

"属性"面板位于状态栏的下方，显示当前处于选中状态的对象的各种属性及参数。单击"窗口"|"属性"命令或按【Ctrl+F3】组合键，可以打开或关闭"属性"面板。根据当前页面中选定内容的不同，"属性"面板中所显示的内容也会不同。通常情况下，可以通过设置其中的各项参数来完成对所选对象属性的更改，如图 4-5 所示。

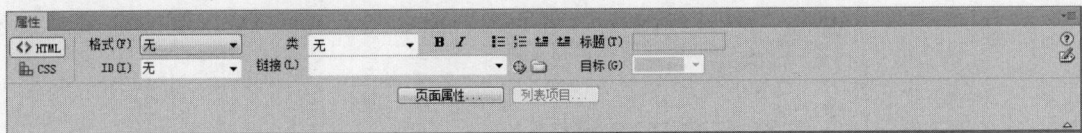

图 4-5 | "属性"面板

五、面板组

Dreamweaver CS6 将各种工具面板集成到面板组中，如"插入"面板、"行为"面板、"CSS 样式"面板、"文件"面板等。它们既可以是折叠状态也可以是展开状态，可以通过单击面板标签来展开或折叠。单击"窗口"|"文件"命令，将展开"文件"面板，如图 4-6 所示。

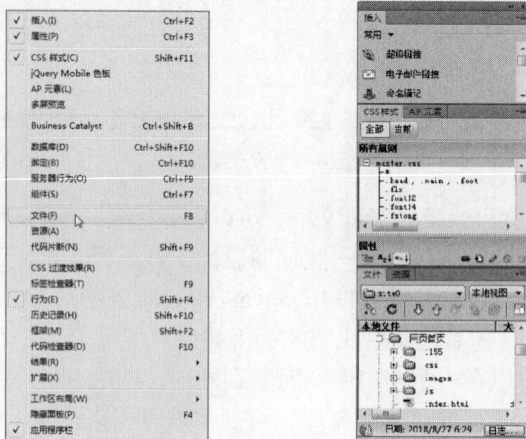

图 4-6 | "窗口"菜单与面板组

任务二　添加网页基本元素——文本和图像

任务概述

文本是获取各种信息的重要载体，图片可给浏览者以更加直观、形象的信息展示，它们是网页中的两种重要基本元素。为了使页面更加美观、简洁、富有层次感以及增强可读性，需要对文本和图像进行排版和设置。

任务实施

一、添加文本

要完成某一内容的描述，至少要用到大标题、小标题和段落文字等元素。在网页中添加文本也要遵循这一原则。图 4-7 所示为京东商城"售后保障"信息的文字描述。

图 4-7 | 售后保障文字描述

在 Dreamweaver 中添加文本的具体操作方法如下。

Step 01 启动 Dreamweaver CS6，在"新建"选项中选择 HTML 选项，新建一个网页文档，如图 4-8 所示。

Step 02 单击"代码"按钮，进入"代码"视图，将网页文本添加到<body>标记内，如图 4-9 所示。

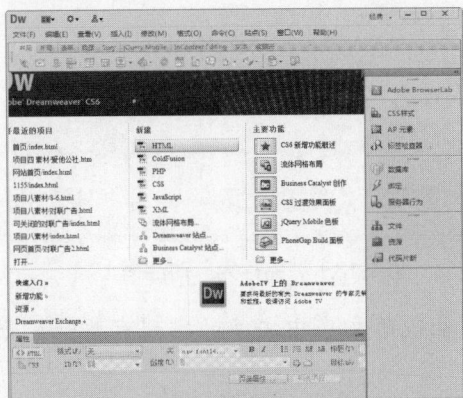

图 4-8 | 新建网页文档

图 4-9 | 进入"代码"视图

Step 03 输入大标题"售后保障"并将其选中，在"属性"面板的"格式"下拉列表中选择"标题 1"选项，如图 4-10 所示。注意，输入文本后，需要在"属性"面板上单击"刷新"按钮，才可以设置标题属性。

Step 04 网页标题有 h1 到 h6 六个级别，h1 级别最大，h6 级别最小。接着输入小标题文字，"厂家服务"并设置 h3 级标题，如图 4-11 所示。

图 4-10 | 设置 h1 大标题文本

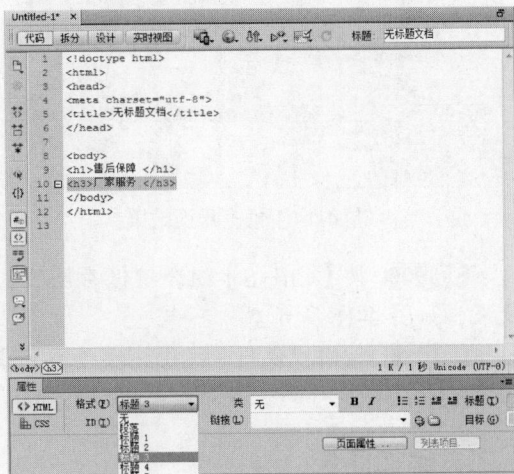

图 4-11 | 设置 h3 小标题文本

Step 05 在 h3 小标题后添加描述文字，并设置为"段落"标记，如图 4-12 所示。

Step 06 在文档"标题"文本框中输入"售后保障"，按【Ctrl+S】组合键，打开"另存为"对话框，设置保存位置和文件名，然后单击"保存"按钮，保存当前网页，如图 4-13 所示。

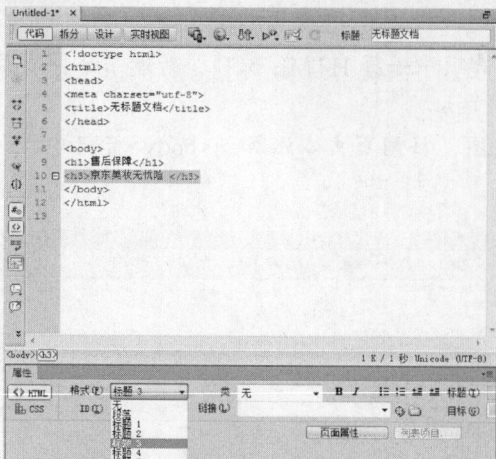

图 4-12｜设置"段落"格式

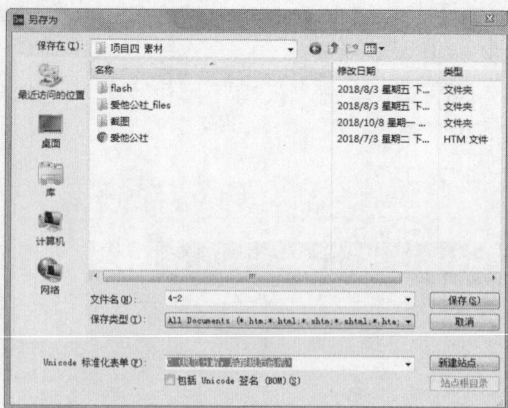

图 4-13｜"另存为"对话框

Step 07 按【F12】键预览网页效果，可以看到在段落文字中文字的排列有些乱，如图 4-14 所示。

Step 08 返回"代码"视图，可以看到 p 段落中的文字比较乱，需要添加
换行符对文本进行排版。在需要换行的位置添加
换行符，如图 4-15 所示。

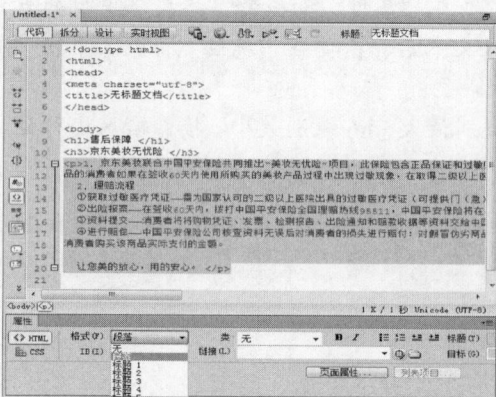

图 4-14｜预览网页效果

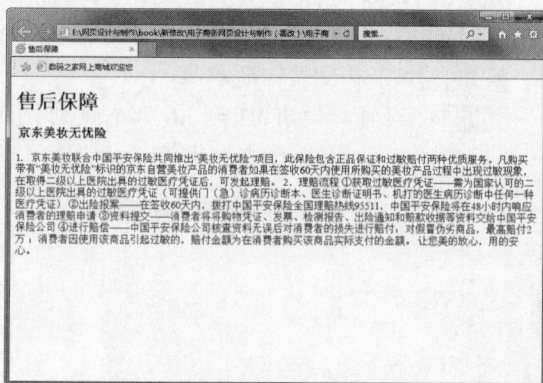

图 4-15｜添加
换行符

Step 09 按【Ctrl+S】组合键保存网页，按【F12】键再次预览网页，查看段落文字换行效果，如图 4-16 所示。

Step 10 返回"代码"视图，继续添加小标题和段落文字，完善"售后保障"文字描述，在段落中需要换行的位置添加
换行符，保存并预览网页，效果如图 4-17 所示。

二、添加图像

图像具有形象、直观的特点，在网页中适当地插入一些图像，可以提高网页的美观性与可读性。例如，在网页中插入商品图片比使用文字进行介绍更能说明问题。

在网页中添加图像的具体操作方法如下。

Step 01 打开"素材文件\项目四\4-3.html"，进入"代码"视图，如图 4-18 所示。

Step 02 选中并删除"此处添加图片"提示文本，然后在"常用"工具栏中单击"图像"

按钮图·，如图 4-19 所示。

图 4-16 | 预览换行效果

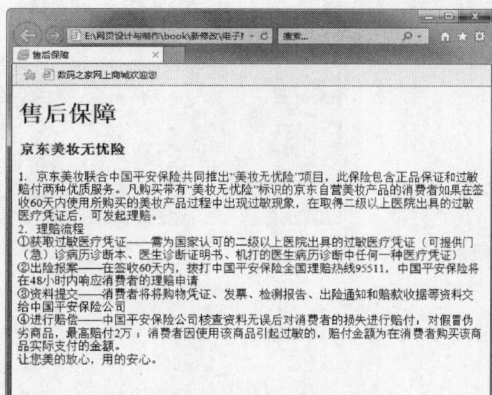

图 4-17 | 预览网页

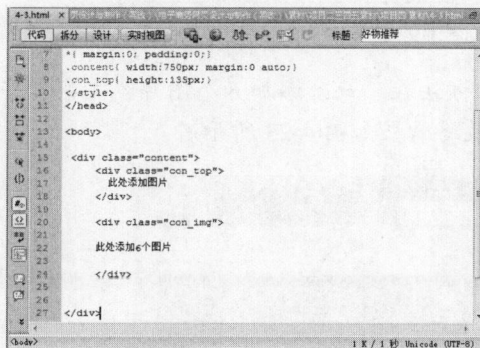

图 4-18 | 进入"代码"视图

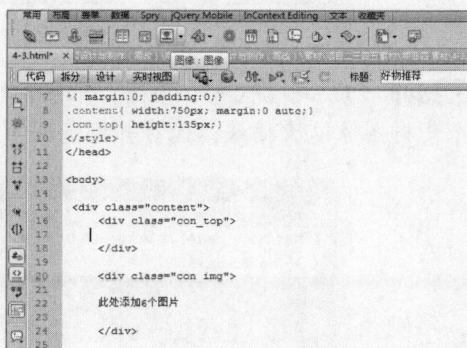

图 4-19 | 单击"图像"按钮

Step 03 弹出"选择图像源文件"对话框，选择要插入网页中的图像，然后单击"确定"按钮，如图 4-20 所示。注意，图像文件夹一定要和网页在同一个文件夹中才行。

Step 04 弹出"图像标签辅助功能属性"对话框，在"替换文本"文本框中输入所需的文字，然后单击"确定"按钮，如图 4-21 所示。替换文本是指浏览器看不到图像时使用图像的文本信息来替换和占位。

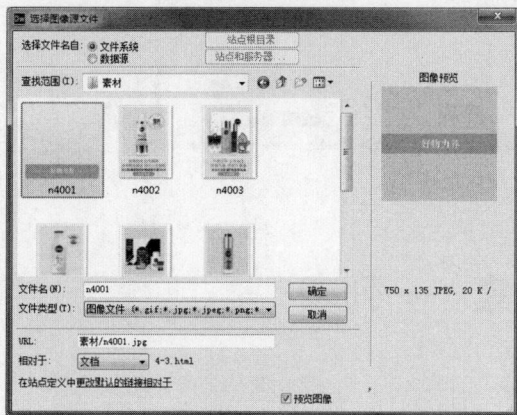

图 4-20 | "选择图像源文件"对话框

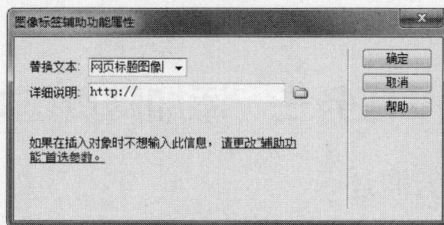

图 4-21 | "图像标签辅助功能属性"对话框

Step 05 这时图像就被添加到指定位置，在"代码"视图中为以<img>开头的一行标记。切换为"设计"视图，即可看到插入的图像效果，如图4-22所示。

图 4-22 | 插入图像效果

Step 06 切换到"代码"视图，采用同样的方法在"此处添加 6 个图片"文字处将相应的 6 个素材图像依次插入，保存并预览网页，最终效果如图4-23所示。

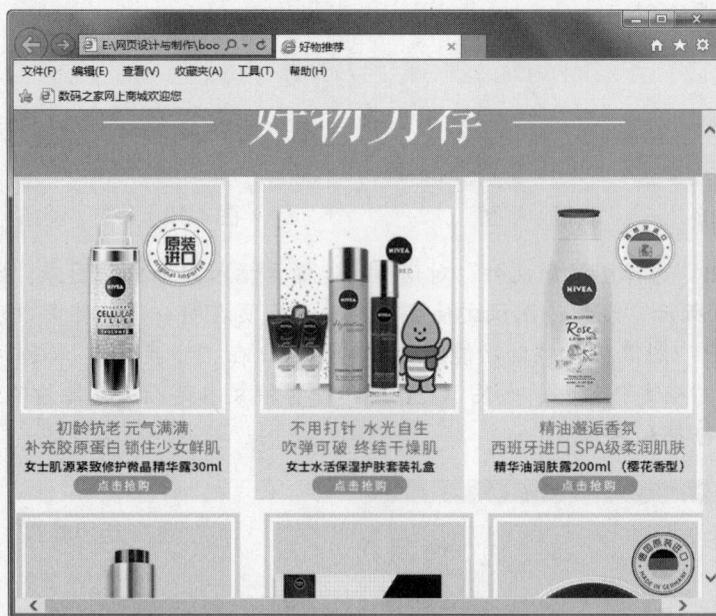

图 4-23 | 插入 6 张图片

任务三 添加网页基本元素——列表

任务概述

列表是网页中的重要元素，分为无序列表、有序列表和自定义列表三种形式，在网页布局中是一种重要的布局方式。本任务将学习在 Dreamweaver 中添加网页列表的方法。

任务实施

一、添加无序列表

无序列表（ul）没有序号，每一条列表文字上面都是通过小圆点或者其他图形方式显示的。添加无序列表的具体操作方法如下。

Step 01 打开"素材文件\项目四\4-4.html"，将光标定位到< div class="nav">标记中，在工具栏中选择"文本"选项卡，其中显示列表元素标记 ul ol li | dl dt dd，单击 ul 按钮，插入无序列表，如图 4-24 所示。

Step 02 将光标定位到 ul 代码中，在工具栏中单击 li 按钮，插入列表项，通过按【Enter】键和空格键对代码进行排版，如图 4-25 所示。

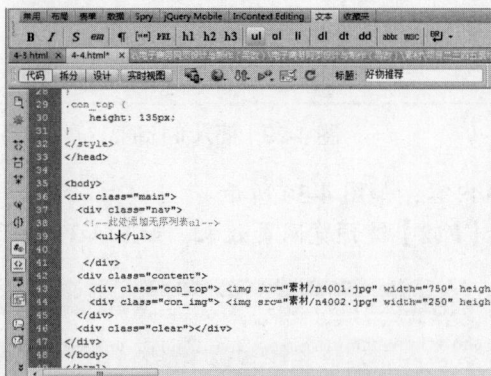

图 4-24 | 插入 ul 标记

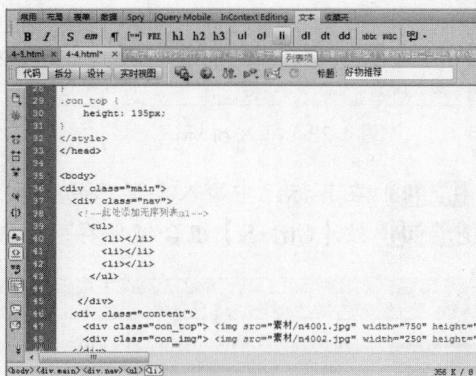

图 4-25 | 插入 li 标记

Step 03 在 li 标记中输入要显示的列表文本内容，根据需要继续插入 li 标记，并输入相应的内容，如图 4-26 所示。

Step 04 按【Ctrl+S】组合键保存网页，按【F12】键预览网页效果，如图 4-27 所示。

图 4-26 | 插入列表项和内容

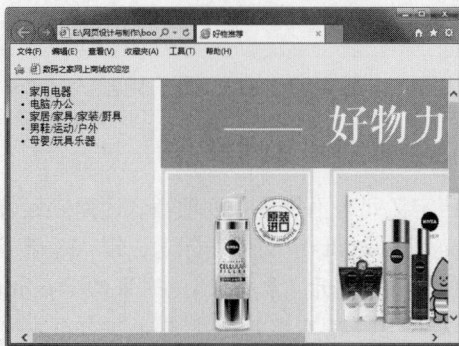

图 4-27 | 预览无序列表效果

二、添加有序列表

有序列表（ol）具有序列号，列表内容会按照 1、2、3、4 的顺序进行排列。添加有序列表的具体操作方法如下。

Step 01 打开"素材文件\项目四\4-5.html"，将光标定位到<body>标记中，在工具栏中单击 **ol** 按钮，插入有序列表，如图4-28所示。

Step 02 将光标定位到 ol 代码中，在工具栏中单击 **li** 按钮，插入列表项，如图 4-29 所示。

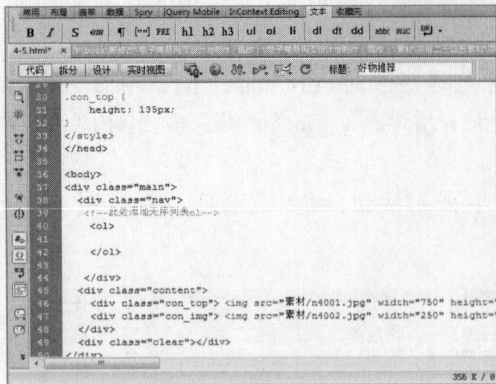

图 4-28 | 插入 ol 标记

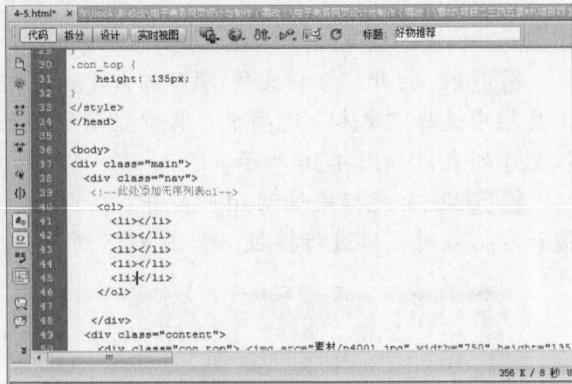

图 4-29 | 插入 li 标记

Step 03 在 li 标记中输入要显示的列表文本内容，如图4-30所示。

Step 04 按【Ctrl+S】组合键保存网页，按【F12】键预览网页效果，如图4-31所示。

图 4-30 | 输入 li 列表内容

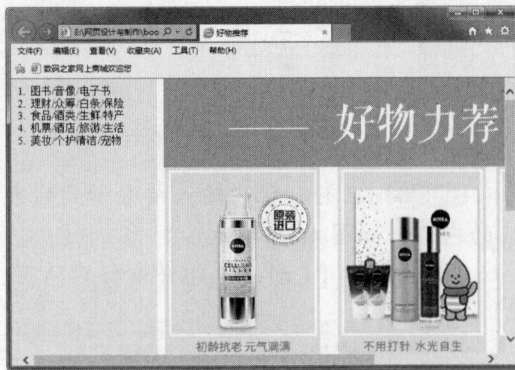

图 4-31 | 预览有序列表效果

三、添加自定义列表

自定义列表不仅是一列项目，还是项目及其注释的组合。自定义列表以<dl>标签开始，每个自定义列表以<dt>定义列表标题，以<dd>定义列表项。添加自定义列表的具体操作方法如下。

Step 01 打开"素材文件\项目四\4-6.html"，将光标定位到"<!--此处添加自定义列表-->"注释文本下，在工具栏中单击 **dl** 按钮，插入自定义列表起始标记，如图4-32所示。

Step 02 将光标定位到 dl 代码中，在工具栏中单击 **dt** 按钮，插入列表标题，如图 4-33 所示。

Step 03 将光标定位到 dt 标记下方，单击工具栏中的 **dd** 图标，插入自定义列表项，并输入列表内容，如图4-34所示。

Step 04 按【Ctrl+S】组合键保存网页，按【F12】键预览网页效果，如图4-35所示。

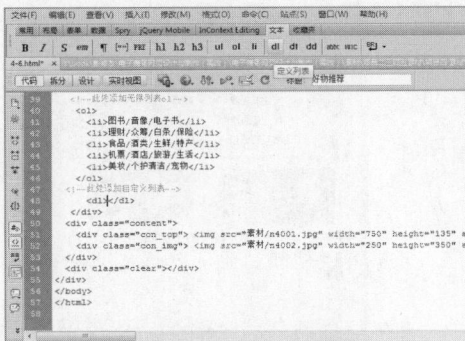

图 4-32 | 插入 dl 标记

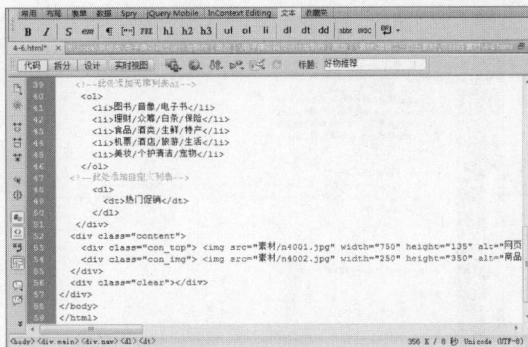

图 4-33 | 插入 dt 列表标题

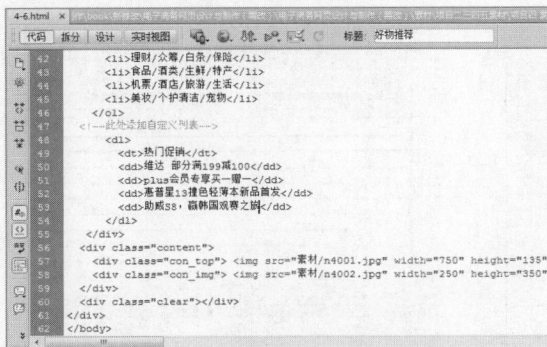

图 4-34 | 输入 dd 自定义列表内容

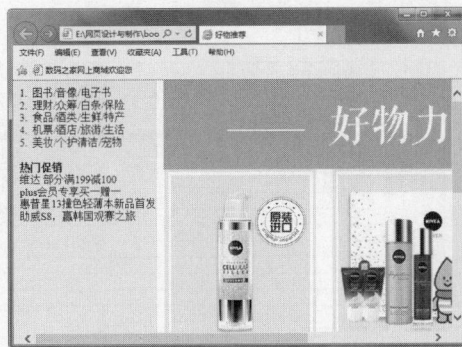

图 4-35 | 预览自定义列表效果

任务四　添加网页基本元素——表格

任务概述

　　表格在网页中是一个很重要的元素。在网页设计初期，很多布局都是通过表格来实现的，但现在已经使用 DIV+CSS 布局了，只在制作数据表格时使用表格工具。

任务实施

　　在 HTML 语言中，可通过<table>来定义表格、使用<tr>来定义行、使用<td>定义单元格，表格中的文本数据都是写到单元格中的。在网页中插入表格的具体操作方法如下。

　　Step 01　打开"素材文件\项目四\4-7.html"，在"代码"视图中将光标定位到"<!--此处添加表格-->"注释文本下方，在工具栏中选择"常用"选项卡，单击"表格"按钮▦，如图 4-36 所示。

　　Step 02　弹出"表格"对话框，在"表格大小"选项区中设置各项参数，在"辅助功能"选项区中输入标题和摘要内容，然后单击"确定"按钮，如图 4-37 所示。

　　Step 03　切换到"设计"视图，查看添加的表格，效果如图 4-38 所示。

　　Step 04　选中第一行中的三个单元格，在"属性"面板中单击"合并单元格"按钮▤，将所选的三个单元格合并为一个单元格，如图 4-39 所示。

图 4-36 | 单击"表格"按钮

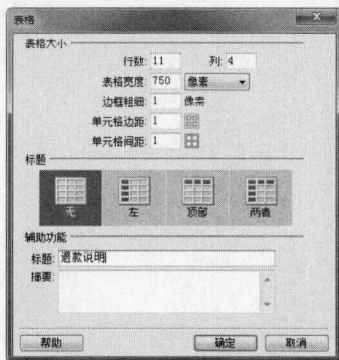

图 4-37 | "表格"对话框

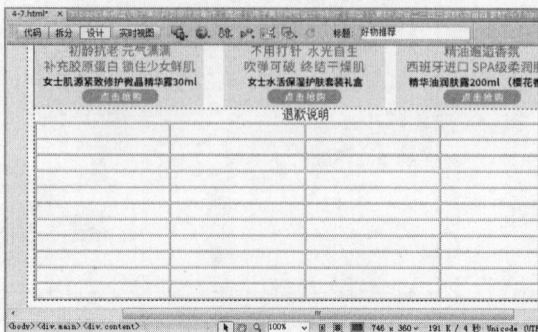

图 4-38 | 添加表格

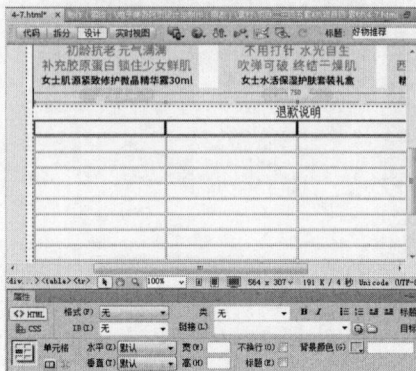

图 4-39 | 跨列合并单元格

Step 05 根据需要在单元格中输入相应的文字信息，通过拖动表格的边框可以改变单元格的宽度和高度，如图 4-40 所示。

Step 06 在表格左侧第一列选中第二行到最后一行的单元格，在"属性"面板中单击"合并单元格"按钮，将跨行单元格合并为一个单元格，如图 4-41 所示。

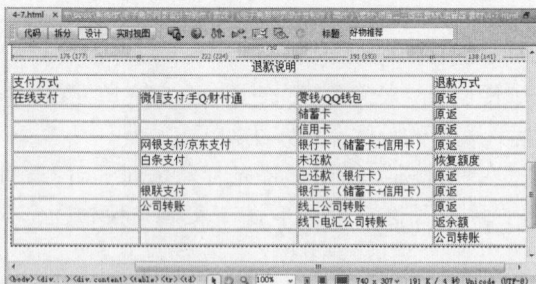

图 4-40 | 输入单元格内容

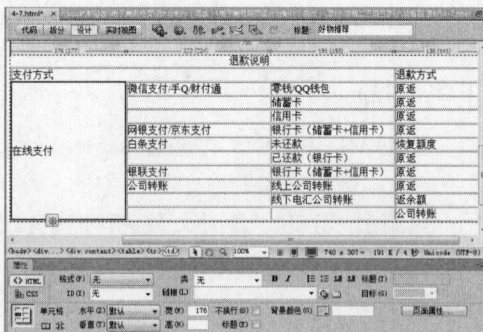

图 4-41 | 跨行合并单元格

Step 07 根据表格设计的需要跨行或跨列合并单元格，完成整个表格布局的编辑，如图 4-42 所示。

Step 08 通过拖动鼠标选中所有单元格，在"属性"面板中单击"水平"下拉按钮，选择"居中对齐"选项，设置表格中的文本居中对齐，如图 4-43 所示。

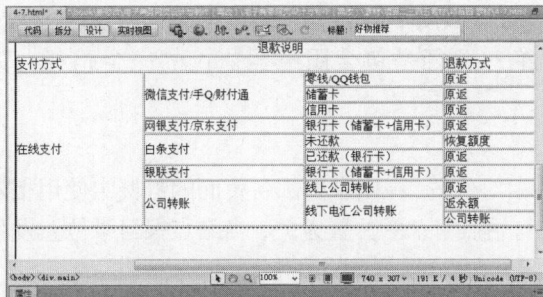

图 4-42 | 设计表格布局

图 4-43 | 表格文本居中对齐

Step 09 按【Ctrl+S】组合键保存网页，按【F12】键预览网页中的表格效果，可以根据需要适当调整单元格的宽度和高度，使表格更加规范、美观，如图 4-44 所示。

图 4-44 | 预览表格网页效果

任务五　添加网页基本元素——超链接

任务概述

一个网站是由许多网页组成的集合，通过"超链接"将网页与网页链接在一起，从而形成一个有序而庞大的系统。所有超链接是网页的重要组成部分。本任务将学习在 Dreamweaver 中添加超链接的方法。

任务实施

一、认识路径

要正确地创建链接，必须使用路径，即从链接源到链接目标之间的文件路径。描述路径的方式有两种：绝对路径和相对路径。

1. 绝对路径

绝对路径提供了链接目标文档完整的 URL 地址。例如，在制作友情链接时，需要链接到另一个网站的网页，这时就要使用绝对路径。绝对路径是包含服务器协议的完全路径，如 http://www.makefire.com/index.html。

2. 相对路径

相对路径用于描述链接源与链接目标之间的相对位置，在网站内部各页面的链接中使用相对路径最合适，因为相对路径不但描述简洁，而且与站点目录的位置无关，当站点根目录位置发生改变时，不会影响到站点内链接的网页。

通过 Dreamweaver 设立的站点目录就是以相对路径建立的网页链接关系，最简单的方法是：在硬盘根目录下建立一个文件夹，将网站用到的所有图片、网页文档等都存储在此文件夹中。

二、添加文档链接

超链接是网页之间联系的桥梁，浏览者通过它可以转到其他页面。Dreamweaver CS6 提供了非常简便的添加超链接的方法，设计人员可以轻松地将文字、图片和 Flash 动画等网页元素设置为链接的对象。

通常所说的链接主要是指文档链接，因为链接到其他文档在网页中最为常见，可以是文字和图片链接等。添加文档链接的具体操作方法如下。

Step 01 打开"素材文件\项目四\4-8.html"，在"设计"视图下选择网页左侧的"售后保障"文本，在"属性"面板中单击链接选项右侧的"浏览文件"按钮🗀，如图 4-45 所示。

Step 02 弹出"选择文件"对话框，选择要链接的网页文档，然后单击"确定"按钮，如图 4-46 所示。注意，两个网页文件需要在同一个文件夹中。

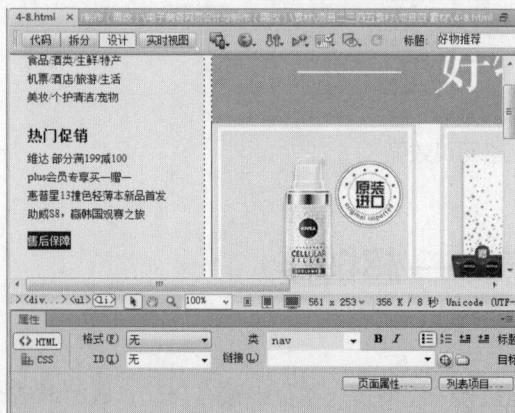

图 4-45 | 添加超链接

图 4-46 | "选择文件"对话框

Step 03 此时"售后保障"文本就添加了超链接，文字颜色变为蓝色且带有下划线，在"属性"面板的"链接"文本框中可以看到超链接文档的路径和文件名，如图 4-47 所示。

Step 04 按【Ctrl+S】组合键保存网页，按【F12】键预览网页效果，单击"售后保障"超链接文字，如图 4-48 所示。

Step 05 此时网页就会跳转到链接网页中，在该页面中显示售后保障的内容，如图 4-49 所示。

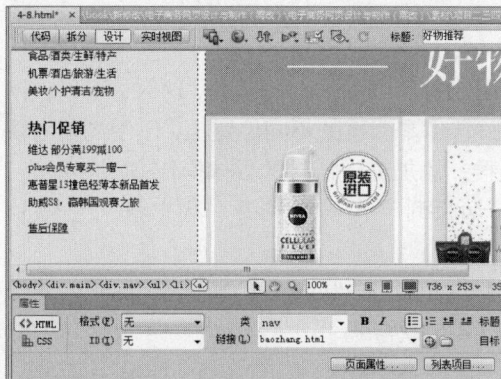

图 4-47 | 完成超链接设置

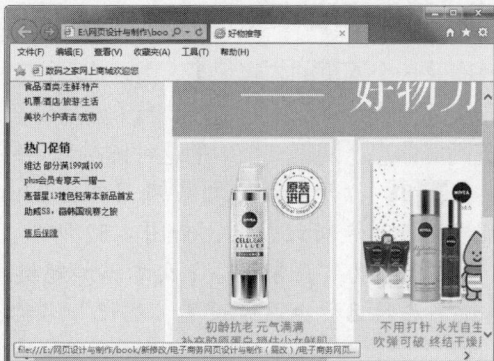

图 4-48 | 预览超链接网页效果

Step 06 选中超链接文本，在"属性"面板中单击"目标"下拉按钮，选择"_blank"选项，如图 4-50 所示。

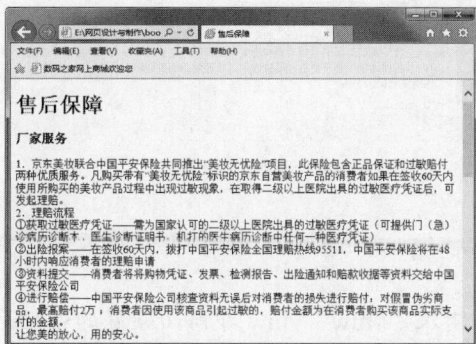

图 4-49 | 跳转到"售后保障"网页

图 4-50 | 设置"目标"选项

Step 07 按【Ctrl+S】组合键保存网页，按【F12】键预览网页效果。单击"售后保障"超链接后，当前网页不会关闭，而是在新打开的网页中显示链接文档内容，如图 4-51 所示。

图 4-51 | 预览网页效果

▌三、添加锚记链接

有时一个网页的内容很多，需要拖动滚动条才可以看到下面的网页信息。这时，可以在网页的开头部分设计不同的超链接，当单击超链接时会跳转到本网页的不同位置上，以便浏览者快速浏览网页信息。网页文档中的这种链接称为锚记链接，添加锚记链接的具体操作方法如下。

Step 01 打开"素材文件\项目四\4-9.html"，切换到"代码"视图，从中找到"<h3>厂家服务 </h3>"标记信息，如图 4-52 所示。

Step 02 为"厂家服务"文本添加超链接标记"<a name="fuw">厂家服务</a>"，并设置"name"属性名，也就是设置"锚记"名称，如图 4-53 所示。

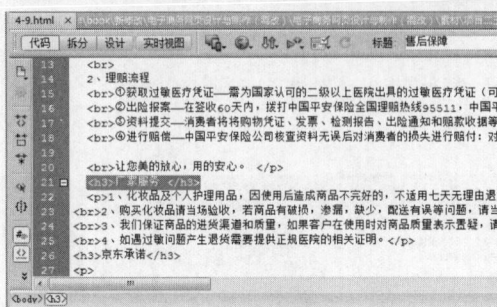

图 4-52 │选择锚记链接文本

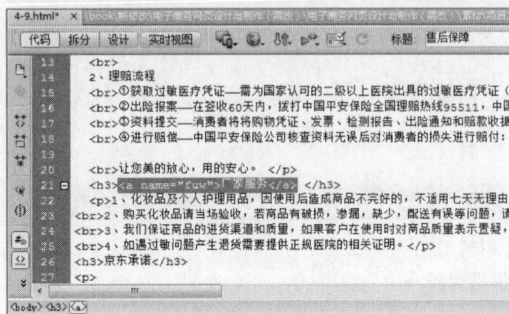

图 4-53 │添加锚记链接

Step 03 在网页开头部分找到"厂家服务"标记，选择其中的文字，如图 4-54 所示。

Step 04 在"属性"面板中的"链接"文本框中输入"#fuw"，fuw 即前面设置的锚记名称，如图 4-55 所示。

图 4-54 │选择锚记链接文本

图 4-55 │添加锚记链接

Step 05 按【Ctrl+S】组合键保存网页，按【F12】键预览网页效果。单击"厂家服务"超链接文字，如图 4-56 所示。

Step 06 此时，即可跳转到当前网页的"厂家服务"小标题位置，实现在一个网页内链接到不同位置的效果，如图 4-57 所示。

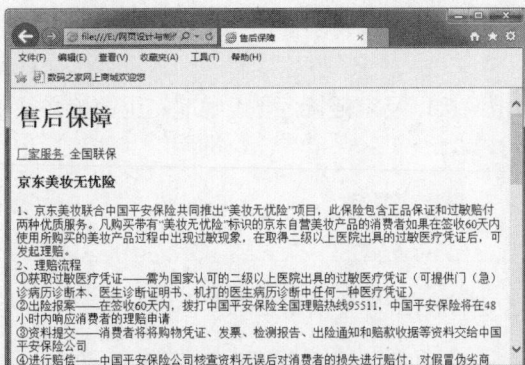

图 4-56 | 单击超链接文本

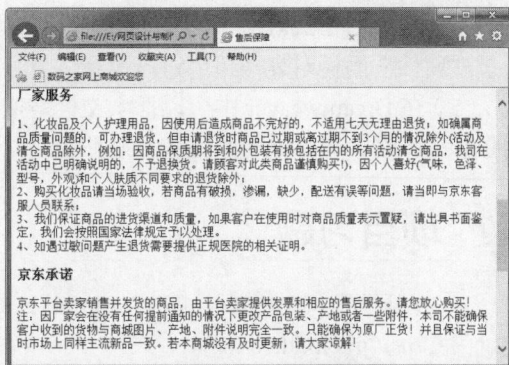

图 4-57 | 跳转到"厂家服务"位置

四、添加空链接

空链接就是不会跳转到任何位置，但链接的文本和图片等具有超链接的样式。空链接可用于向页面上的对象或文本附加行为，如向空链接附加一个行为，以便在指针滑过该链接时会交换图像或显示绝对定位的元素。添加空链接的具体操作方法如下。

Step 01 打开"素材文件\项目四\4-10.html"，在"设计"视图下选择要添加空链接的文本，如图 4-58 所示。

Step 02 在"属性"面板的"链接"文本框中输入"#"，此时即可将选中的文本设置为空链接，如图 4-59 所示。

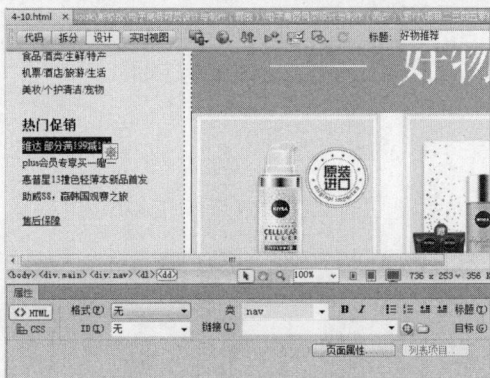

图 4-58 | 选择空链接文本

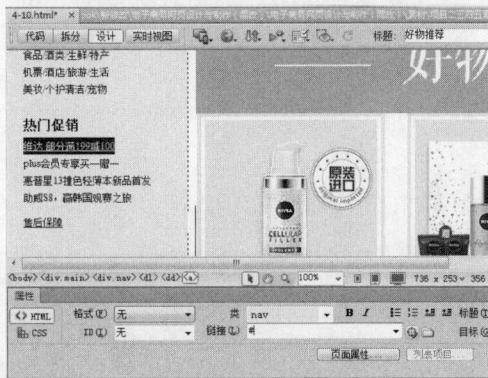

图 4-59 | 添加空链接

项目小结

通过本项目的学习，读者应重点掌握以下知识。

（1）网页中的文本包含在<body>标记内，可以使用<h>标记设置文本标题、使用<p>标记设置段落。

（2）在网页中插入图像时，图像文件夹要和网页在同一个文件夹中，在代码视图中图像以<img>标记开头。

（3）在 Dreamweaver 中可以插入无序列表（ul）、有序列表（ol）和自定义列表（dl）三种形式的列表。

（4）在 Dreamweaver 中使用<table>定义表格、使用<tr>定义行、使用<td>定义单元格，可以通过"属性"面板对表格布局进行设置。

（5）在 Dreamweaver 中可以插入文档链接、锚记链接以及空链接。要正确地使用链接必须使用正确的路径，包括绝对路径和相对路径。

项目习题

1. 打开"素材文件\项目四\4-11.html"，给网页左侧的图片"京东金融"添加超链接，链接网址为 https://jrhelp.jd.com。

2. 在左侧"热门促销"列表中将 li 列表项都设置为空链接。

3. 在左侧添加"商品排名"列表，并添加列表内容、设置空链接，效果如图 4-60 所示。

图 4-60 | 添加"商品排名"列表

4. 在网页底部"文本提示处"添加一个表格，显示商品的属性，效果如图 4-61 所示。

图 4-61 | 添加商品属性表格

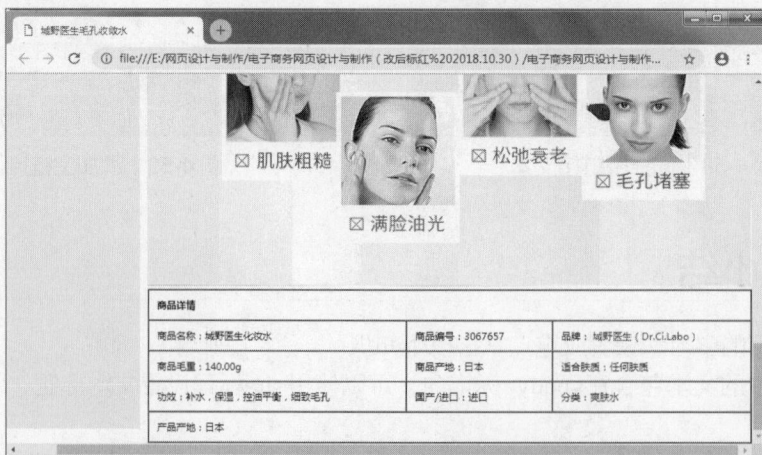

项目五
使用 CSS 美化网页

项目重点

- 了解 CSS 的基本语法及引用方式。
- 学会如何创建 CSS。
- 掌握设置 CSS 属性的方法。
- 掌握管理层叠样式表的方法。

项目目标

- 学会创建 CSS，以及设置和编辑 CSS。
- 熟练地利用 CSS 来美化网页。

项目概述

层叠样式表（Cascading Style Sheet，CSS）是一种用于控制网页元素样式显示的标记性语言，也是目前流行的网页设计技术。可将网页结构和样式分离，由 HTML 负责网页的结构设计，由 CSS 负责网页的美化设计，以利于网页的加载和搜索。本项目将学习如何使用 CSS 样式美化网页。

任务一　认识 CSS

任务概述

通过 CSS 可以实现网页外观的快速变化。它是网页设计者的利器，既可以对不同类型的网页应用不同的样式表，又可以使用样式表对网站基本样式进行统一，极大地方便了网页设计工作。本任务就来认识 CSS。

任务实施

一、了解 CSS 的基本语法

CSS 的样式规则由两部分组成：选择器和声明。

1. 选择器 {属性:值}

选择器是样式的名称，包括自定义的类（也称"类样式"）、HTML 标签、ID 和复合内容。

◇ **自定义的类**：可以将样式属性应用到任何文本范围或文本块。所有类样式均以句点"."开头。例如，可以创建名称为".blue"的类样式，设置其 color 属性为蓝色，然后将该样式应用到一部分已定义样式的段落文本中。

◇ **HTML 标签**：可以重定义特定标签（如 p 或 h1）的格式。例如，创建或更改 p 标签的 CSS 规则时，所有用 p 标签设置了格式的文本段落都会立即更新。

◇ **ID 和复合内容**：可以重定义特定元素组合的格式，或其他 CSS 允许的选择器形式的格式。例如，a:link 就是定义未单击过的超链接的高级样式。

2. 声明

声明用于定义样式元素，由两部分组成：属性和值。在图 5-1 所示的示例中，h1 是选择器，介于花括号（{}）之间的所有内容都是声明。

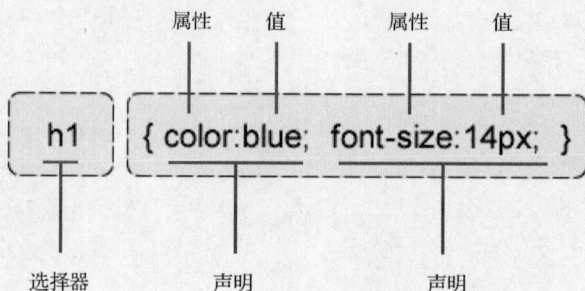

图 5-1 | CSS 基本语法

二、在网页中引用 CSS 的方式

当 CSS 与网页中的内容建立关系时，即可称为 CSS 的引用。CSS 的引用主要有以下几种方式。

1. 直接添加在 HTML 标记中

这是应用 CSS 最简单的方法，由于没有和 HTML 标记分离，所以不推荐使用这种方法，其语法如下。

```
<标记 style="CSS 属性:值">内容</标记>
```

2. 将样式表内嵌到 HTML 文件中

将 CSS 代码添加到 HTML 网页<head>标记区域中的<style></style>标签之间，如图 5-2 所示。

```
5-1.html  ×                                E:\网页设计与制作\book\pic5\5-1.html

代码  拆分  设计  实时视图    标题: 无标题文档

1   <!DOCTYPE html PUBLIC "-//W3C//DTD XHTML 1.0 Transitional//EN"
    "http://www.w3.org/TR/xhtml1/DTD/xhtml1-transitional.dtd">
2   <html xmlns="http://www.w3.org/1999/xhtml">
3   <head>
4   <meta http-equiv="Content-Type" content="text/html; charset=utf-8" />
5   <title>无标题文档</title>
6   <style type="text/css">
7
8    p{ color:blue; font-size:14px; }
9
10  </style>
11  </head>
12
13  <body>
14    <p>
15        文章段落，样式表为设置段落文本为蓝色，字体大小为：14像素；注意：
    每个声明都是由属性和值组成，声明与声明之间用分号结束，为了便于观看声
    明与声明之间最好多加几个空格或者回车另起一行。
16    </p>
17  </body>

<body><p>                                    1 K / 1 秒 Unicode (UTF-8)
```

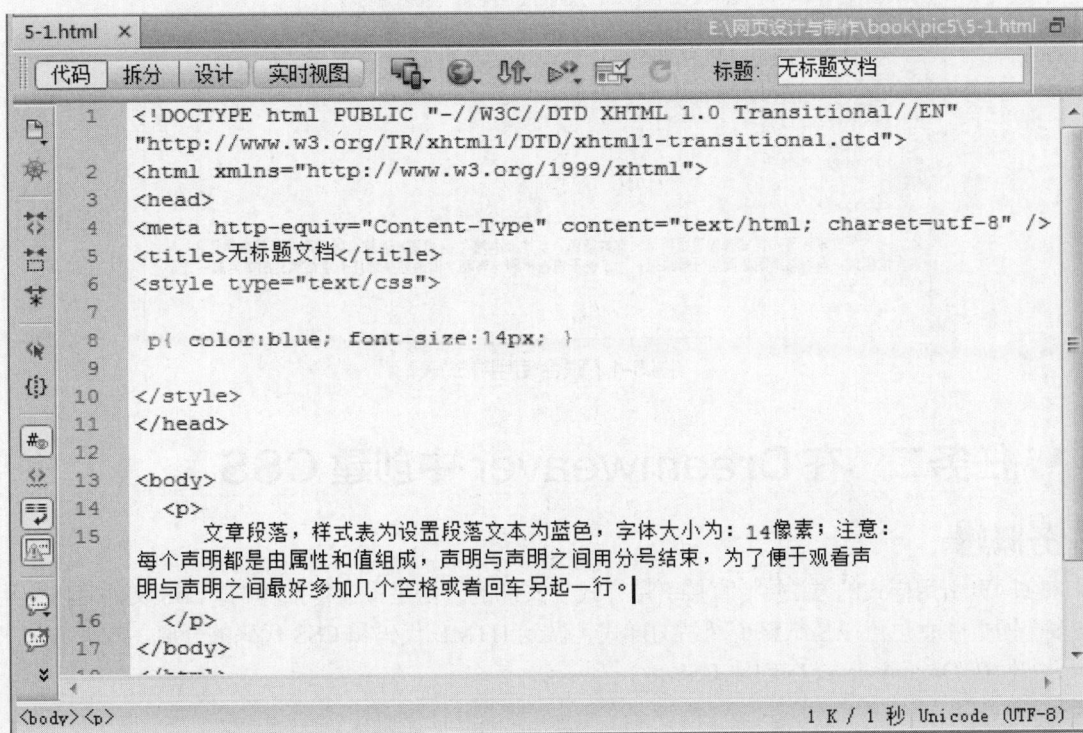

图 5-2 | 内嵌样式

3. 将外部样式表链接到 HTML 文件上

此方法通过<link>标签来实现，将<link>标签加入<head>标签之间。外部样式表可以应用到多个网页中，通过一个或者几个样式表就可以控制整个网站的样式。因此，外部样式表是建立样式表的好方法，如图 5-3 所示。

4. 联合使用样式表

将样式表导入HTML文件中与将样式表链接到HTML文件中相似，也是将外部定义好的CSS文件引入网页中，从而在网页中进行应用。但是，导入的 CSS 使用@import 在内嵌样式表中导入，导入方式可以与其他方式进行结合，如图 5-4 所示。

```
1    <!DOCTYPE html PUBLIC "-//W3C//DTD XHTML 1.0 Transitional//EN"
     "http://www.w3.org/TR/xhtml1/DTD/xhtml1-transitional.dtd">
2    <html xmlns="http://www.w3.org/1999/xhtml">
3    <head>
4    <meta http-equiv="Content-Type" content="text/html; charset=utf-8" />
5    <title>无标题文档</title>
6
7    <link href="5-2yz.css" rel="stylesheet" type="text/css" />
8    </head>
9
10   <body>
11    <p>
12        文章段落，样式表为设置段落文本为蓝色，字体大小为：14像素；注意：每个声明都是由属性和
     值组成，声明与声明之间用分号结束，为了便于观看声明与声明之间最好多加几个空格或者回车另起一行。
13    </p>
14   </body>
15   </html>
```

图 5-3 | 外链样式

```
1    <!DOCTYPE html PUBLIC "-//W3C//DTD XHTML 1.0 Transitional//EN"
     "http://www.w3.org/TR/xhtml1/DTD/xhtml1-transitional.dtd">
2    <html xmlns="http://www.w3.org/1999/xhtml">
3    <head>
4    <meta http-equiv="Content-Type" content="text/html; charset=utf-8" />
5    <title>无标题文档</title>
6    <style type="text/css">
7    @import url("5-2yz.css");
8    </style>
9    </head>
10   |
11   <body>
12    <p>
13        文章段落，样式表为设置段落文本为蓝色，字体大小为：14像素；注意：每个声明都是由属性和
     值组成，声明与声明之间用分号结束，为了便于观看声明与声明之间最好多加几个空格或者回车另起一行。
14    </p>
15   </body>
16   </html>
```

图 5-4 | 联合使用样式表

任务二   在 Dreamweaver 中创建 CSS

任务概述

在网页引用样式的方法中，直接引用样式表文件的方法是最值得推荐的。CSS 文件可以应用到多个网页中；也可以控制整个网站的样式，做到 HTML 代码和 CSS 代码的分离。本任务就来学习如何在 Dreamweaver 中创建 CSS。

任务实施

一、创建 CSS 规则

下面将通过实例介绍如何在 Dreamweaver CS6 中创建 CSS 新样式，具体操作方法如下。

Step 01 在"CSS 样式"面板中单击右下角的"新建 CSS 规则"按钮，如图 5-5 所示。

Step 02 弹出"新建 CSS 规则"对话框，设置选择器类型、选择器名称和规则定义等选项，然后单击"确定"按钮，如图 5-6 所示。

Step 03 弹出"将样式表文件另存为"对话框，设置保存位置，并输入文件名"style"，然后单击"保存"按钮，如图 5-7 所示。

Step 04 弹出 CSS 规则定义对话框，根据需要设置相关属性，然后单击"确定"按钮，如图 5-8 所示。

图 5-5 | 单击"新建 CSS 规则"按钮

图 5-6 | "新建 CSS 规则"对话框

图 5-7 | "将样式表文件另存为"对话框

图 5-8 | 设置 CSS 规则属性

Step 05 返回"设计"视图，选中网页中的文字，在"属性"面板中单击 CSS 选项，在"目标规则"下拉列表框中选择刚建立的 CSS 样式".content"，如图 5-9 所示。

Step 06 此时，网页编辑窗口中的文字就应用了".content"样式，如图 5-10 所示。

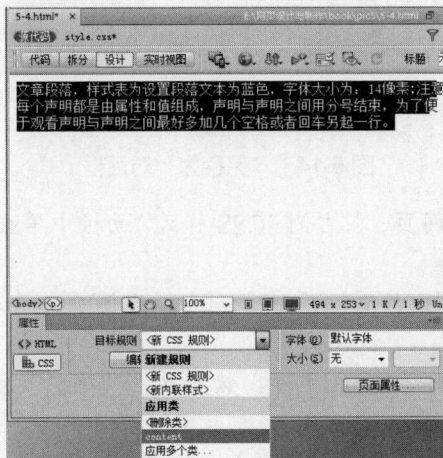

图 5-9 | 选择样式规则

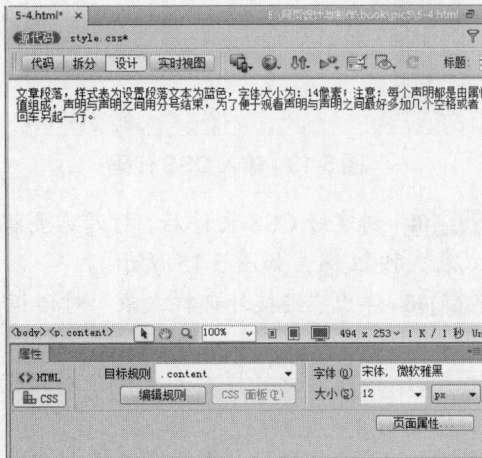

图 5-10 | 预览应用样式效果

二、创建 CSS 文件

在 Dreamweaver 中，使用 CSS 样式时建议创建 CSS 文件，然后在 CSS 文件中编写 CSS 代码，从使用 CSS 面板过渡到专业的代码书写中来。创建 CSS 文件的具体操作方法如下。

Step 01 打开需要添加样式的网页，然后单击"文件"|"新建"命令，如图 5-11 所示。

Step 02 弹出"新建文档"对话框，在左侧选择"空白页"选项，在"页面类型"列表中选择 CSS 选项，然后单击"创建"按钮，如图 5-12 所示。

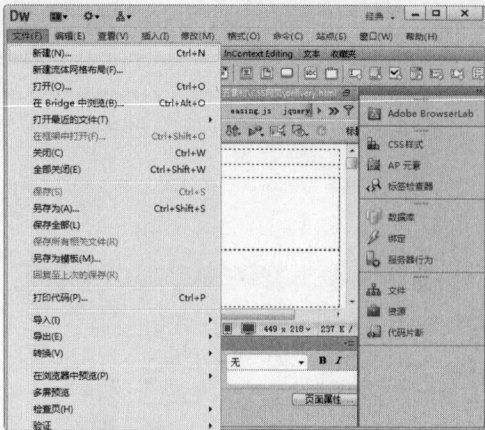

图 5-11 | 单击"新建"命令

图 5-12 | "新建文档"对话框

Step 03 此时即可新建 CSS 文件，输入需要控制样式的 CSS 代码，如图 5-13 所示。

Step 04 按【Ctrl+S】组合键，弹出"另存为"对话框，输入文件名"context"，然后单击"保存"按钮，如图 5-14 所示。

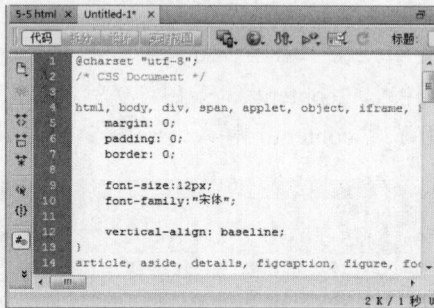

图 5-13 | 输入 CSS 代码

图 5-14 | "另存为"对话框

Step 05 创建好 CSS 文件后，打开需要编辑的网页，在右侧"CSS 样式"面板中单击"附加样式表"按钮，如图 5-15 所示。

Step 06 弹出"链接外部样式表"对话框，在"文件/URL"下拉列表框右侧单击"浏览"按钮，如图 5-16 所示。

Step 07 弹出"选择样式表文件"对话框，选择 context 文件，然后单击"确定"按钮，如图 5-17 所示。

Step 08 返回"链接外部样式表"对话框，即可看到添加的样式表文件，单击"确定"按钮，如图 5-18 所示。

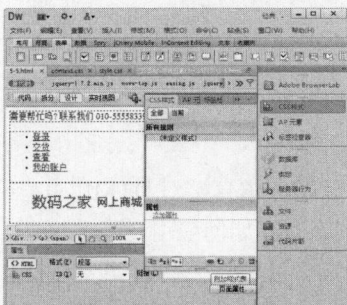

图 5-15 | 单击"附加样式表"按钮

图 5-16 | "链接外部样式表"对话框

图 5-17 | "选择样式表文件"对话框

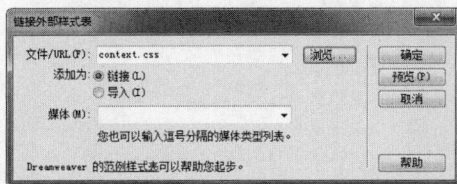

图 5-18 | 添加样式表文件

Step 09 进入"代码"视图，在 head 标签中可以看到加入的 link 标签内容就是链接的 CSS 文件，如图 5-19 所示。

Step 10 按【Ctrl+S】组合键保存文档，按【F12】键预览网页，可以看出网页应用 CSS 样式后的变化，如图 5-20 所示。

图 5-19 | 链接样式表代码

图 5-20 | 预览网页效果

任务三　应用 CSS 选择器

任务概述

在 CSS 中，选择器是一种模式，用于选择需要添加样式的元素。要使用 CSS 对 HTML 页面中的元素实现"一对一"、"一对多"或者"多对一"的控制，就需要用到 CSS 选择器。本任务将学习各类选择器的使用方法。

任务实施

▍一、应用元素选择器

元素选择器又称为标记选择器，是常用的一种 CSS 选择器。它直接对 HTML 语言中的所有标记（如 p、h1、a 等标记）进行样式设置。下面将通过实例介绍如何应用元素选择器，具体操作方法如下。

Step 01 打开"素材文件\项目五\5-6.html"，在"代码"视图下可以看到包含 3 个 h3 标记的文本，如图 5-21 所示。

Step 02 在 head 标签中添加一个内嵌式样式表<style></style>，并写入相关的 CSS 代码，如图 5-22 所示。

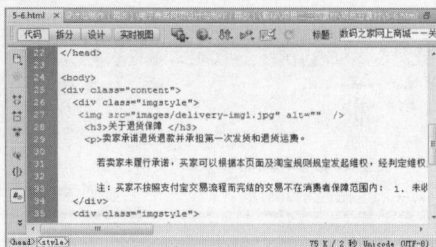

图 5-21 | 查看 h3 标题标记

图 5-22 | 创建内嵌式样式表

Step 03 在内嵌式样式表中输入对 h3 标记设置样式的标记选择器，设置 h3 标记的字体颜色为"#F30"，如图 5-23 所示。

Step 04 切换到"设计"视图，可以看到三个 h3 标记中的文字颜色改变了，效果如图 5-24 所示。（由于本书是黑白印刷，颜色效果不太明显。）

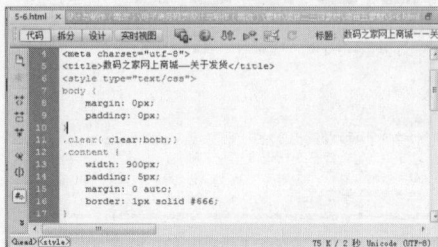

图 5-23 | 设置 h3 标记选择器

图 5-24 | 查看应用样式效果

▍二、应用群组选择器

在 CSS 设置样式表中，如果希望对多个标记进行相同的样式设置，可以通过群组选择器来统一设置样式。下面将通过实例介绍如何应用群组选择器，具体操作方法如下。

Step 01 打开"素材文件\项目五\5-7.html"，在代码视图中输入 h1～h6 标记并输入文字，在 head 标记中输入<style></style>内嵌式样式表，如图 5-25 所示。

Step 02 如果需要同时对 h1～h6 标记都设置相同的属性，例如设置这些标记字体的颜色都是蓝色，可以使用群组选择器。声明方法为：将需要设置相同属性的标记元素写在一起，声明标记之间使用逗号分隔，如"h1,h2,h3,h4,h5,h6{ color:blue;}"，如图 5-26 所示。

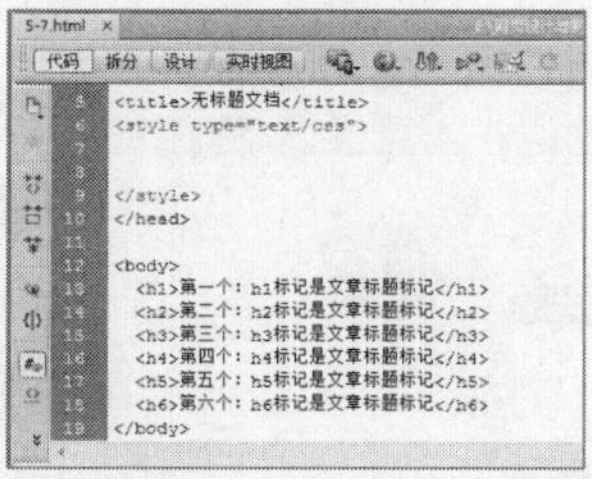

图 5-25 │ 输入 h1～h6 标记及文本

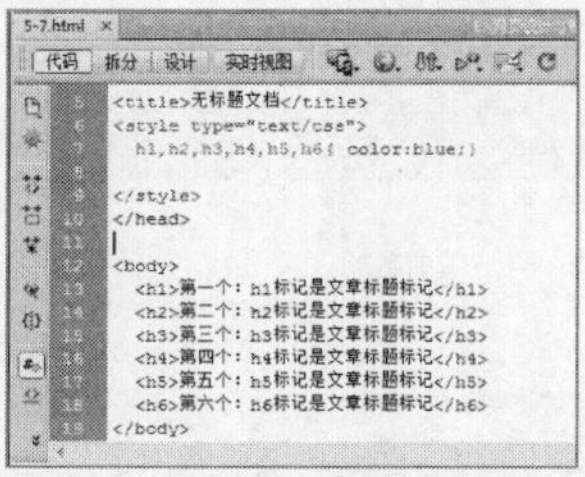

图 5-26 │ 声明群组选择器

Step 03 按【Ctrl+S】组合键保存文档，切换到"设计"视图，可以看到 h1～h6 的字体颜色都变成了蓝色，效果如图 5-27 所示。

Step 04 使用群组选择器可以大大提高规则的写入效果，可以根据需要继续对 h1～h6 添加更多的样式，如图 5-28 所示。

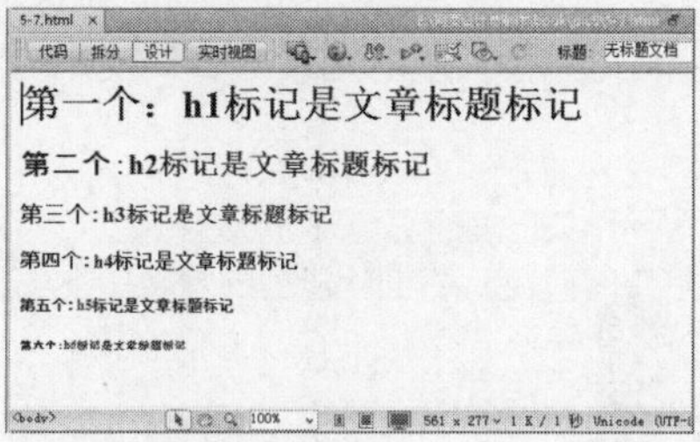

图 5-27 │ "设计"视图

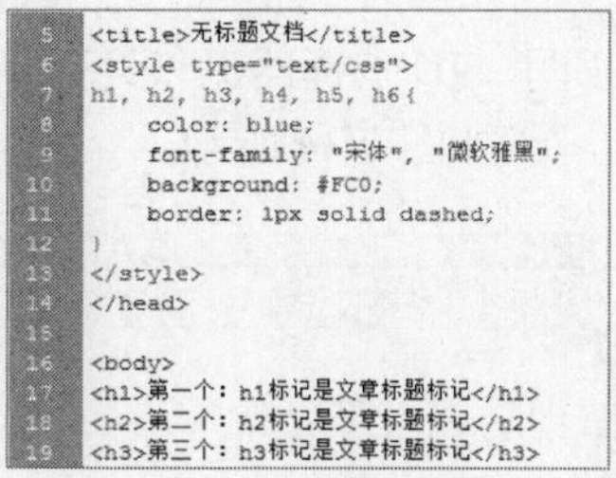

图 5-28 │ 添加更多样式

三、应用类选择器

类选择器也可以理解为自定义样式，可以单独对网页的某个部分设置样式，操作非常灵活，是网页设计中常用的一种方法。下面将通过实例介绍如何应用类选择器，具体操作方法如下。

Step 01 打开"素材文件\项目五\5-8.html"，切换到"代码"视图，在<body>标记中可以看到多个标题 h3 标记和段落 p 标记，如图 5-29 所示。

Step 02 类选择器的声明方法为".redtext{ color:red;}"，将其输入到<style>标记的内部，如图 5-30 所示。

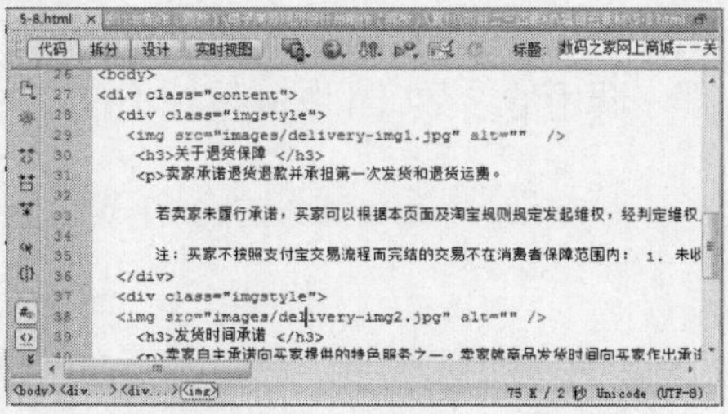

图 5-29 │ "代码"视图

图 5-30 │ 声明类选择器

Step 03 声明好类选择器后，可以自定义需要应用该样式的标记元素。例如，这个类是专门为文章标题 h3 设定的样式，就需要在 h3 标记上应用该声明。在此在 h3 标记中输入 class 属性"<h3 class="redtext">"，如图 5-31 所示。

Step 04 按【Ctrl+S】组合键保存文档，切换到"设计"视图，查看标题文字的颜色样式变化效果，如图 5-32 所示。

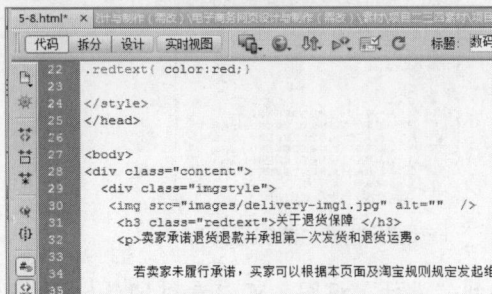

图 5-31｜应用类选择器

图 5-32｜查看应用样式效果

四、应用 ID 选择器

ID 选择器和类选择器类似，不同的是使用 "#" 符号来声明样式，如 "#con-p{color:blue;}，" 如图 5-33 所示。ID 选择器也和类选择器一样，需要单独应用在标记元素上，其使用方法为："<p id="con-p">"，如图 5-34 所示。

图 5-33｜声明 ID 选择器

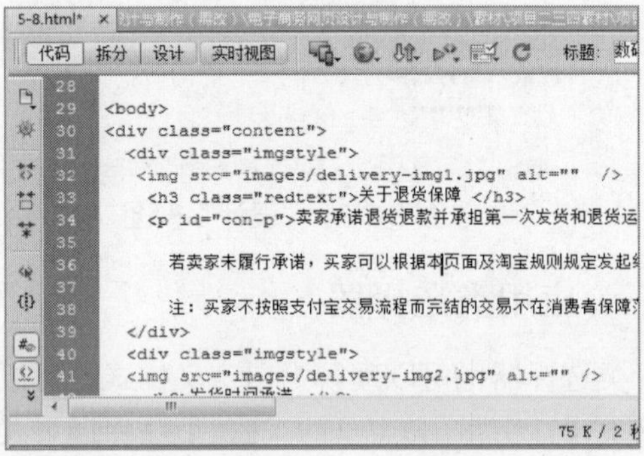

图 5-34｜应用 ID 选择器

注意，ID 选择器和类选择器还是有区别的，具体如下。

（1）ID 选择器只能使用一次，类选择器却可以使用多次。

（2）类选择器可以结合使用，如 ".redtext, .pred{ color:red;}"，ID 选择器则不支持。

（3）ID 选择器可以包含更多的含义，HTML 中标记元素的 ID 属性可以被不同程序调用，如 <p id="title">中的 id 属性就可以是 JavaScript 语言程序调用的参数，因此 id 属性不是专为 CSS 样式准备的，在使用 ID 选择器时应当慎重。

五、应用后代选择器

后代选择器可以理解为一种嵌套关系，是一种多条件的样式规则。例如，下面这段 HTML 代码：

<p id="con-p">卖家承诺<em>退货退款</em>并承担第一次发货和退货运费。

在上面的段落标记中，用<em>标记将 "退货退款" 文字进行了重点标记，em 标记元素是嵌套在 p 标记元素中的，所以说 em 标记元素是 p 标记元素的子标记、p 标记元素是 em 标记元素的父标记。

在 CSS 规则中声明后代选择器方法为 "p em{ font-weight:bold; color:#333;}"，如图 5-35 所示。p 元素和 em 元素之间用空格分开，这段规则的含义是：在 p 标记元素中嵌套有 em 标记的元素字体样式加粗。其中有两个条件，一个是必须是在 p 标记元素中，另一个就是必须有 em 标记，这样就指定到了特定范围。

这时预览当前网页效果，就会发现网页中在 p 段落中嵌套了 em 元素的字体都加粗了，没有嵌套 em 的样式不会受到此 CSS 规则的影响，如图 5-36 所示。

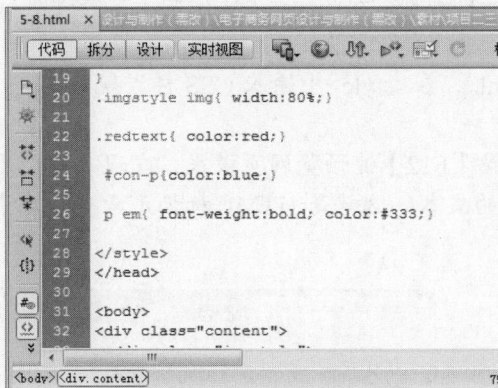

图 5-35 | 声明后代选择器

图 5-36 | 预览网页效果

六、应用通配符选择器

通配符选择器是一种特殊的 CSS 规则，其声明方法为"*{ color:red;}"。其中，"*"表示 HTML 语言所有的标记元素，该 CSS 规则的含义是将所有元素的字体设置为红色。下面将举例说明，具体操作方法如下。

Step 01 打开"素材文件\项目五\5-9.html"，在<style>标记元素中输入通配符选择器"*{ color:red;}"，如图 5-37 所示。

Step 02 按【Ctrl+S】组合键保存文档，按【F12】键预览网页效果，此时会发现网页中所有元素的字体颜色都变为了红色，效果如图 5-38 所示。

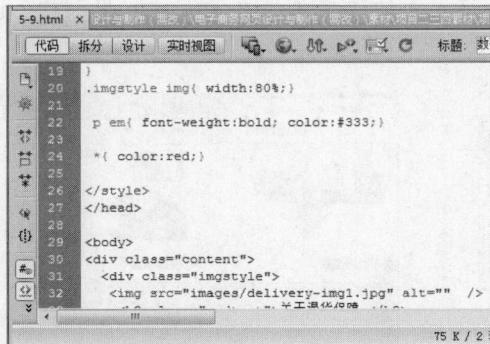

图 5-37 | 声明通配符选择器

图 5-38 | 预览网页效果

任务四　CSS 继承性、特殊性、层叠性和重要性

任务概述

在有些情况下，CSS 规则有一些特殊的规定，主要包括继承性、特殊性、层叠性和重要性。本任务将分别对其进行学习。

任务实施

一、继承性

CSS 的某些样式是具有继承性的。继承是一种规则，允许样式不但应用于某个特定 html 标签元素，而且应用于其后代。下面将举例说明，具体操作方法如下。

Step 01 打开"素材文件\项目五\5-10.html"，在<style>中输入 CSS 样式规则"p { color: red;}"，如图 5-39 所示。

Step 02 按【Ctrl+S】组合键保存文档，按【F12】键预览网页效果，发现 p 标记元素中的字体都变成了红色，包括其子元素<em>中的文本，这就是 HTML 标记元素嵌套元素中的继承性，如图 5-40 所示。

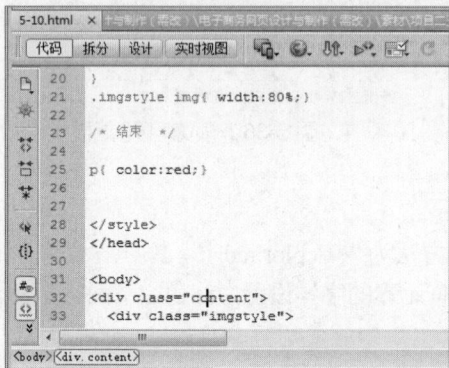

图 5-39 | 设置 p 段落属性

图 5-40 | 预览网页效果

Step 03 并不是所有的 html 标记元素的 CSS 样式都具有继承性，如 border 边框样式。在"代码"视图中为 p 标记元素添加 border 属性，如图 5-41 所示。

Step 04 保存文档并预览网页，发现 p 标记元素的边框属性并没有被它里面的 em 标记元素继承，如图 5-42 所示。

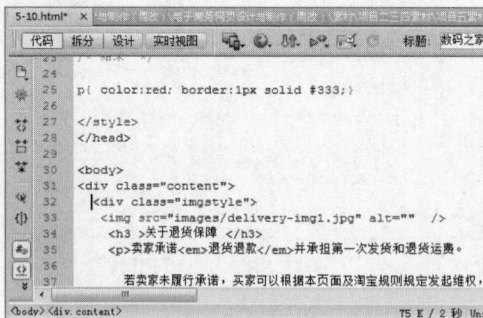

图 5-41 | 添加 border 属性

图 5-42 | 预览网页效果

二、特殊性

当为同一个元素设置不同的 CSS 样式代码时，浏览器会根据权值来判断使用哪种 CSS 样式，权值高的具有优先权。下面将举例说明，具体操作方法如下。

Step **01** 打开"素材文件\项目五\5-11.html",在<style>标记中输入 CSS 规则代码,如图 5-43 所示。

Step **02** 将"元素选择器""类选择器"和"ID 选择器"这三条不同的 CSS 规则同时应用在第一个 p 标记中,如图 5-44 所示。

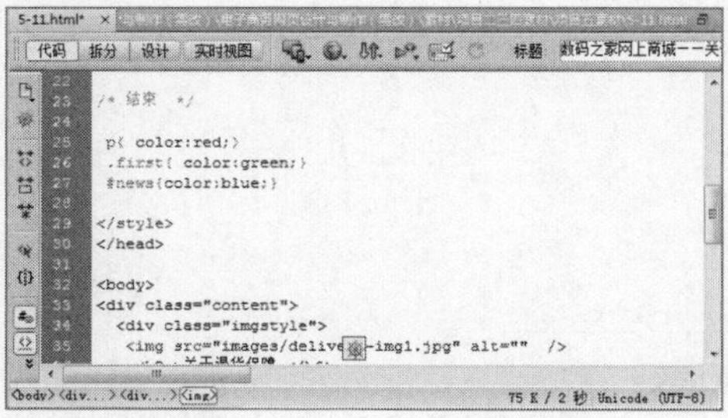

图 5-43 │ 输入 CSS 规则代码

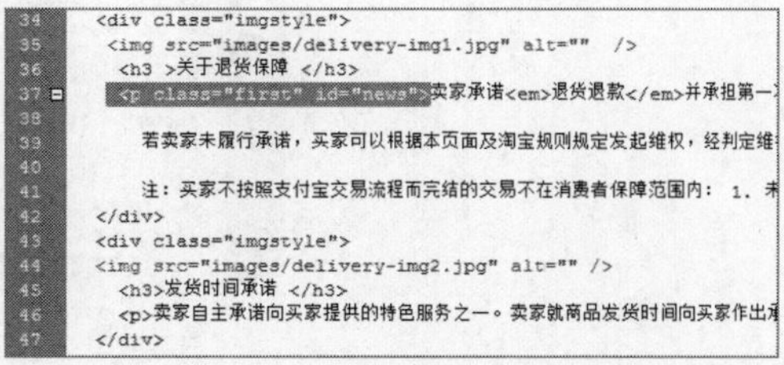

图 5-44 │ 添加类选择器和 ID 选择器

Step **03** 保存文档并预览网页,一共有三个 p 段落标记,第一个段落中的字体颜色是蓝色,说明它使用了 ID 选择器的声明样式,因此 ID 选择器的权值高于元素选择器和类选择器,如图 5-45 所示。

Step **04** 比较元素选择器和类选择器的权值,在第二个 p 段落标记中应用类选择器,如图 5-46 所示。

图 5-45 │ 预览网页效果

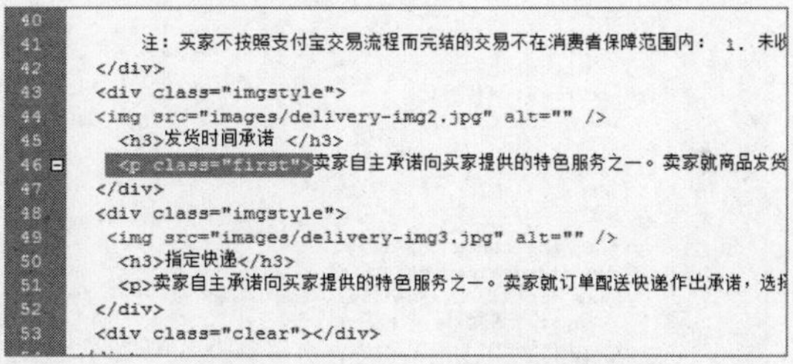

图 5-46 │ 添加类选择器

Step **05** 保存文档并预览网页,发现第二段文字的颜色变成了绿色,说明应用了类选择器的 CSS 规则优先于元素选择器,如图 5-47 所示。

图 5-47 │ 预览网页效果

经过以上比较，就会发现 ID 选择器的权值最高，类选择器次之，元素选择器最低，按优先权来说，ID 选择器>类选择器>元素选择器。

权值规则：元素选择器的权值为 1，类选择器的权值为 10，ID 选择器的权值为 100。图 5-48 所示为权值比较。

图 5-48 | 权值比较

三、层叠性

在 HTML 网页中，同一个元素如果有多个 CSS 样式存在，并且这些 CSS 样式具有相同的权重值，其效果会怎样？下面将举例说明，具体操作方法如下。

Step 01 打开"素材文件\项目五\5-12.html"，在<style>标记中输入 CSS 规则代码，如图 5-49 所示。

Step 02 保存文档并预览网页，效果如图 5-50 所示。

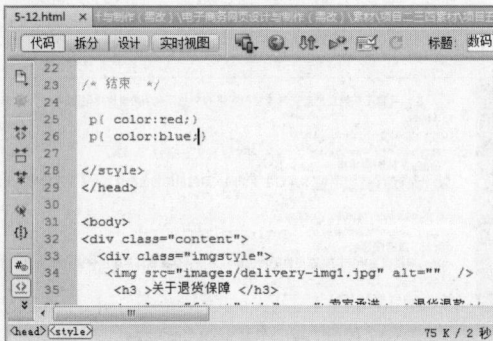

图 5-49 | 输入 CSS 代码

图 5-50 | 预览网页效果

从预览网页中可以看出，所有的 p 段落文字颜色都是蓝色的，说明对于同一个元素可以有多个 CSS 样式存在。当有相同权重的样式存在时，系统会根据这些 CSS 样式的先后顺序来决定，处于最后的 CSS 样式会被应用，这就是 CSS 的层叠特性。

另外，在三种 CSS 样式表中也有其优先级：内联样式表（标签内部）>嵌入样式表（当前文件中）>外部样式表（外部文件中）。在网页设计中，主要使用外部样式表形式来组织网页样式，本例内嵌式样式表只适合单个网页效果的设置。

四、重要性

在某些特殊情况下，当有相同权重的样式存在时，需要为某些样式设置最高权值，此时可以通过"!important"来提高其权值为最高。下面将举例说明，具体操作方法如下。

Step 01 打开"素材文件\项目五\5-13.html"，在<style>标记中输入 CSS 规则代码"p { color: red !important;}"，如图 5-51 所示。

Step 02 保存文档并预览网页，效果如图 5-52 所示。

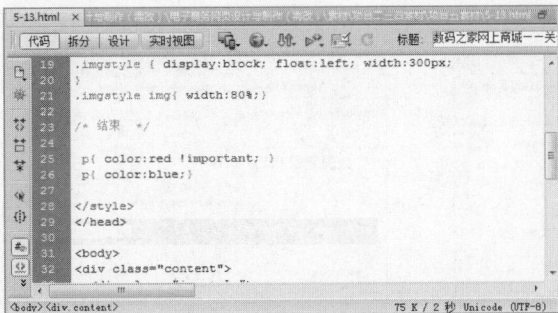

图 5-51 | 输入 CSS 代码

图 5-52 | 预览网页效果

当为第一条 CSS 规则设置 p{ color:red !important; }后，此 CSS 规则的权值为最高，用户可以通过 CSS 的这种特性来应对一些特殊情况。

任务五 使用 CSS 格式化排版

任务概述

在网页设计中，文字和段落排版是非常重要的内容，使用 CSS 规则可以快速地完成格式化排版，并且能应用到多个网页中，实现 CSS 代码和 HTML 代码分离。本任务主要学习在文字排版和段落排版中的 CSS 规则应用。

任务实施

一、文字排版

文字排版主要是设置字体类型（font-family）、字体大小（font-size）和字体颜色（color）等属性。表 5-1 为文字排版常用的 CSS 规则。

表 5-1 文字排版常用的 CSS 规则

字体	属性	值
字体类型	font-family	宋体、微软雅黑
字号大小	font-size	像素，如 12 像素
字体颜色	color	十六进制颜色表示法
字体加粗	font-weight	bold
字体倾斜	font-style	italic
下划线	text-decoration	underline
删除线	text-decoration	line-through

下面将通过实例介绍如何进行文字排版，具体操作方法如下。

Step 01 打开"素材文件\项目五\5-14.html"，在 style.css 样式表中输入相关的 CSS 字体样式规则，如图 5-53 所示。

Step 02 保存文档并预览网页效果，发现网页中所有标记元素中的文字都是按照 CSS 规则设置的字体样式，如图 5-54 所示。

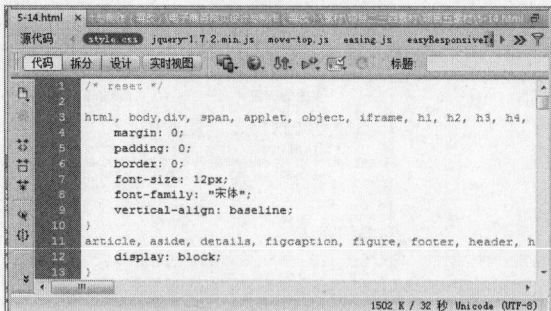

图 5-53 | 输入 CSS 代码

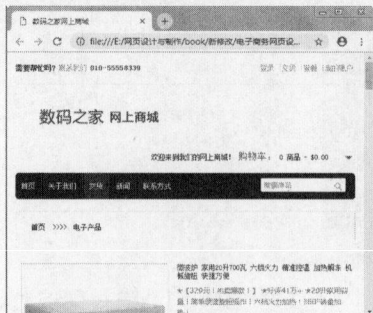

图 5-54 | 预览网页效果

Step 03 继续对文本添加 CSS 规则，使文本应用加粗、倾斜和删除线格式，如图 5-55 所示。

Step 04 保存文档并预览网页效果，商品文字描述中文本效果是按照设置的 CSS 规则显示的，如图 5-56 所示。

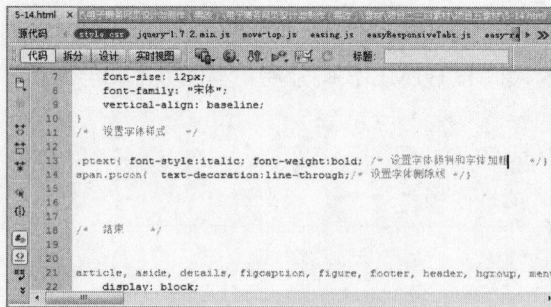

图 5-55 | 添加 CSS 样式代码

图 5-56 | 预览网页效果

二、段落排版

除了对网页进行字体设置外，还可以单独对文章的段落进行 CSS 规则设置，在 HTML 中 p 标记元素为段落标记。表 5-2 为段落排版常用的 CSS 规则。

表 5-2　段落排版常用的 CSS 规则

字体	属性	值
段落缩进	text-indent	2em
行间距	line-height	2em 或像素值
中文字间距或英文中字母与字母的间距	letter-spacing	像素值
英文单词之间的间距	word-spacing	像素值
对齐方式	text-align	left（左对齐）、right（右对齐）、centent（居中对齐）

常用的 CSS 属性值为 px 和 em，两者的区别如下。

（1）px（像素）是相对长度单位，它是相对于显示器屏幕分辨率而言的。

（2）em 是相对长度单位，相对于当前对象内文本的字体尺寸。若当前行内文本的字体尺寸未被设置，则为相对于浏览器的默认字体尺寸。

（3）浏览器的默认字体高为 16px，所有未经调整的浏览器都符合 1em=16px，那么 12px=0.75em、10px=0.625em。

下面将通过实例介绍如何进行段落排版，具体操作方法如下。

Step 01 打开"素材文件\项目五\5-15.html"，在 style.css 文件中输入设置 p 段落 CSS 规则代码，如图 5-57 所示。

Step 02 按【Ctrl+S】组合键保存文档，按【F12】键预览网页效果。选择"售后保障"选项卡，查看段落排版效果，如图 5-58 所示。

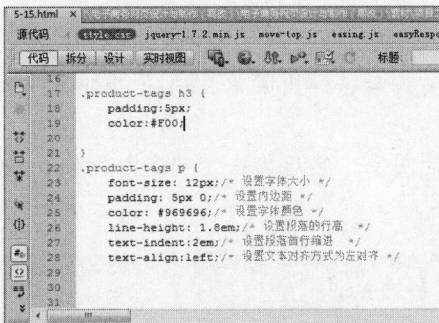

图 5-57 | 输入段落格式代码

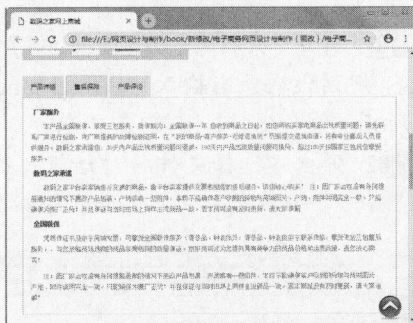

图 5-58 | 预览网页效果

三、CSS 背景

通过 background 可以设置 CSS 背景规则。表 5-3 为 CSS 背景规则相关属性列表。

表 5-3 CSS 背景规则属性列表

属性	描述
background	简写属性，作用是将背景属性设置在一个声明中
background-color	设置元素的背景颜色
background-image	把图像设置为背景
background-position	设置背景图像的起始位置
background-repeat	设置背景图像是否及如何重复
background-attachment	背景图像是否固定或者随着页面的其余部分滚动

1. 背景色：background-color

要为网页设置背景色，可以通过 background-color 属性进行设置。下面将举例说明，具体操作方法如下。

Step 01 打开"素材文件\项目五\5-16.html"，在<style>标记中输入 body 标记属性的背景色 CSS 规则代码，如图 5-59 所示。

Step 02 按【Ctrl+S】组合键保存文档，按【F12】键预览网页效果，查看网页背景颜色效果，如图 5-60 所示。

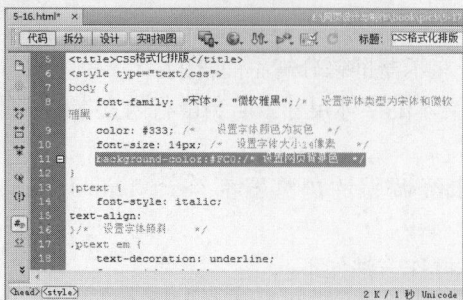

图 5-59 | 输入背景色 CSS 规则代码

图 5-60 | 查看网页背景颜色效果

2. 背景图像：background-image

要为网页设置背景图像，可以通过 background-image 属性进行设置。下面将举例说明，具体操作方法如下。

Step 01 打开"素材文件\项目五\5-17.html"，在<style>标记中输入 body 标记属性的背景图像 CSS 规则代码，当输入"background-image:"后将弹出菜单，选择"浏览"选项，如图 5-61 所示。

Step 02 弹出"选择文件"对话框，选择背景图像，然后单击"确定"按钮，如图 5-62 所示。

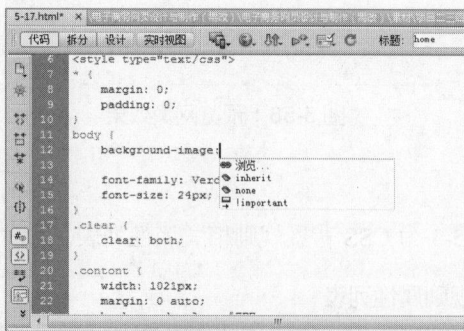

图 5-61 | 输入背景图像 CSS 规则代码

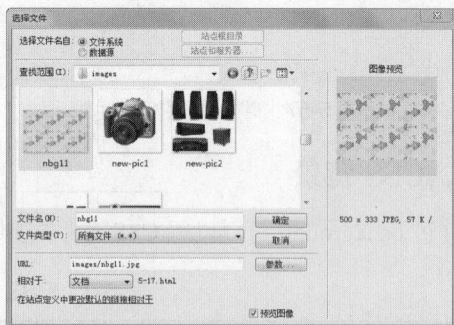

图 5-62 | 选择背景图像文件

Step 03 此时所选择的背景图像就会应用到 CSS 代码中，如图 5-63 所示。

Step 04 按【Ctrl+S】组合键保存文档，按【F12】键预览网页效果，查看网页背景图像效果，如图 5-64 所示。

图 5-63 | 应用背景图像代码

图 5-64 | 网页背景图像效果

3. 背景重复：background-repeat

通过 background-image 代码设置的网页图像会铺满网页，还可以通过背景重复属性来设置背景图像的位置，如水平、垂直方向平铺或不平铺。下面将举例说明，具体操作方法如下。

Step 01 打开"素材文件\项目五\5-18.html"，在"contitle"类选择器上输入背景重复 CSS 规则代码"background-repeat:repeat-x;"，使背景图像沿水平方向平铺，如图 5-65 所示。

Step 02 按【Ctrl+S】组合键保存文档，按【F12】键预览网页效果，可以看到网页背景图像沿水平方向平铺，效果如图 5-66 所示。

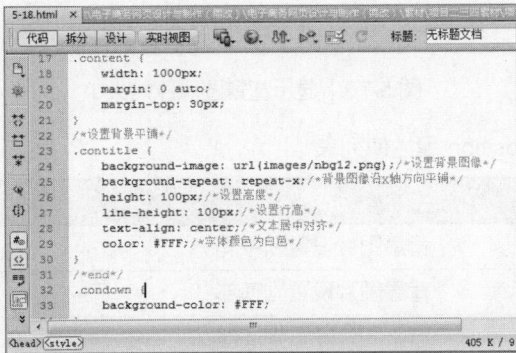

图 5-65 │ 输入背景图像重复代码

图 5-66 │ 网页背景沿水平方向平铺

Step 03 打开"素材文件\项目五\5-19.html"，设置 body 属性选择器背景平铺方向为"repeat-y"，如图 5-67 所示。

Step 04 按【Ctrl+S】组合键保存文档，按【F12】键预览网页效果，可以看到网页背景图像沿垂直方向平铺，效果如图 5-68 所示。

图 5-67 │ 输入背景图像重复代码

图 5-68 │ 背景图像沿垂直方向平铺

Step 05 打开"素材文件\项目五\5-20.html"，设置 body 属性选择器 background-repeat 属性值为"no-repeat"，如图 5-69 所示。

Step 06 按【Ctrl+S】组合键保存文档，按【F12】键预览网页效果，此时网页背景图像不平铺，显示图像原始大小，效果如图 5-70 所示。

4. 背景定位：background-position

除了可以设置背景图像的平铺方向外，还可以使用 background-position 对背景图像设置指定位置。表 5-4 为 background-position 属性值列表。

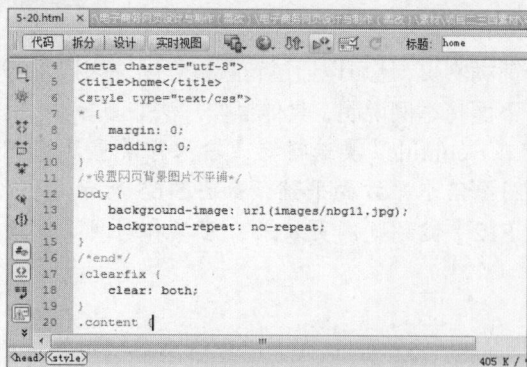

图 5-69 | 设置背景图像不重复

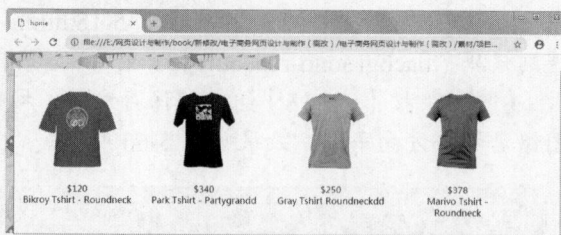

图 5-70 | 显示背景图像原始大小

表 5-4 background-position 属性值列表

单一关键字	描述
center	背景图片设置在中间
top	背景图片设置到顶部
bottom	背景图片设置到底部
right	背景图片设置到右边
left	背景图片设置到左边

下面对素材网页中 p 段落的开头部分设置背景图像，具体操作方法如下。

Step 01 打开"素材文件\项目五\5-21.html"，在"right-banner"类选择器中设置背景图像 CSS 代码，如图 5-71 所示。

Step 02 按【Ctrl+S】组合键保存文档，按【F12】键预览网页，可以看到"25%折扣"的图标显示在左上方位置，如图 5-72 所示。

图 5-71 | 设置背景 CSS 规则

图 5-72 | 预览网页效果

Step 03 将背景图像定位代码"background-position:0px 5px;"更改为"background-position: center;"，即可将网页背景图像显示在右侧 div 标记的中间位置，如图 5-73 所示。

Step 04 按【Ctrl+S】组合键保存文档，按【F12】键预览网页，可以看到网页背景图像显示在右侧 div 标记的中间位置，效果如图 5-74 所示。

图 5-73 | 输入背景图像定位代码

图 5-74 | 背景图像显示在中间位置

5. 背景关联：background-attachment

要想使网页背景随着页面滚动或固定背景图像，需要使用 background-attachment 设置背景属性。下面将举例说明，具体操作方法如下。

Step 01 打开"素材文件\项目五\5-22.html"，在"content"类选择器中输入背景图像 CSS 规则代码，其中"background-attachment：fixed"代表固定背景图像，如图 5-75 所示。如果将属性值改为"scroll"，则代表背景图像随文档滚动。

Step 02 按【Ctrl+S】组合键保存文档，按【F12】键预览网页，可以看到网页背景图像的位置固定不变，文字会向下滚动，效果如图 5-76 所示。

图 5-75 | 设置背景图像规则

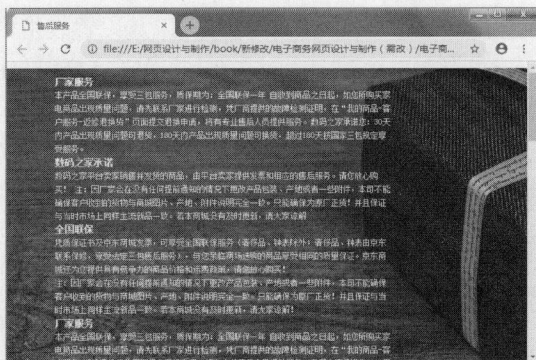

图 5-76 | 预览网页效果

四、列表排版

在网页中，HTML 列表 ul 或 ol 是非常重要的标记元素。表 5-5 为列表排版属性值列表。

表 5-5　列表排版属性值列表

属性	描述
list-style	简写属性，用于把所有用于列表的属性设置于一个声明中
list-style-image	将图像设置为列表项标志
list-style-position	设置列表中列表项标志的位置
list-style-type	设置列表项标志的类型

在网页设计中，网页列表标记有默认列表项；但为了网页兼容性，一般不设置列表项，而通过设置列表项图像来代替。下面将举例说明，具体操作方法如下。

Step 01 打开"素材文件\项目五\5-23.html"，在<style>标记中输入设置 ul 的 CSS 规则代码，如图 5-77 所示。

Step 02 按【Ctrl+S】组合键保存文档，按【F12】键预览网页，查看列表排版效果，如图 5-78 所示。

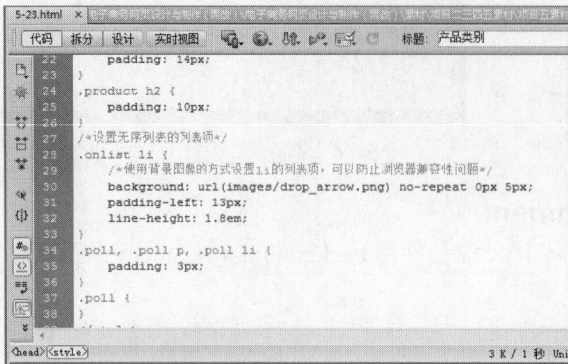

图 5-77 | 设置列表 CSS 规则

图 5-78 | 预览网页效果

五、表格排版

下面将介绍如何使用 CSS 对表格进行排版，如设置表格边框为单一边框、设置表格的宽度和高度、设置表格文本对齐方式以及设置表格内边距和表格背景颜色，具体操作方法如下。

Step 01 打开"素材文件\项目五\5-24.html"，在<style>标记中输入设置表格的 CSS 规则代码，如图 5-79 所示。

Step 02 按【Ctrl+S】组合键保存文档，按【F12】键预览网页，查看表格排版效果，如图 5-80 所示。

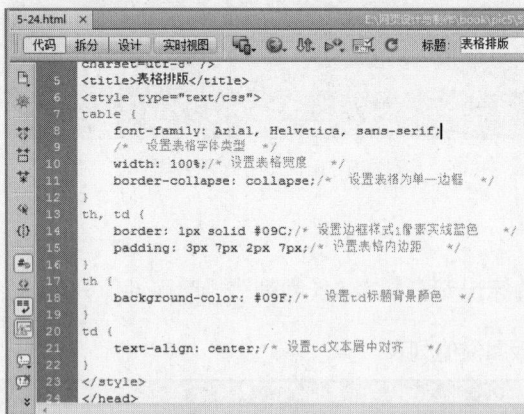

图 5-79 | 设置表格 CSS 规则代码

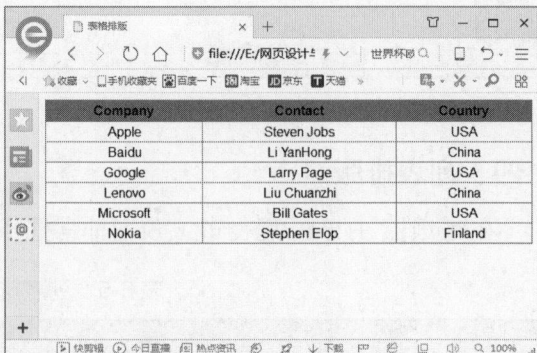

图 5-80 | 预览网页表格效果

六、链接样式

超链接是网页中最常用的 CSS 规则之一。表 5-6 为链接的四种状态。

表 5-6　链接状态

链接状态	描述
a:link	普通的、未被访问的链接
a:visited	用户已访问的链接
a:hover	鼠标指针位于链接的上方
a:active	链接被点击的时刻

下面将举例说明链接样式排版的设置方法，具体操作方法如下。

Step 01 打开"素材文件\项目五\5-25.html"，在<style>标记中输入超链接 CSS 规则代码，如图 5-81 所示。

Step 02 按【Ctrl+S】组合键保存文档，按【F12】键预览网页，查看文字链接效果，如图 5-82 所示。

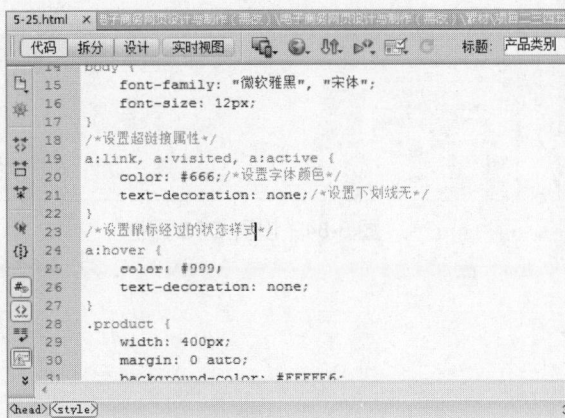

图 5-81 | 设置链接样式 CSS 规则

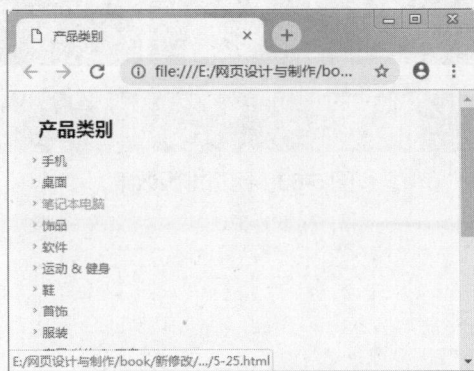

图 5-82 | 预览网页效果

项目小结

通过本项目的学习，读者应重点掌握以下知识。

（1）CSS 样式表可以实现网页外观快速变化，其样式规则由选择器和声明两部分组成：选择器 {属性:值}。

（2）在网页中引用 CSS 样式表有多种方法，包括直接添加在 HTML 标记中、将样式表内嵌到 HTML 文件中、将外部样式表链接到 HTML 文件上和联合使用样式表。

（3）在 Dreamweaver 中可以通过"CSS 面板"创建 CSS 规则或新建 CSS 文件，从中输入代码。

（4）在 CSS 中使用选择器控制 HTML 中的各元素。选择器有多种类型，如元素选择器、群组选择器、类选择器、ID 选择器、后代选择器及通配符选择器等。

（5）在使用 CSS 样式时，应注意其特殊规则的应用，包括继承性、层叠性、特殊性和重要性。

（6）使用 CSS 可以快速对文字、段落、网页背景、列表、表格、链接等进行格式化排版，在操作时主要是对其相关属性进行设置。

项目习题

打开“素材文件\项目五\5-26.html”，利用本项目所学知识，对网页进行格式化排版，使其达到如图 5-83 所示的网页效果。

操作提示：

设置内嵌式样式表<style>，设置 body 属性，设置背景颜色样式，设置 h 标题样式，设置 ul 样式，并设置超链接样式，如图 5-84 所示。

图 5-83｜网页排版效果

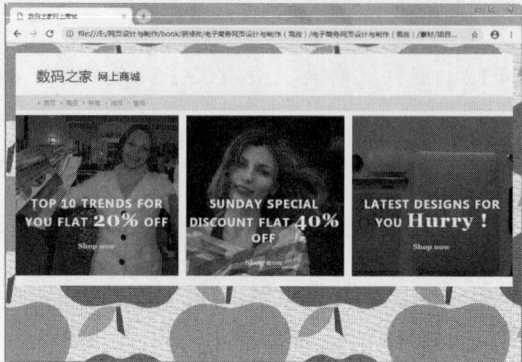

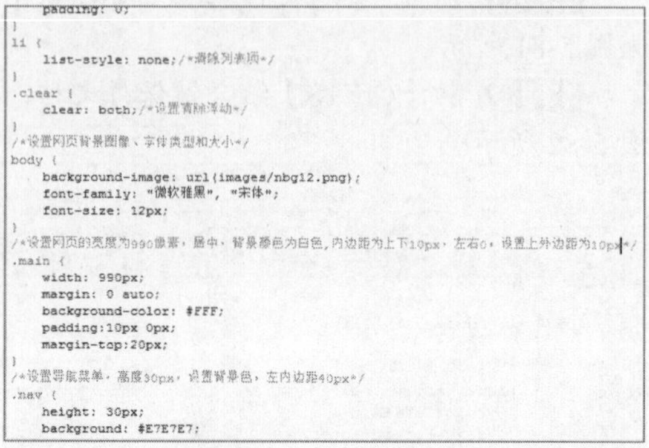

```
    padding: 0;
}
li {
    list-style: none;/*清除列表项*/
}
.clear {
    clear: both;/*设置清除浮动*/
}
/*设置网页背景图像、字体类型和大小*/
body {
    background-image: url(images/nbg12.png);
    font-family: "微软雅黑", "宋体";
    font-size: 12px;
}
/*设置网页的宽度为990像素，居中，背景颜色为白色,内边距为上下10px，左右0，设置上外边距为10px*/
.main {
    width: 990px;
    margin: 0 auto;
    background-color: #FFF;
    padding:10px 0px;
    margin-top:20px;
}
/*设置导航菜单，高度30px，设置背景色，左内边距40px*/
.nav {
    height: 30px;
    background: #E7E7E7;
```

图 5-84｜设置 CSS 属性

项目六
使用 DIV+CSS 布局网页

项目重点
- 了解盒子模型的特点。
- 能够运用 DIV+CSS 进行网页布局。
- 掌握盒子在标准流中的定位。

项目目标
- 学会使用 DIV+CSS 进行不同结构的网页布局。
- 能够使用 DIV+CSS 布局网站首页。

项目概述

在网站页面设计中，网页的结构布局非常重要。上一个项目我们学习了 CSS 格式化排版，本项目将学习如何通过 HTML 语言中的 DIV 标签和 CSS 样式来进行网页布局。DIV 布局是网页设计中的主流布局方式。

任务一　使用 CSS 盒子模型

任务概述

学习 CSS 布局，一定要理解 CSS 盒子模型的概念，只有很好地理解了盒子模型的概念及使用方式，才能精确地对页面进行布局。本任务将介绍 CSS 盒子模型的概念，使读者了解盒子模型的功能和作用。

任务实施

一、认识 CSS 盒子模型

前面学习了通过 CSS 格式化排版可以对文字、图像、列表等样式进行美化，除了设置排版样式外，还需要对页面进行布局，以及对网页元素进行定位。

所有页面中的元素都可以看成是一个盒子，占据着一定的页面空间，如 p 标记、h1 标记、body 标记、img 标记等，都是一个个盒子模型。从浏览器的角度来看，一个网页就是由盒子排列或嵌套在一起组成的。

在 CSS 中，一个盒子模型由 content（内容）、border（边框）、padding（内边距）和 margin（外边距）4 个部分组成，所有的网页元素都是由这些部分组成的，如 p 标记、h1 标记、div 标记等，如图 6-1 所示。

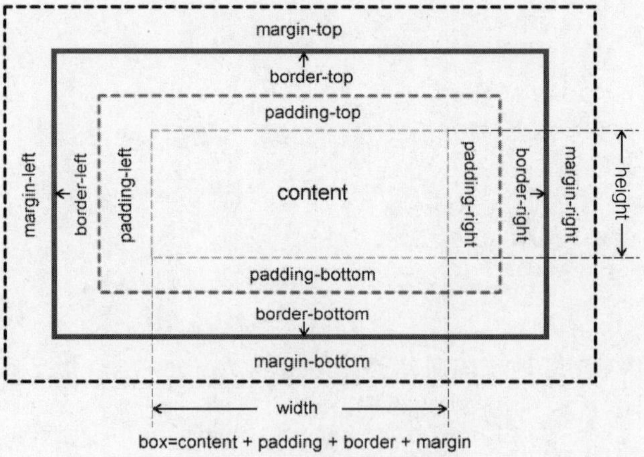

图 6-1｜盒子模型示意图

从图 6-1 可以看出，一个盒子模型在页面中实际占有的宽度和高度是由"内容+内边距+边框+外边距"组成的，内容部分的宽度和高度是通过设置 width 和 height 的值来控制的。一个盒子模型的上、下、左、右方向上各自的 border、padding 和 margin 都可以单独设置，通过这些属性的互相配合，可以实现各种各样的排版效果。

二、CSS 盒子模型的边框、内边距和外边距

下面将介绍 CSS 盒子模型的边框、内边距和外边距的使用方法。

1. 边框（border）

border 的属性主要有 3 个，分别为 color（颜色）、width（粗细）和 style（样式）。下面将举例说明如何设置 border 属性，具体操作方法如下。

Step 01 打开"素材文件\项目六\6-1.html"，在 body 标记中输入 h1 标记和内容，在 head 标记中输入<style>内嵌式样式表，如图 6-2 所示。

Step 02 在<style>中输入 h1 标记 CSS 规则代码，设置 h1 标记边框样式，代码如图 6-3 所示。

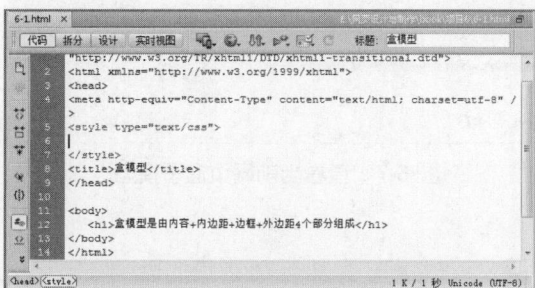

图 6-2 | 设置 h1 标记和内嵌样式表

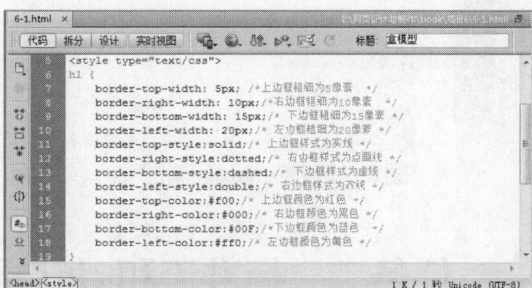

图 6-3 | 设置 h1 标记边框样式

2. 内边距（padding）

内边距（padding）在盒子模型中的位置是内容与边框之间的距离，可以通过 padding-top、padding-right、padding-bottom、padding-left 属性来设置上、右、下、左的内边距；也可以通过"padding：1、2、3、4"来直接设置四个方向的内边距，其顺序按照顺时针方向依次为上、右、下、左。

下面将举例说明如何设置内边距，具体操作方法如下。

Step 01 在<style>样式表中为 h1 标记添加内边距（padding）属性，如图 6-4 所示。

Step 02 按【Ctrl+S】组合键保存文档，按【F12】键预览网页，效果如图 6-5 所示。

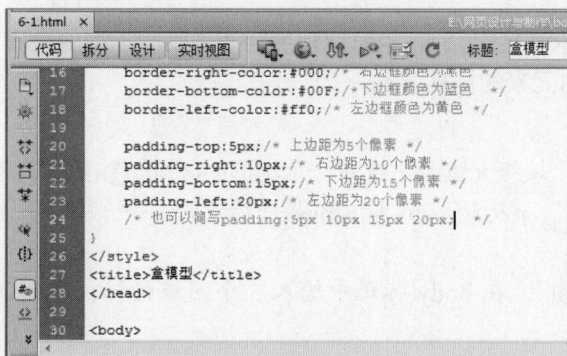

图 6-4 | 设置内边距属性

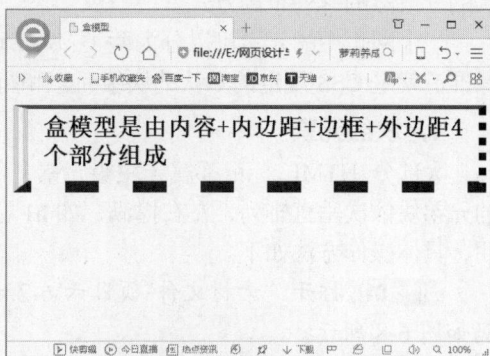

图 6-5 | 预览网页效果

3. 外边距（margin）

外边距（margin）在盒子模型中位于边框外侧，用于控制盒子与盒子之间的距离，其使用方法和内边距（padding）相同。下面将举例说明如何设置外边距，具体操作方法如下。

Step 01 在<style>样式表中设置 h1 标记的外边距，具体代码如图 6-6 所示。

Step 02 按【Ctrl+S】组合键保存文档，按【F12】键预览网页。在网页上右键单击，在弹出的快捷菜单中选择"查看元素"命令，在右下方可以看到当前网页的盒子模型的属性值以及在网页中的位置，如图 6-7 所示。

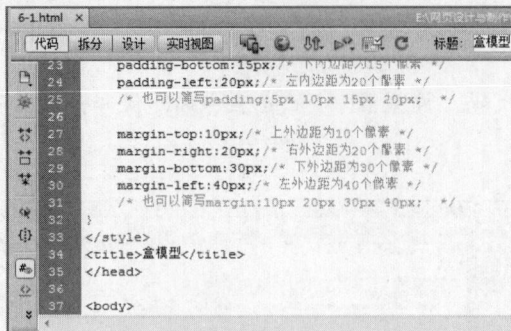

图 6-6 | 设置 margin 属性

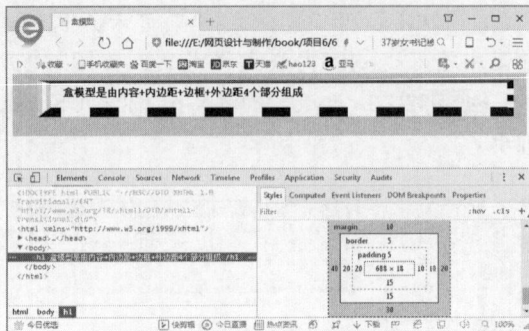

图 6-7 | 查看当前网页盒子模型

任务二　标准流和 div 标记

任务概述

div 标记是页面布局中常用的标签。div 标记相当于一个容器，可以容纳网页所有元素，如果没有专门设定其定位（或浮动），那么盒子表现为"标准流"的方式。本任务将学习标准流及 div 标记。

任务实施

一、标准流

所谓标准流，是指在没有任何外部干涉时，网页中各个元素盒子的排列规则，也就是网页默认的、自然的排列布局方式。

一个网页中的元素可以分为两类：块级元素和行内元素，也可以理解为两种不同类型的盒子。标准流就是 CSS 规定的默认的块级元素和行内元素的排列方式。

1. 块级元素

大部分 HTML 标记都属于块级元素，每个块级元素都占据着一个矩形的区域，并且跟同级的兄弟块依次垂直排列，左右撑满，如 h1 标记、p 标记、div 标记都是块级元素。下面将举例说明，具体操作方法如下。

Step 01 打开"素材文件\项目六\6-2.html"，在 body 标记中输入 3 个同级标记，具体代码如图 6-8 所示。

Step 02 按【Ctrl+S】组合键保存文档，按【F12】键预览网页，可以看到 3 个同级块级元素依次垂直排列、左右撑满，效果如图 6-9 所示。

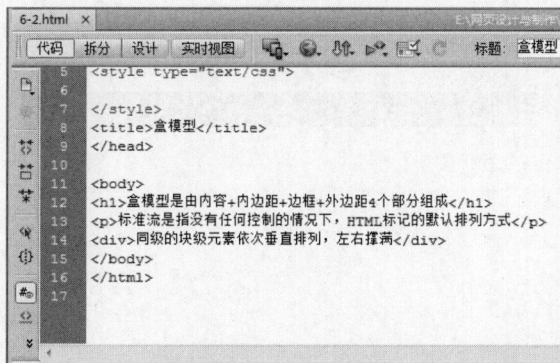

图 6-8 | 输入多个块级元素

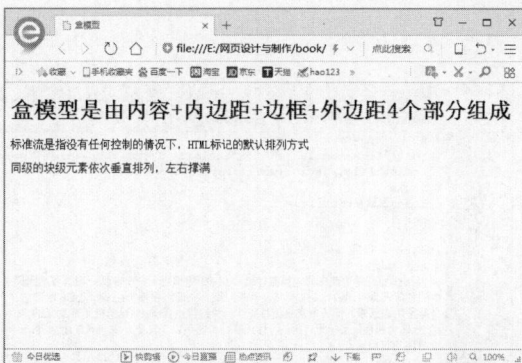

图 6-9 | 块级元素依次垂直排列、左右撑满

2. 行内元素

网页中有一部分元素属于行内元素，基本都是用于文字修饰的标记，如 span 标记、em 标记、a 标记等。行内元素不占有独立的区域，行内元素不会左右撑满。下面将举例说明，具体操作方法如下。

Step 01 打开"素材文件\项目六\6-3.html"，在 body 标记中输入多个 span 行内元素，具体代码如图 6-10 所示。

Step 02 保存文档并预览网页，可以看到多个同级行内元素不占有独立的区域，也不会左右撑满，而是水平依次排列，效果如图 6-11 所示。

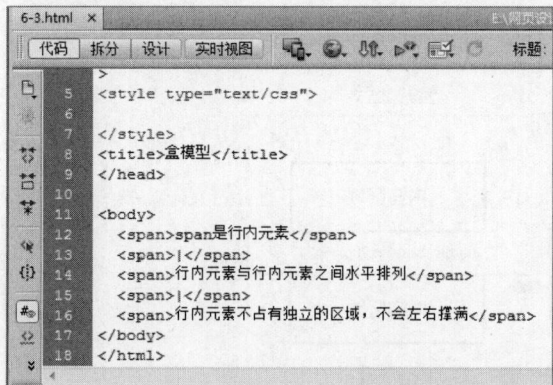

图 6-10 | 输入多个行内元素

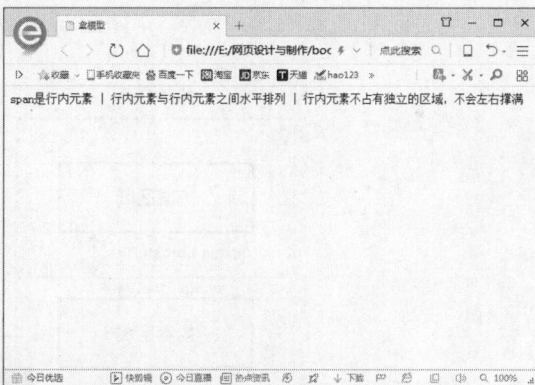

图 6-11 | 行内元素之间水平依次排列

二、div 标记

div 标记和 p 标记都是块级元素，都符合盒子模型特征。两种标记的区别在于 p 标记是有特定含义的 HTML 标记，代表段落标记；而 div 标记是一个通用块级元素，没有具体 HTML 含义，适合作为布局标记。下面将举例说明，具体操作方法如下。

Step 01 打开"素材文件\项目六\6-4.html"，在 body 标记中输入 div 标记和文字内容，在<style>标记中输入 CSS 规则，如图 6-12 所示。

Step 02 保存文档并预览网页，可以看到 div 作为块级元素占据一个矩形区域，效果如图 6-13 所示。

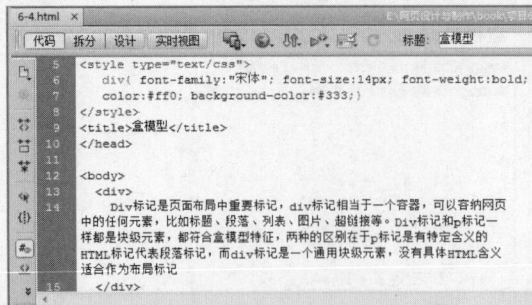

图 6-12 | 输入 div 标记和 CSS 规则

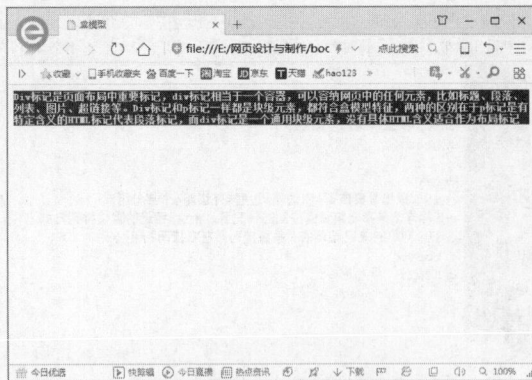

图 6-13 | 查看 div 标记网页效果

▌三、盒子在标准流中的定位

掌握盒子在标准流中的定位原则需要对 margin 有很深刻的理解。因为 padding 只在盒子内部，不会影响到盒子的外部；margin 是一个盒子的外边距，会直接影响与其他盒子的关系。下面介绍盒子在标准流中的定位方式。

1. 块级元素之间的垂直定位 margin 属性

两个块级元素默认是垂直排列的，可以通过上、下外边距来控制两个同级块级元素之间的距离。两个垂直排列的块级元素之间的距离不是 margin-bottom 和 margin-top 的总和，而是两者中的较大者，这种现象叫作"塌陷"，如图 6-14 所示。

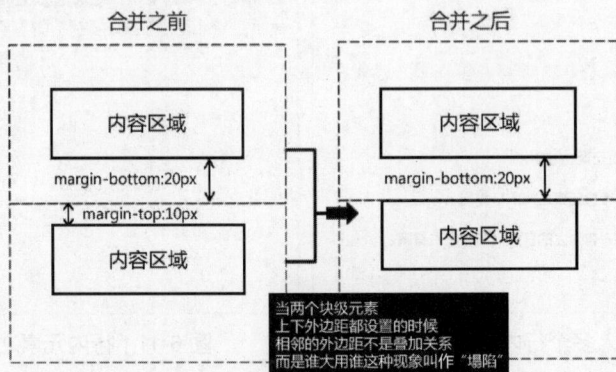

图 6-14 | 块级元素之间的垂直定位

2. 嵌套盒子之间的 margin 属性

当一个盒子包含在另一个盒子中时，盒子之间就形成了典型的嵌套关系，其中子盒子的 margin 将以父盒子的内容为参考。在标准流中，一个块级元素的盒子模型在水平方向上的宽度会自动延伸至上一级盒子的限制位置。下面将举例说明，具体操作方法如下。

Step 01 打开"素材文件\项目六\6-5.html"，输入嵌套 div 和对应的 CSS 代码，如图 6-15 所示。

Step 02 按【Ctrl+S】组合键保存文档，按【F12】键预览网页，效果如图 6-16 所示。

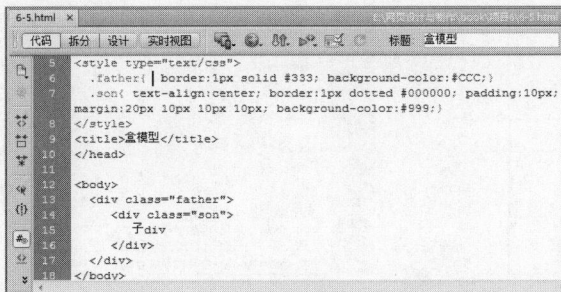

图 6-15｜设置嵌套 div 属性

图 6-16｜预览网页效果

任务三　盒子的浮动和定位

任务概述

在标准流中，一个块级元素的盒子模型在水平方向会自动伸展，而在垂直方向和兄弟盒子依次排列，不能并排。CSS 通过浮动可以改变默认排列方式，使其布局更加自由。

任务实施

一、盒子浮动

通过设置浮动，块级元素将按照浮动位置和外观进行改变，还会脱离默认的排列方式，也就是不按照标准流的方式排列。下面将举例说明，具体操作方法如下。

Step 01 打开"素材文件\项目六\6-6.html"，输入嵌套 DIV 代码，如图 6-17 所示。

Step 02 在<style>标记中输入 div 标记的 CSS 代码，如图 6-18 所示。

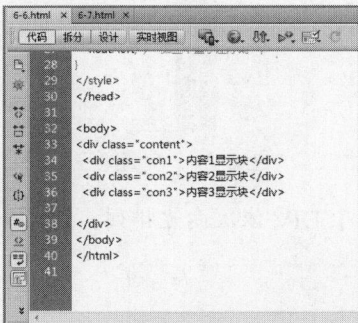

图 6-17｜输入嵌套 DIV 代码

图 6-18｜输入 div 标记的 CSS 代码

Step 03 按【Ctrl+S】组合键保存文档，按【F12】键预览网页。可以看到 1 个父 DIV 中嵌套了 3 个子 DIV，子 DIV 之间依次垂直排列，父 DIV 左右撑满，如图 6-19 所示。

Step 04 在<style>标记中输入第一个子 DIV 的 float（folat 有 left 和 right 两种属性值）浮动 CSS 代码 left，如图 6-20 所示。

Step 05 保存文档并预览网页，可以看到第一个盒子向左浮动，而且宽度不再伸展，宽度变成了能容纳盒子中内容的最小宽度，如图 6-21 所示。

Step 06 在<style>标记中输入第二个子 DIV 的 float 浮动的 CSS 代码 left，如图 6-22 所示。

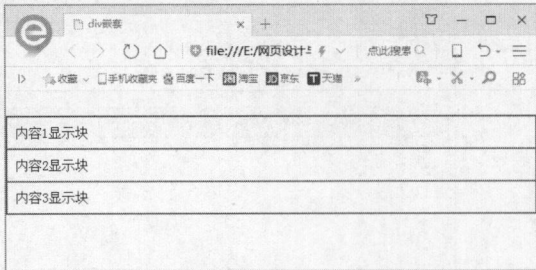

图 6-19 │ 预览网页效果

图 6-20 │ 输入第一个子 DIV 浮动属性

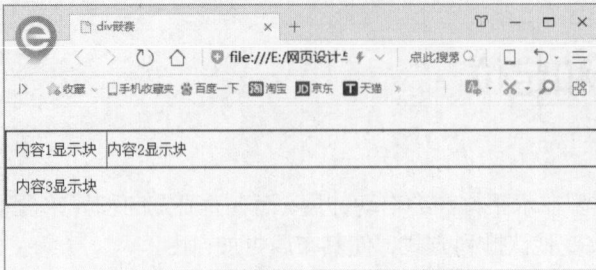

图 6-21 │ 预览网页效果

图 6-22 │ 输入第二个子 DIV 浮动属性

Step 07 保存文档并预览网页，可以看到第二个子 DIV 的宽度由内容来确定，而第三个子 DIV 的文字围绕第二个子 DIV 排列，效果如图 6-23 所示。

Step 08 采用相同的方法，将第三个子 DIV 的 float 属性设置为 left，如图 6-24 所示。

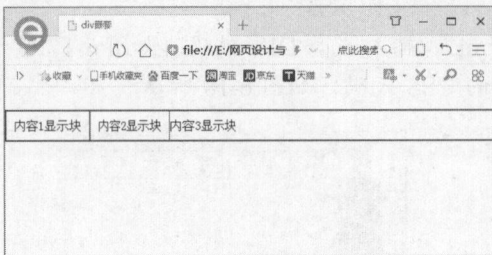

图 6-23 │ 预览网页效果

图 6-24 │ 设置第三个子 DIV 浮动属性

Step 09 保存文档并预览网页，可以看到三个子 DIV 依次向左排列，效果如图 6-25 所示。

图 6-25 │ 预览网页效果

二、清除浮动影响和盒子定位

在图 6-25 中，当 3 个子 DIV 都向左浮动后，它们脱离了默认的排列方式，首先大小缩放到了内容的宽度和高度，其次依次向左排列。

最后发现 3 个子 DIV 都脱离了父 DIV 的嵌套，跑到父 DIV 的外部去了。怎么才能让 3 个子 DIV 包含到父 DIV 中呢？

有时当块级元素浮动后，默认的排列方式就被清除了，此时可以对浮动的块级元素进行位置的定位，以达到设计上的精确控制。

1. 使用 clear 属性清除浮动的影响

下面将举例说明如何使用 clear 属性清除浮动的影响，具体操作方法如下。

Step 01 打开"素材文件\项目六\6-7.html"，可以看到 3 个子 DIV 浮动后脱离父 DIV 的影响，跑到父 DIV 外边去了。如果要清除浮动影响，可以专门建立一个 div 标记放到第三个子 DIV 的后面，并给这个 div 标记添加 clear 清除影响属性。在第三个子 DIV 后面添加一个没有文本内容的"空 DIV"，并应用"clear"类，如图 6-26 所示。

Step 02 在<style>标记中声明 clear 类选择器，设置清除浮动属性，代码如图 6-27 所示。

图 6-26 | 输入空 div 标记

图 6-27 | 声明 clear 类

Step 03 保存文档并预览网页，可以看到 3 个子 DIV 重新回到了父 DIV 中，被父 DIV 嵌套，效果如图 6-28 所示。

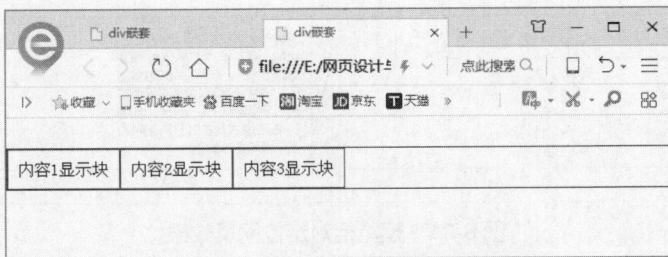

图 6-28 | 预览网页效果

2. 盒子的定位

在 CSS 中，盒子的定位是通过 position 属性来设置的。position 属性有 3 个常用的属性值，分别为 static、relative 和 absolute。

（1）静态定位（static）

static 是默认值，是块级元素在标准流中的显示位置，也就是块级元素默认的布局方式。

（2）相对定位（relative）

当把 position 的属性值设置为 relative 时，使用的就是盒子的相对定位方式。在相对定位的情况下，可以按照定位需求设置偏移量，分别使用 left、right、top 和 bottom 来指定左、右、上、下的偏移量，以"像素"为单位。

下面将举例说明，具体操作方法如下。

Step 01 打开"素材文件\项目六\6-8.html"，在第一个子 DIV 中添加新的文字内容，如图 6-29 所示。

Step 02 在<style>标记中为.con1 类选择器设置相对定位属性及其他属性，如图 6-30 所示。

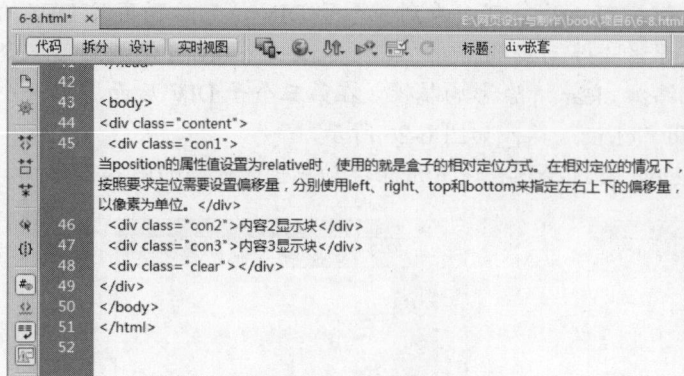

图 6-29 | 添加第一个子 DIV 内容

图 6-30 | 设置.con1 相对定位属性

Step 03 保存文档并预览网页，可以看到第一个子 DIV 被定位到了父 DIV 元素的右边，如图 6-31 所示。这里的相对定位是以其父 DIV 的位置为参考对象，如果没有父 DIV，则以浏览器的位置为参考对象。

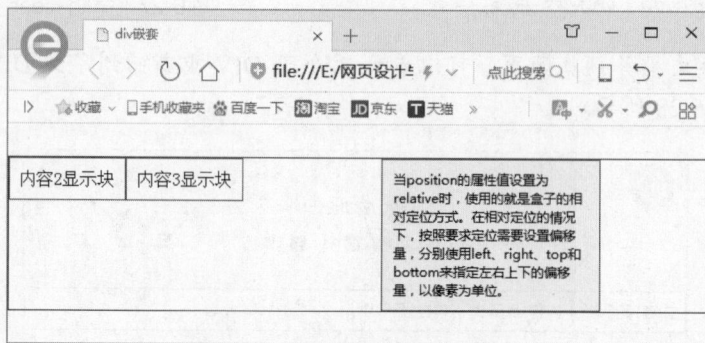

图 6-31 | 预览相对定位网页效果

（3）绝对定位（absolute）

绝对定位脱离文档流，是相对于定位的对象而言的，通过 top、bottom、left、right 等属性进行定位。它选取最近一个具有定位设置的父级对象进行绝对定位，如果对象的父级没有设置定位属性，absolute 元素将以 body 坐标原点进行定位，可以通过 z-index 进行层次分级。

下面将举例说明，具体操作方法如下。

Step 01 打开"素材文件\项目六\6-9.html"，在第二个子 DIV 中添加新的文字内容，如图 6-32 所示。

Step 02 在<style>标记中为.con2 类选择器设置绝对定位属性及其他属性，如图 6-33 所示。

```
45    <div class="con2">
      当把position的属性值设置为absolute时，使用的就是盒子的绝对定位方式。在绝对定位的情况下，
      同样使用left、right、top和bottom来指定左右上下的偏移量，单位是px像素。</div>
46    <div class="con3">内容3显示块</div>
47    <div class="clear"></div>
48    </div>
49    </body>
50    </html>
51
```

图 6-32 | 添加第二个子 DIV 内容

```
28        font-size: 12px;
29    }
30    .con2 {
31        float: left;  /*  第二个盒子左浮动  */
32        width:150px;
33        position:absolute; /*  设置绝对定位  */
34        left:100px;
35        top:100px;
36    }
```

图 6-33 | 设置 .con2 绝对定位属性

Step 03 保存文档并预览网页，可以看到第二个子 DIV 被定位到了父 DIV 元素左边设置的偏移量位置，效果如图 6-34 所示。

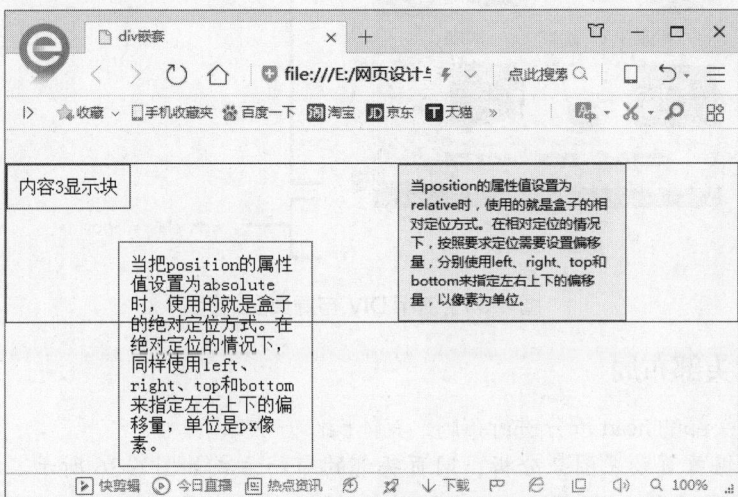

图 6-34 | 预览绝对定位网页效果

任务四　使用 CSS 布局电子商务网站首页

任务概述

网站首页就是网站的起始页，通过设计软件制作出网站效果图后，再通过 DIV+CSS 布局方式来完成网页排版。本任务以使用 CSS 布局电子商务网站首页为例，使读者熟练掌握 DIV+CSS 布局的方法。

任务实施

一、使用 DIV 布局页面结构

在进行网页布局之前，最好在设计软件中先设计出网页的整体布局，然后按照设计的样式进行分拆，再利用 DIV+CSS 进行布局。打开"素材文件\项目六\首页设计效果图.jpg"，可以将其分为网页头部、网页主体和网页底部三个主要部分，这是网页主要 DIV 布局结构，如图 6-35 所示。

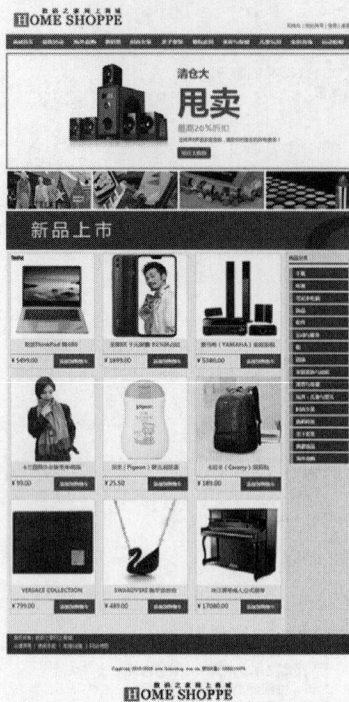

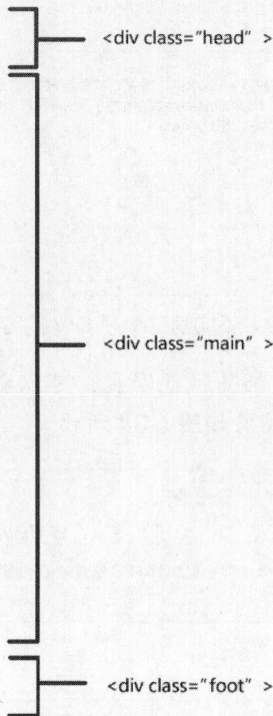

图 6-35 │ 使用 DIV 布局页面结构

▍二、对网页头部布局

下面对网页头部的 head 部分进行布局，具体操作方法如下。

Step 01 根据首页效果图来分析，网页头部的布局方式如图 6-36 所示。

Step 02 打开"素材文件\项目六\head.html"，根据 DIV 布局分析，在 body 部分输入 HTML 网页结构代码及对应的内容，如图 6-37 所示。

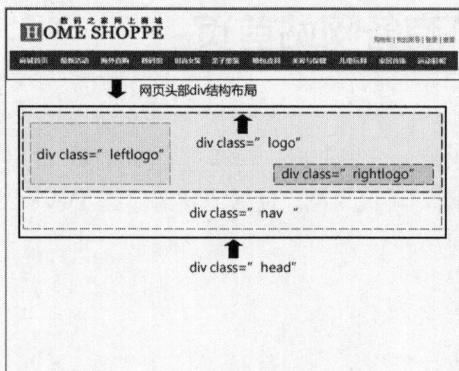

图 6-36 │ 网页头部的布局方式

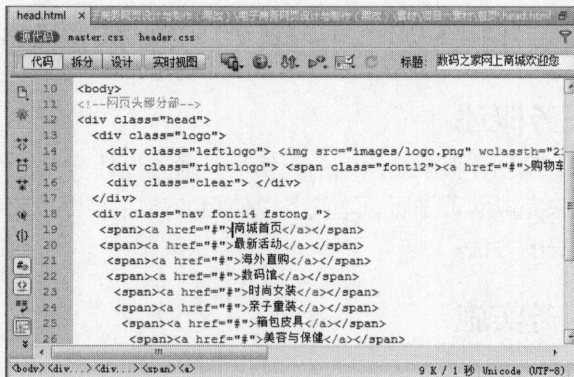

图 6-37 │ 输入 HTML 网页结构代码与内容

Step 03 根据网页头部的设计效果和布局结构设置相关 CSS 代码，在此链接了两个 CSS 文件，其中一个是公共属性文件 master.css（代码如图 6-38 所示），另一个是头部布局样式文件 head.css（代码如图 6-39 所示）。

```
1    @charset "utf-8";
2    /* CSS Document */
3    /*网页的公共样式*/
4
5    /*清除所有标签的外边距和内边距为0*/
6    *{ margin:0; padding:0;}
7
8    /*设置页眉主体和页脚居中显示，宽度为900像素*/
9
10   .head , .main , .foot{ margin:0 auto; width:900px;}
11
12   /* 定义字体公用样式*/
13
14   .flx{ font-family:"宋体"; }/*定义字体类型*/
15   .font12{ font-size:12px;}/*定义字体大小为12像素*/
16   .font14{ font-size:14px;}/*定义字体大小为14像素*/
17   .fstong{ font-weight:bold;}/*定义字体加粗*/
18   .fcolor{ color:#FFF;}/*定义字体颜色为白色*/
19   .ptext{ line-height:1.8em;}/*定义文本投落行距为当前字体的1.8em倍，适合字体为12像素*/
20
21   .zhongse{ color:#513F33;}/*定义字体颜色为棕色*/
22   .white{ color:#FFF;}
23   .center{ text-align:center;}
24
```

图 6-38 | 设置 master.css 代码

```
1    @charset "utf-8";
2    /* CSS Document */
3    /*页面样式文件*/
4    .logo {
5        margin: 10px 0;
6        padding: 0;
7    }/*设置id为logo的上下外边距为10像素，左右外边距为0，设置内边距为0*/
8    .leftlogo {
9        float: left;
10       margin: 0 15px;
11   }/*设置id为leftlogo的子div向左浮动，外边距为上下为0左右25像素*/
12   .rightlogo {
13       float: right;
14       margin-top: 50px;
15       margin-right: 5px;
16   }/*设置id为rightlogo的子div向右浮动，上外边距为50像素和右外边距为5像素大小*/
17   .rightlogo a {
18       color: #666;
19       text-decoration: none;
20   }/*设置右侧导航的文本链接样式*/
21   .rightlogo a:hover {
22       color: #900;
23       text-decoration: none;
24
```

图 6-39 | 设置 head.css 代码

Step **04** 通过 CSS 面板将 master.css 和 head.css 两个样式表文件链接到当前文档上，如图 6-40 所示。

Step **05** 按【Ctrl+S】组合键保存文档，按【F12】键预览网页，效果如图 6-41 所示。

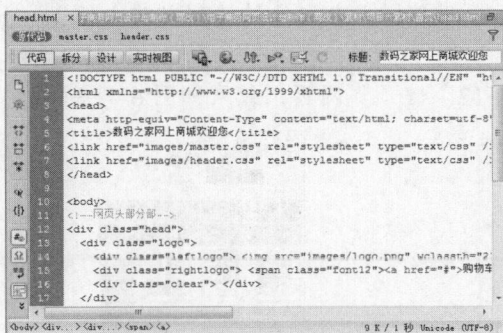

图 6-40 | 链接样式表文件

图 6-41 | 预览网页效果

三、对网页主体布局

下面对网页主体 main 部分进行布局，具体操作方法如下。

Step **01** 根据首页效果图来分析，网页中间主体部分的布局方式如图 6-42 所示。

Step **02** 打开"素材文件\项目六\main.html"，在 body 部分输入对应的 DIV 布局结构代码以及相应的图片路径和文字，如图 6-43 所示。

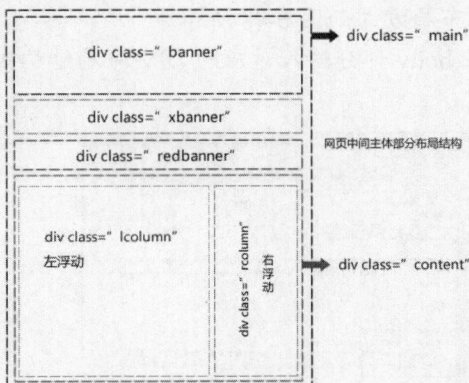

图 6-42 | 网页中间主体部分布局结构

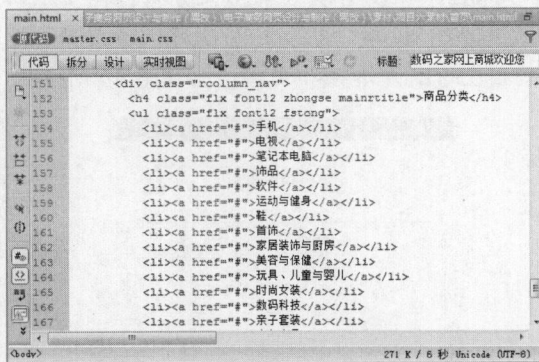

图 6-43 | 输入 main 部分 DIV 结构代码

Step 03 根据网页主体的设计效果和布局结构设置相关 CSS 代码，在此链接了两个 CSS 文件，一个是公共属性文件 master.css（见图 6-44），另一个是头部布局样式文件 main.css（见图 6-45）。

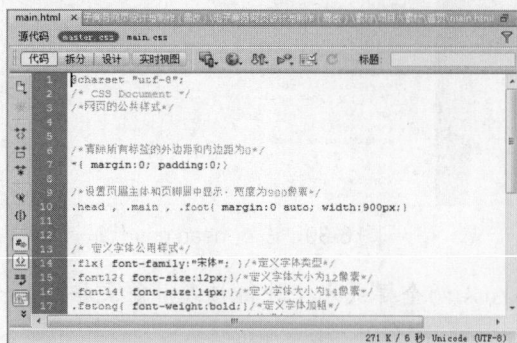

图 6-44 | 设置 master.css 代码

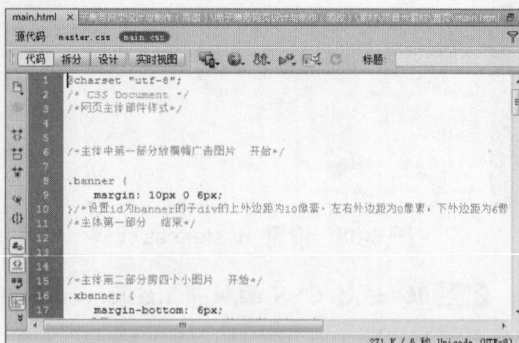

图 6-45 | 设置 main.css 代码

Step 04 通过 CSS 面板将 master.css 和 main.css 两个样式表文件链接到当前文档上，如图 6-46 所示。

Step 05 按【Ctrl+S】组合键保存文档，按【F12】键预览网页，效果如图 6-47 所示。

图 6-46 | 添加样式表文件

图 6-47 | 预览网页主体部分效果

四、对网页底部布局

下面对网页底部 foot 部分进行布局，具体操作方法如下。

Step 01 根据首页效果图来分析，网页底部的布局方式如图 6-48 所示。

Step 02 打开"素材文件\项目六\foot.html"，在 body 部分输入对应的 DIV 布局结构代码以及相应的图片路径和文字，如图 6-49 所示。

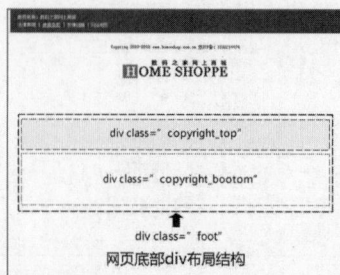

图 6-48 | 网页底部布局结构

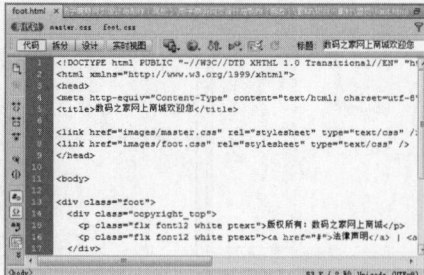

图 6-49 | 输入 foot 部分 DIV 布局结构代码

Step 03 根据网页底部的设计效果和布局结构设置相关 CSS 代码，在此链接了两个 CSS 文件，其中一个是公共属性文件 master.css（代码如图 6-50 所示），另一个是底部布局样式文件 foot.css（代码如图 6-51 所示）。

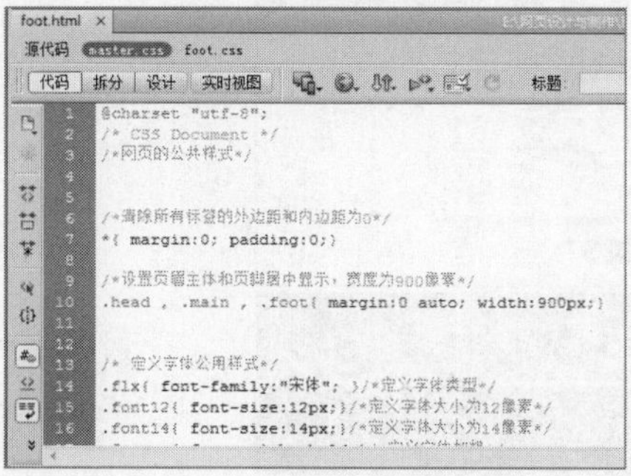

图 6-50｜设置 master.css 代码

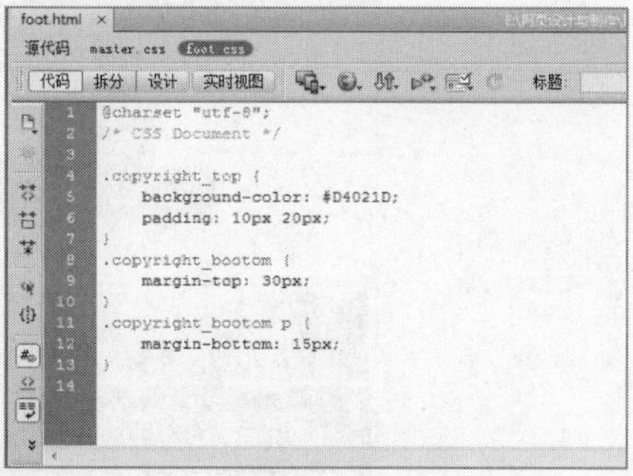

图 6-51｜设置 foot.css 代码

Step 04 通过 CSS 面板将 master.css 和 foot.css 两个样式表文件链接到当前文档上，如图 6-52 所示。

Step 05 按【Ctrl+S】组合键保存文档，按【F12】键预览网页，效果如图 6-53 所示。

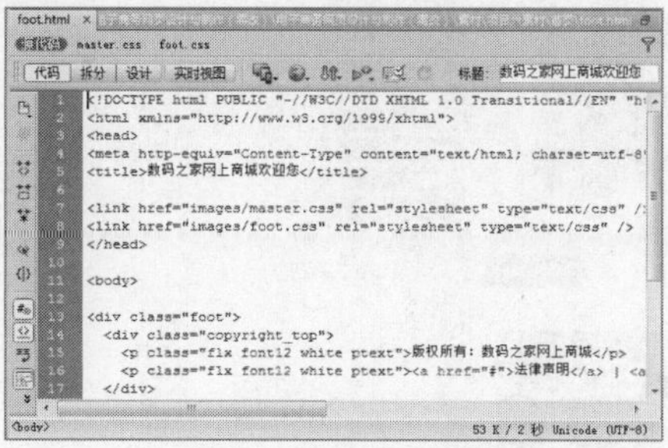

图 6-52｜添加样式表文件

图 6-53｜预览网页底部部分效果

五、组合首页布局

当将网站首页的三个组成部分布局完毕后，可以将它们组合到一起，这样即可完成一个整体的网页布局，具体操作方法如下。

Step 01 新建 index.html 网页文档，在 boder 标记中输入网页头部、网页主体和网页底部三个部分的 DIV 布局代码，如图 6-54 所示。

Step 02 通过 CSS 面板将 master.css、header.css、main.css 和 foot.css 链接到 index.html 文档中，如图 6-55 所示。

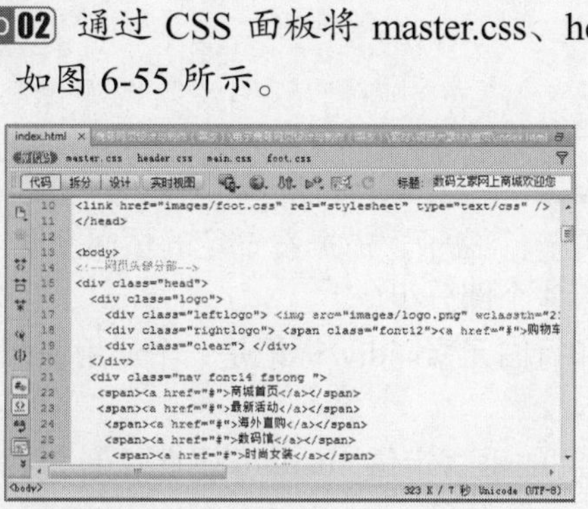

图 6-54｜输入首页 DIV 布局结构代码

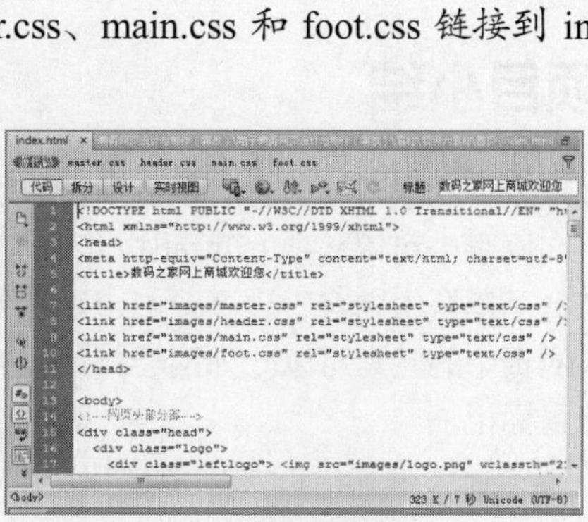

图 6-55｜链接 CSS 文件

135

Step **03** 按【Ctrl+S】组合键保存文档，按【F12】键预览网页，最终效果如图6-56所示。

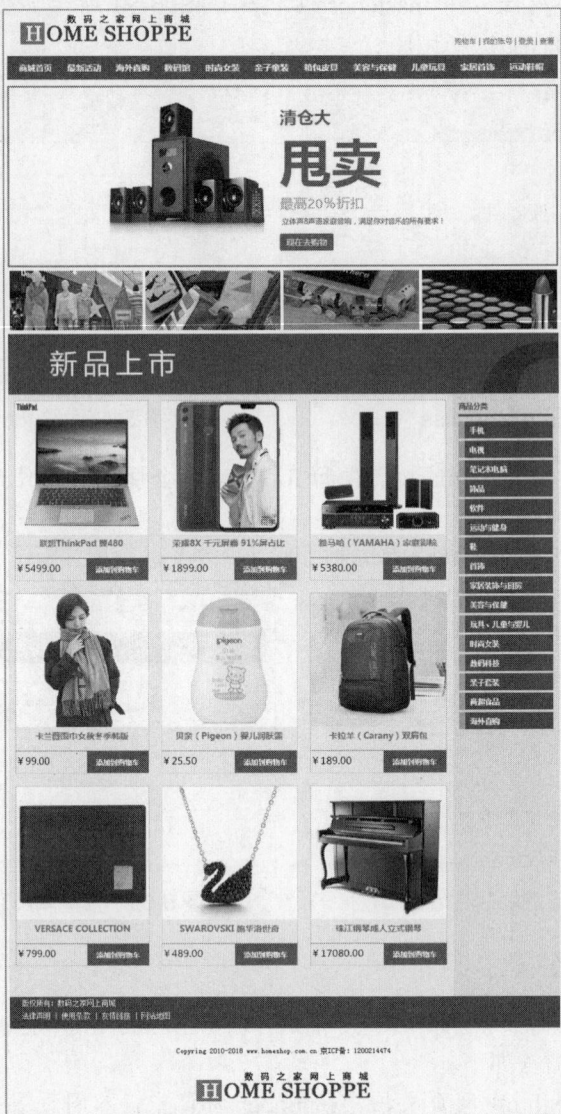

图 6-56 | 预览网页首页效果

项目小结

通过本项目的学习，读者应重点掌握以下知识。

（1）在网页中可以将所有页面中的元素看成是一个盒子，占据着一定的页面空间。在 CSS 中，一个盒子模型由内容、边框、内边距和外边距 4 个部分组成。

（2）网页中的元素可以分为两类：块级元素和行内元素。div 标记是一个通用块级元素，适合作为布局标记。

（3）盒子在标准流中的定位包括块级元素之间的垂直定位 margin 属性及嵌套盒子之间的 margin 属性。

（4）在 CSS 中可以为块级元素设置浮动，使其脱离标准流排列方式，还可以使用 clear 属性清除浮动的影响。在 CSS 中可以对盒子进行静态定位（static）、相对定位（relative）以及绝对定位（absolute）。

（5）在进行网页布局时，可以先在设计软件中设计出网页的整体布局，并按照设计的样式进行分拆，然后在 Dreamweaver 中利用 DIV+CSS 进行布局。

项目习题

打开"素材文件\项目六\习题效果.html"，按照此网页效果设计一个"商品描述"网页，如图 6-57 所示。

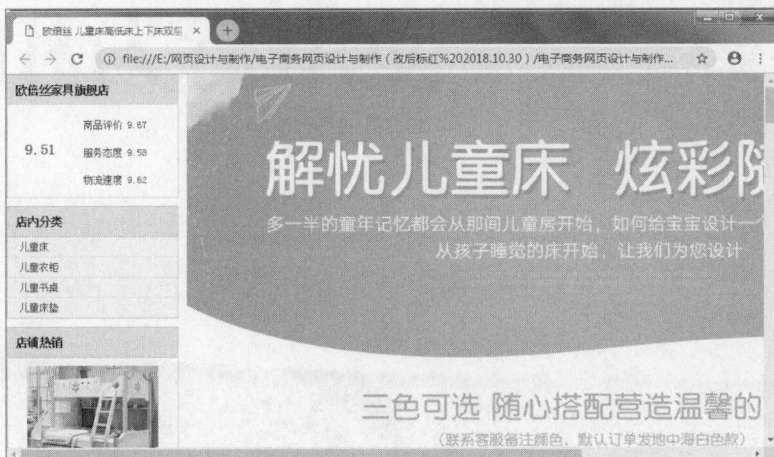

图 6-57 | 商品描述网页

操作提示：

（1）用 div 标记布局出一行两列，注意要清除浮动影响。

（2）打开"素材文件\项目六\习题效果.html"，根据布局图完成网页效果。

（3）使用图片和文本的布局以及 CSS 样式设置左侧的"店铺热销"栏目。

项目七
使用行为和表单

项目重点

- 了解创建行为和表单的方法。
- 学会给表单添加对象。
- 理解"行为"面板的功能和操作。

项目目标

- 能够创建所需类型的表单。
- 可以修改表单对象的属性。
- 灵活掌握不同行为特效的属性。

项目概述

行为是 Dreamweaver 中设计网页动作的交互面板，是预先设计好的 JavaScript 代码。表单是用户和服务器之间的桥梁，专门用于接收访问者填写的信息，使网页具有交互功能。本项目将学习如何在网页中创建行为和表单。

任务一　使用行为

任务概述

行为是一系列使用 JavaScript 程序预定义的页面特效工具，是 JavaScript 在 Dreamweaver 中内置的程序库。当把行为赋予页面中某个元素时，也就是定义了一个操作，以及用于触发这个操作的事件。

任务实施

一、认识行为和事件

行为在网页中是比较常见的，如弹出窗口、鼠标移上去图片切换等。当发生某个事件时执行某个动作的过程称为行为，行为是事件和动作的组合。下面将对行为和事件分别进行详细介绍。

1. 行为

行为包括两部分内容：一部分是事件，另一部分是动作。

行为是某个事件和由该事件触发的动作组合。事件用于指明执行某个动作的条件，例如将鼠标指针移到对象上方、离开对象、单击对象、双击对象等。动作是行为的另一个组成部分，由预先编写的 JavaScript 代码组成，利用这些代码可以执行特定的任务，如打开浏览器窗口、弹出信息等。

2. 事件

在 Dreamweaver 中可以将事件分为不同的种类，有的与鼠标有关，有的与键盘有关，如鼠标单击、按下键盘上某个键。有的事件还与网页有关，如网页下载完毕、网页切换等。为了便于理解，可以将事件分为四类：鼠标事件、键盘事件、页面事件和表单事件。

常用的事件如下。

◇　onBlur：当指定的元素停止从用户的交互动作上获得焦点时触发该事件。

◇　onClick：当用户在网页中单击使用行为的元素（如文本、按钮或图像）时就会触发该事件。

◇　onDblclick：在网页中双击使用行为的特定元素（如文本、按钮或图像）时就会触发该事件。

◇　onError：当浏览器下载页面或图像发生错误时就会触发该事件。

◇　onFocus：指定元素通过用户的交互动作获得焦点时就会触发该事件。

◇　onKeydown：当用户在浏览网页时按下一个键且尚未释放时就会触发该事件。该事件常与 onKeyup 事件组合使用。

◆ onKeyup：当用户浏览网页时，按下一个键又释放该键就会触发该事件。

◆ onLoad：当网页或图像完全下载到用户浏览器后就会触发该事件。

◆ onMouseDown：浏览网页时，单击网页中建立行为的元素且尚未释放鼠标之前就会触发该事件。

◆ onMouseup：在浏览器中，当用户在使用行为的元素上按下鼠标并释放后就会触发该事件。

◆ onMousemove：在浏览器中，当用户将鼠标指针在使用行为的元素上移动时就会触发该事件。

◆ onMouseover：在浏览器中，当用户将鼠标指针指向一个使用行为的元素时就会触发该事件。

◆ onMouseout：在浏览器中，当用户将鼠标指针从建立行为的元素移出后就会触发该事件。

◆ onUnload：当用户离开当前网页（如关闭浏览器或跳转到其他网页）时就会触发该事件。

二、"行为"面板

通过"行为"面板可以使用和管理行为。"行为"面板的显示列表分为两部分，左栏用于显示触发动作的事件，右栏用于显示动作，如图 7-1 所示。

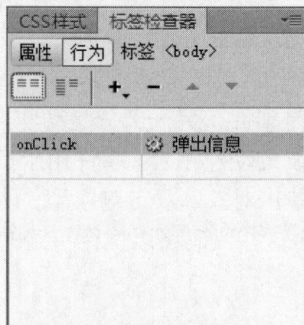

图 7-1 | "行为"面板

在"行为"面板中，各个按钮的作用如下。

◆ "显示设置事件"按钮 ：仅显示附加到当前文档的那些事件。事件被分别划归到客户端或服务器端类别中，每个类别的事件都包含在可折叠的列表中。

◆ "显示所有事件"按钮 ：按字母顺序显示属于特定类别的所有事件，如图 7-2 所示。

◆ "添加行为"按钮 ：单击该按钮，将显示特定下拉列表，其中包含可以附加到当前选定元素的动作，如图 7-3 所示。当从该列表中选择一个动作时，将弹出对话框，可以设置该动作的参数。如果列表中的动作处于灰色状态，则表示选定的元素无法生成任何事件。

◆ "删除事件"按钮 ：从行为列表中删除所选的事件和动作。

◆ 按钮：在行为列表中上下移动特定事件的选定动作，只能更改特定事件的动作顺序。

"行为"面板的基本操作包括打开面板、显示事件、添加行为和删除行为等，具体操作方法如下。

图 7-2 | 显示设置事件

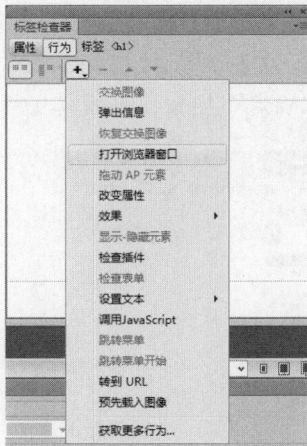

图 7-3 | 添加行为

Step 01 打开"素材文件\项目七\7-1.html",单击"窗口"|"行为"命令,如图 7-4 所示。

Step 02 选中标题文字,在"行为"面板中单击"添加行为"按钮 **+**,在弹出的下拉列表中选择"弹出信息"选项,如图 7-5 所示。

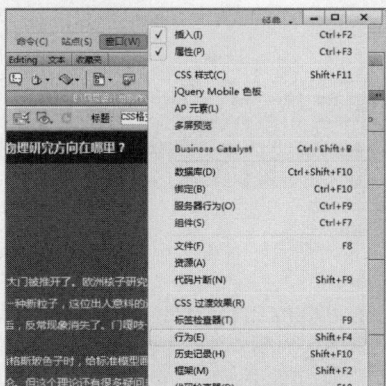

图 7-4 | 单击"行为"命令

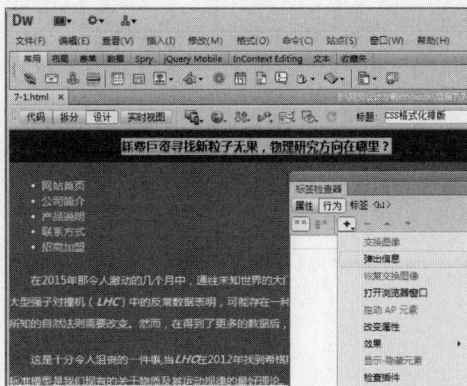

图 7-5 | 选择"弹出信息"选项

Step 03 弹出"弹出信息"对话框,输入消息"欢迎光临!",然后单击"确定"按钮,如图 7-6 所示。

Step 04 在"行为"面板中查看添加的行为,如图 7-7 所示。

图 7-6 | "弹出信息"对话框

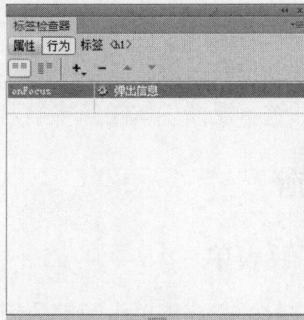

图 7-7 | 查看添加行为

Step 05 单击事件右侧的下拉按钮▼，在弹出的列表中选择 onClick 事件，如图 7-8 所示。

Step 06 双击该动作，弹出"弹出信息"对话框，可以重新设置弹出信息的动作属性，然后单击"确定"按钮，如图 7-9 所示。

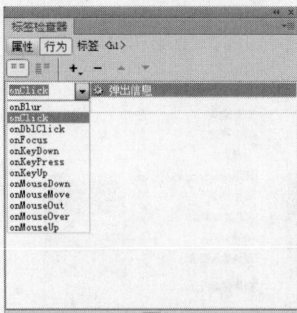

图 7-8 | 选择 onClick 事件

图 7-9 | 重新设置弹出信息

Step 07 在"行为"面板中单击"删除事件"按钮━，可以删除此行为，如图 7-10 所示。

Step 08 按【Ctrl+S】组合键保存文档，按【F12】键预览网页。当单击标题文字时，就会弹出网页提示信息框，效果如图 7-11 所示。

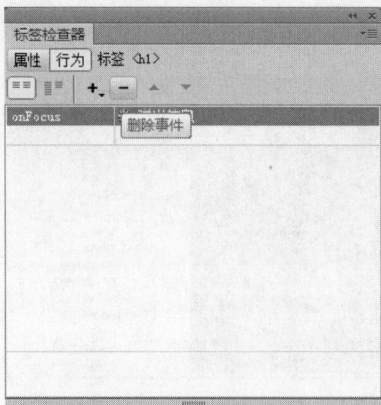

图 7-10 | 单击"删除事件"按钮

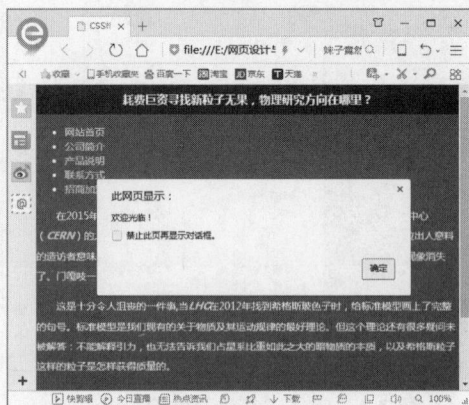

图 7-11 | 查看行为效果

任务二　使用表单

任务概述

在制作动态网页时，表单是接收用户信息的重要窗口，然后交由服务器端的脚本程序处理相关信息，并进行反馈。本任务将学习如何在网页中创建表单。

任务实施

一、了解表单

一个完整的交互表单由两部分组成：一个是客户端包含的表单页面，用于填写浏览者进行交互的信息；另一个是服务端的应用程序，用于处理浏览者提交的信息。图 7-12 所示为一个使用表单的网页。

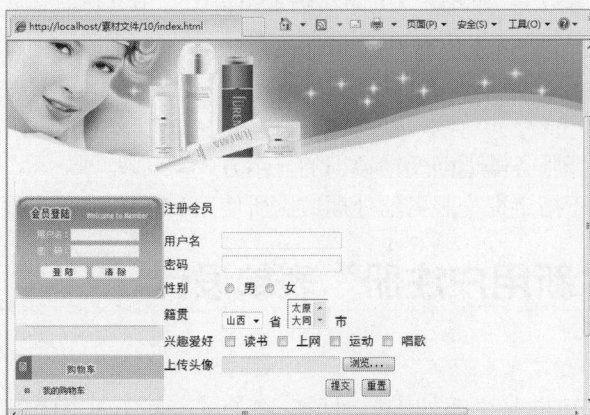

图 7-12 | 使用表单的网页

二、创建表单

在网页文档中创建表单的操作非常简单，下面将举例说明，具体操作方法如下。

Step 01 打开"素材文件\项目七\7-2.html"，将光标定位在<div class="content">中要插入表单的位置，在"插入"面板"表单"类别中单击"表单"按钮，如图 7-13 所示。

Step 02 切换到"设计"视图，可以看到在网页中显示一个红色的虚线框，即插入了一个空表单，如图 7-14 所示。

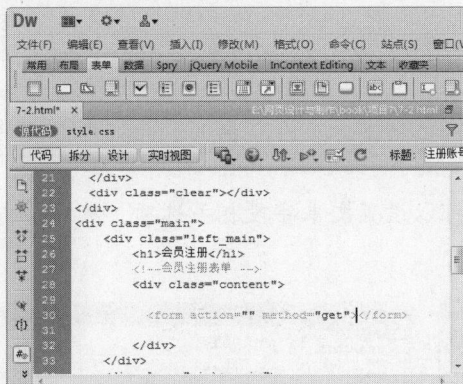

图 7-13 | 单击"表单"按钮

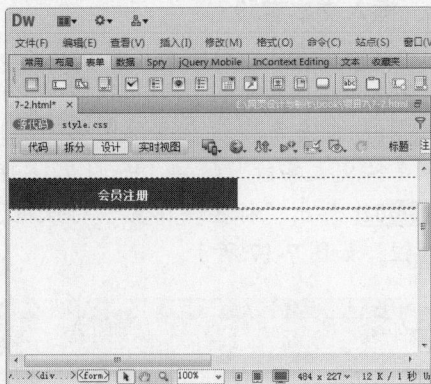

图 7-14 | 插入表单

三、设置表单属性

前面插入的是一个空表单，单击红色虚线框选中表单，在"属性"面板中可以设置表单的相关属性，如图 7-15 所示。

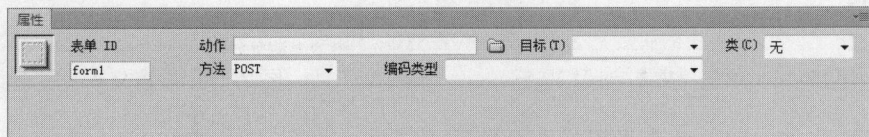

图 7-15 | 表单"属性"面板

其中，各选项的作用如下。

❖ 表单 ID：用于输入表单名称，以便在脚本语言中调用并控制该表单。

❖ 方法：用于选择表单数据传输到服务器的方法。

❖ 动作：用于输入处理该表单的动态页或脚本的路径，可以是 URL 地址、HTTP 地址，也可以是 Mailto 地址。

❖ 目标：用于选择服务器返回反馈数据的显示方式。

❖ 编码类型：用于指定提交服务器处理数据所使用 MIME 编码类型。

任务三 "新用户注册"表单设计

任务概述

在创建表单后，即可向其中添加表单对象。在 Dreamweaver 中可以创建各种表单对象，如文本框、单选按钮、复选框、按钮和下拉菜单等。本任务就来学习"新用户注册"表单的设计方法。

任务实施

一、插入文本字段

在表单中插入文本字段后，浏览者即可在网页中输入各种信息，常用于"用户名""密码"文本框等。

1. 插入文本字段

文本字段是表单中常用的元素之一，主要包括单行文本字段、多行文本字段和密码文本字段三种。在网页中插入文本字段的具体操作方法如下。

Step 01 将光标定位在表单区域的"用户名"选项下方，在"插入"面板中"表单"类别下单击"文本字段"按钮，如图 7-16 所示。

Step 02 弹出"标签编辑器"对话框，从中可以设置文本字段相关选项，然后单击"确定"按钮，如图 7-17 所示。

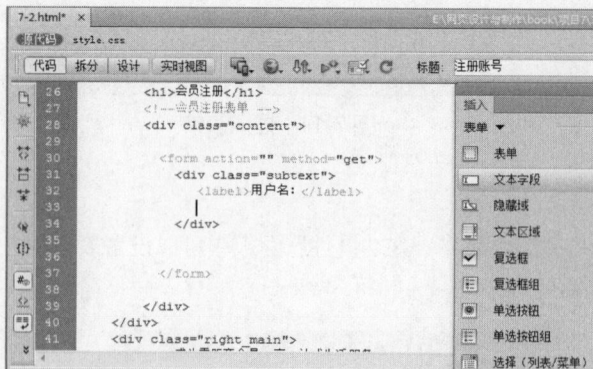

图 7-16 | 单击"文本字段"按钮

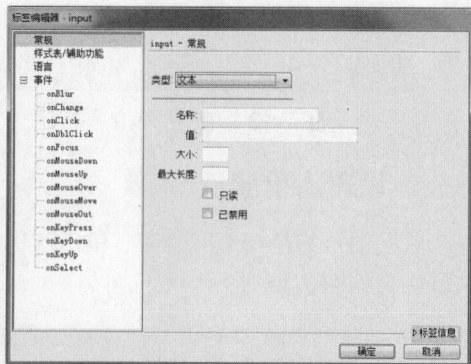

图 7-17 | 设置文本字段选项

Step 03 此时，即可在表单中插入一个文本字段，如图 7-18 所示。

Step 04 采用同样的方法，在表单中插入密码文本字段，如图 7-19 所示。

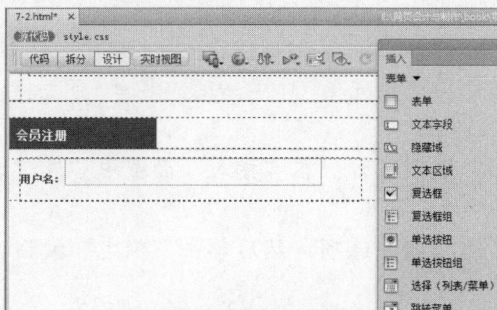
图 7-18 | 插入文本字段

图 7-19 | 插入密码文本字段

2. 设置文本字段属性

设置文本字段属性的具体操作方法如下。

Step 01 选中"密码"选项文本字段，在"属性"面板中显示该文本字段的属性，如图 7-20 所示。

Step 02 在"属性"面板的"类型"选项区中选中"密码"单选按钮，如图 7-21 所示。

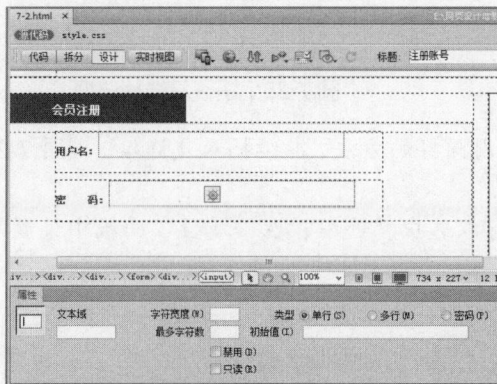
图 7-20 | 设置文本字段属性

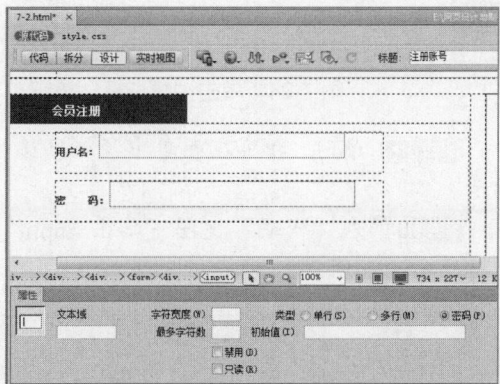
图 7-21 | 选中"密码"单选按钮

Step 03 按【Ctrl+S】组合键保存文档，按【F12】键预览网页。在文本框中输入内容后，显示为圆点，如图 7-22 所示。

Step 04 在"属性"面板中将文本字段的"类型"设置为"多行"，文本字段将显示为列表框样式，如图 7-23 所示。

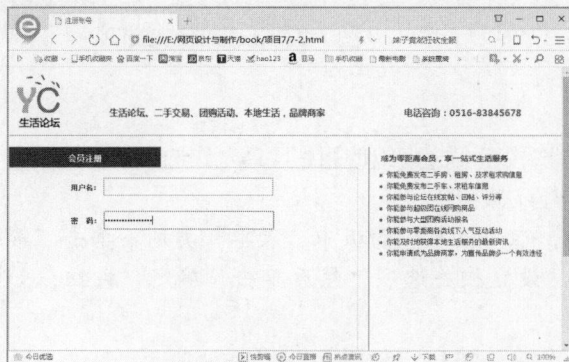
图 7-22 | 预览输入密码效果

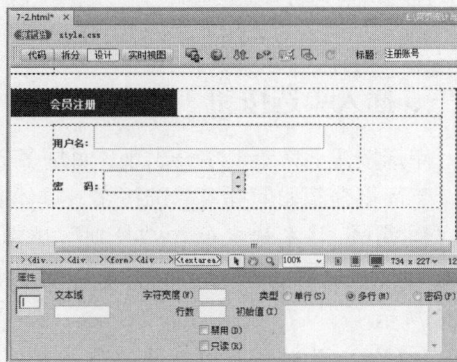
图 7-23 | 选中"多行"单选按钮

二、插入复选框

在网页中应用复选框可以为用户提供多个选项，用户可以选择其中的一项或多项。下面将详细介绍如何插入复选框并设置其属性，具体操作方法如下。

Step 01 将光标定位在表单区域的"兴趣爱好"选项下方，在"插入"面板中"表单"类别下单击"复选框"按钮，如图 7-24 所示。

Step 02 弹出"标签编辑器"对话框，设置复选框相关选项，然后单击"确定"按钮，如图 7-25 所示。

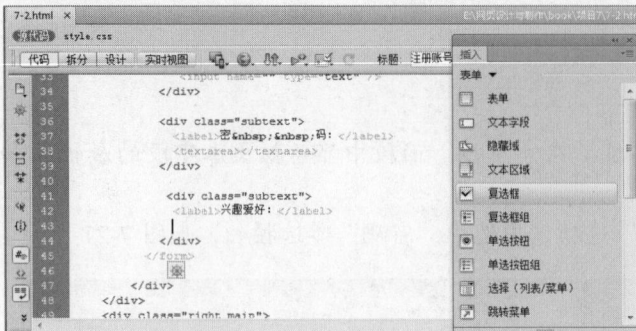

图 7-24 | 单击"复选框"按钮　　　　图 7-25 | 设置复选框选项

Step 03 此时，即可在表单中插入复选框。采用同样的方法，继续插入复选框，如图 7-26 所示。

Step 04 在"代码"视图下单击 input 标记可以选中复选框，在"属性"面板中设置复选框选项，如图 7-27 所示。

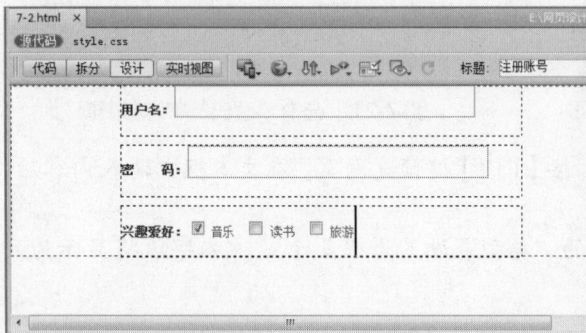

图 7-26 | 插入复选框　　　　图 7-27 | 设置复选框选项

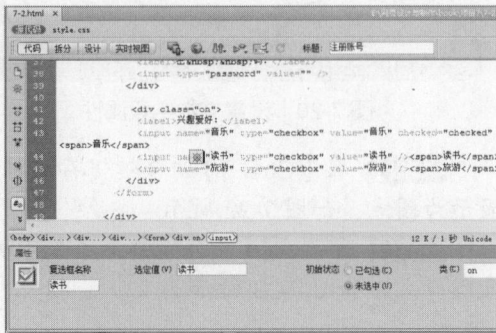

三、插入单选按钮

单选按钮通常不会单一出现，而是多个单选按钮一起成组使用，且只允许选择其中的一个选项。下面将介绍如何插入单选按钮，具体操作方法如下。

Step 01 将光标定位在"性别"选项后，在"插入"面板中"表单"类别下单击"单选按钮"按钮，弹出"标签编辑器"对话框，设置相关选项，然后单击"确定"按钮，如图 7-28 所示。

Step 02 此时，即可在表单区域插入一个单选按钮，如图 7-29 所示。

图 7-28 | 设置单选按钮选项

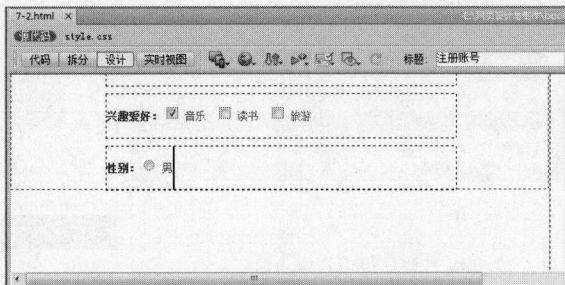

图 7-29 | 插入单选按钮

Step 03 采用同样的方法，插入一个标签为"女"的单选按钮，如图 7-30 所示。

Step 04 按【Ctrl+S】组合键保存文档，按【F12】键预览网页，效果如图 7-31 所示。

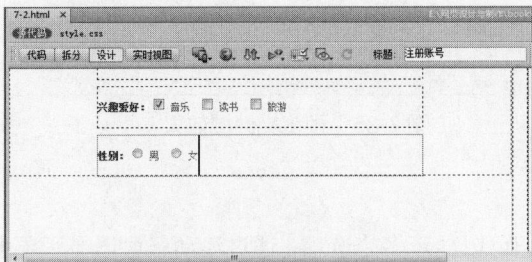

图 7-30 | 插入单选按钮

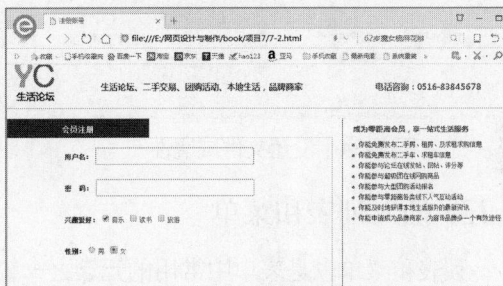

图 7-31 | 预览单选按钮效果

▌四、插入文件域

文件域由一个文本框和一个"浏览"按钮组成，主要用于从磁盘上选择文件。在表单中经常会用到文件域，它能使一个文件附加到正被提交的表单中，如在表单中上传图片、在邮件中添加附件等。

在表单中插入文件域的具体操作方法如下。

Step 01 将光标定位在"上传头像"选项下方，在"插入"面板中"表单"类别下单击"文件域"按钮，如图 7-32 所示。

Step 02 弹出"标签编辑器"对话框，设置相关选项，然后单击"确定"按钮，如图 7-33 所示。

图 7-32 | 单击"文件域"按钮

图 7-33 | 设置文件域选项

Step 03 此时，即可插入一个文件域。选中文件域，在"属性"面板中设置文件域属性，如图 7-34 所示。

Step 04 按【Ctrl+S】组合键保存文档，按【F12】键预览网页，效果如图 7-35 所示。

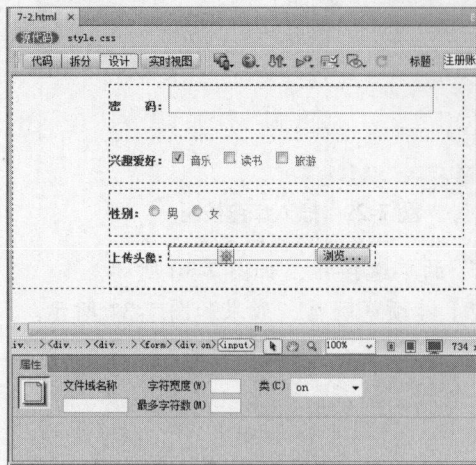

图 7-34 | 设置文件域属性

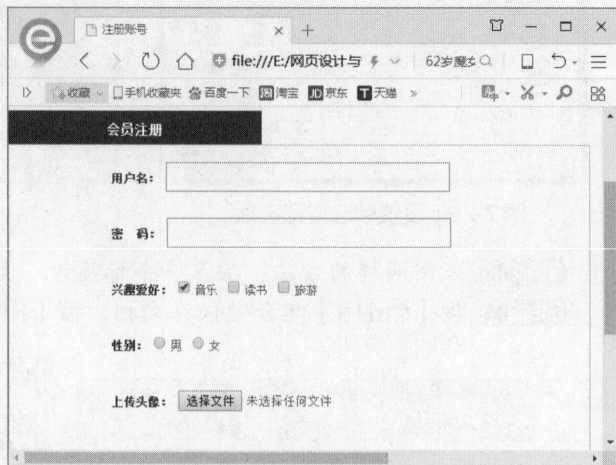

图 7-35 | 预览文件域效果

▍五、插入列表和菜单

列表和菜单也是表单中常用的元素之一，它们可以显示多个选项，通过滚动条可以显示更多的选项。

1. 插入菜单

在网页中插入菜单的具体操作方法如下。

Step 01 将光标定位在"籍贯"选项下方，在"插入"面板中"表单"类别下单击"选择（列表/菜单）"按钮，如图 7-36 所示。

Step 02 弹出"标签编辑器"对话框，设置相关选项，然后单击"确定"按钮，如图 7-37 所示。

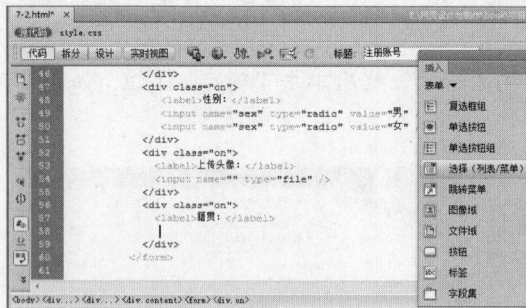

图 7-36 | 单击"选择（列表/菜单）"按钮

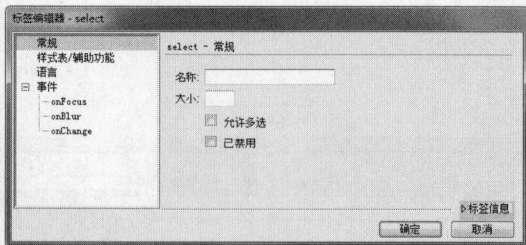

图 7-37 | 设置菜单选项

Step 03 选中插入的菜单，在"属性"面板中单击"列表值"按钮，如图 7-38 所示。

Step 04 弹出"列表值"对话框，单击 ➕ 或 ➖ 按钮，即可添加或删除项目，并输入项目标签；单击 ▲ 或 ▼ 按钮，可调整菜单中选项的顺序，然后单击"确定"按钮，如图 7-39 所示。

图 7-38 | 单击"列表值"按钮

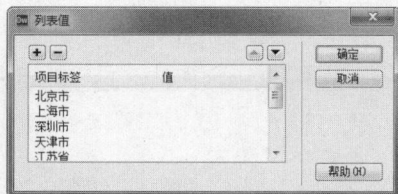

图 7-39 | "列表值"对话框

Step 05 根据需要在"属性"面板中设置菜单的其他属性，如图 7-40 所示。

图 7-40 | 设置菜单属性

2. 插入列表

在网页中插入列表的具体操作方法如下。

Step 01 将光标定位在菜单选项右侧，在"插入"面板中"表单"类别下单击"选择（列表/菜单）"按钮，弹出"标签编辑器"对话框，根据需要设置相关选项，单击"确定"按钮，如图 7-41 所示。

Step 02 选中添加的列表，在"属性"面板中选中"列表"单选按钮，然后单击"列表值"按钮，如图 7-42 所示。

Step 03 弹出"列表值"对话框，单击 按钮，添加项目并输入项目标签，然后单击"确定"按钮，如图 7-43 所示。

Step 04 查看插入的下拉列表，在"属性"面板中根据需要设置其他属性，如图 7-44 所示。

图 7- 41 | 设置列表选项

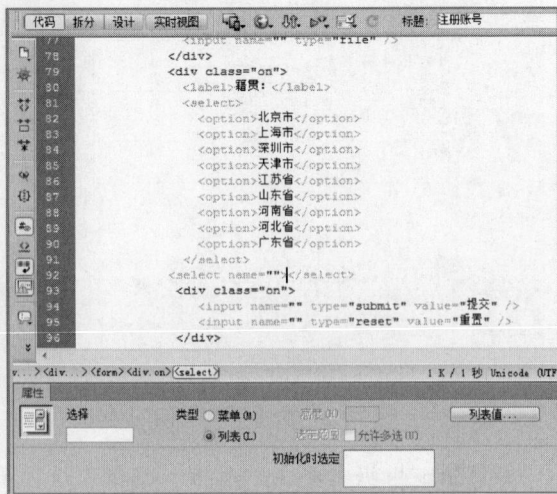

图 7- 42 | 选中"列表"单选按钮

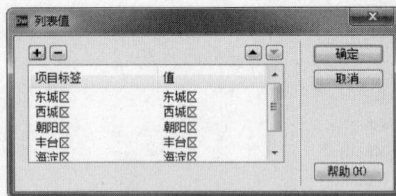

图 7- 43 | 添加项目

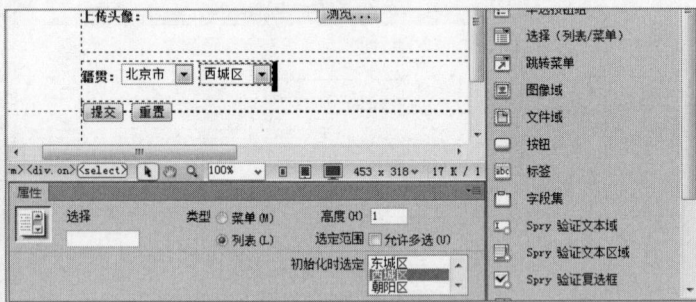

图 7- 44 | 设置列表其他属性

六、插入按钮

通过脚本的支持，单击相应的按钮，可以将表单信息提交到服务器，或者重置该表单。标准表单按钮带有"提交""重置"或"发送"标签，还可以根据需要分配其他已经在脚本中定义的处理任务。表单中的按钮一般放置在表单的最后，用于实现相应的操作，如提交、重置等。

在网页中插入按钮的具体操作方法如下。

Step 01 将光标定位在表单区域中，在"插入"面板中"表单"类别下单击"按钮"按钮，如图 7- 45 所示。

Step 02 弹出"标签编辑器"对话框，可根据需要设置相关选项，然后单击"确定"按钮，如图 7- 46 所示。

Step 03 此时，即可在表单区域插入一个按钮。选中该按钮，在"属性"面板的动作选项区中选中"提交表单"单选按钮，如图 7- 47 所示。

Step 04 采用同样的方法，插入另一个按钮，在"属性"面板中选中"重设表单"单选按钮，如图 7- 48 所示。

图 7- 45 | 单击"按钮"按钮

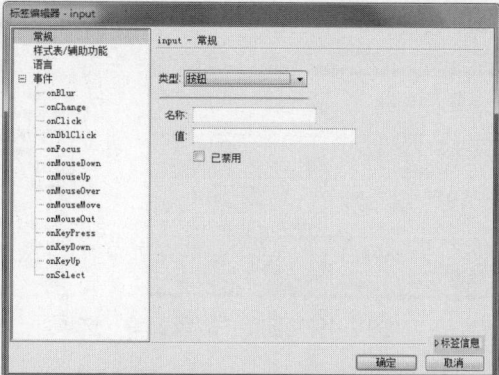

图 7- 46 | 设置按钮选项

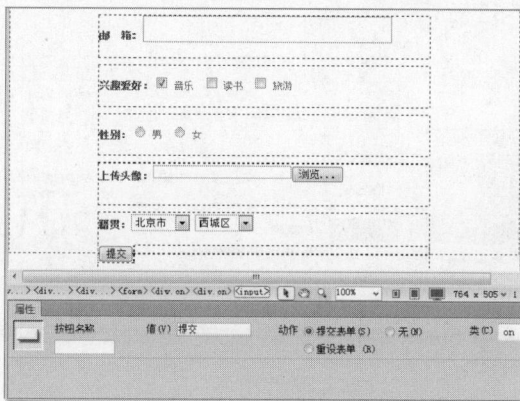

图 7- 47 | 插入"提交"按钮

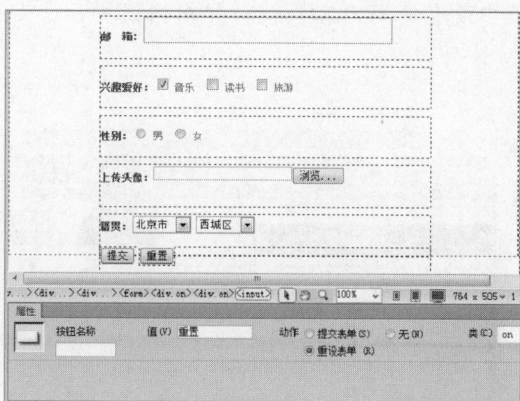

图 7- 48 | 插入"重置"按钮

任务四　使用行为验证用户注册

任务概述

　　表单设计完成后，单击"提交"按钮，就可以将用户信息收集到网站后台数据库中。但是，为了收集信息的正确性，应该在提交之前先检查表单，检查有没有不符合格式要求的信息，如果有将弹出提示，需要修改后再提交。本任务将学习如何使用行为验证用户注册。

任务实施

▌一、检查表单

　　在会员注册网页中，用户名单行文本框是必须填写的，通过"行为"面板可以设置检查表单，具体操作方法如下。

　　Step 01 打开"素材文件\项目七\7-2.html"，选中"用户名"文本框，在"行为"面板中单击"添加行为"按钮 +，在弹出的下拉列表中选择"检查表单"选项，如图7-49所示。

　　Step 02 弹出"检查表单"对话框，设置相关选项，然后单击"确定"按钮，如图 7-50 所示。

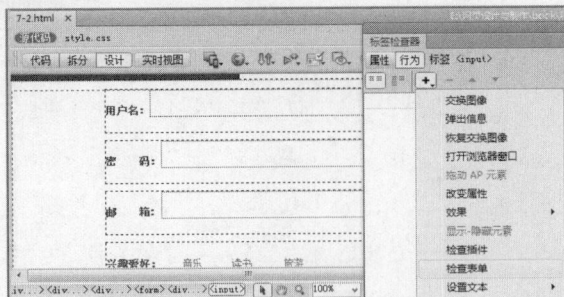

图 7-49 | 选择"检查表单"选项

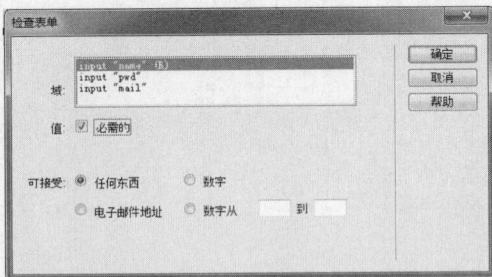

图 7-50 | "检查表单"对话框

Step 03 此时，即可在"行为"面板中看到添加的行为，如图 7-51 所示。

Step 04 按【Ctrl+S】组合键保存网页，按【F12】键预览网页。如果在"用户名"文本框中没有填写内容，就会弹出错误提示，如图 7-52 所示。

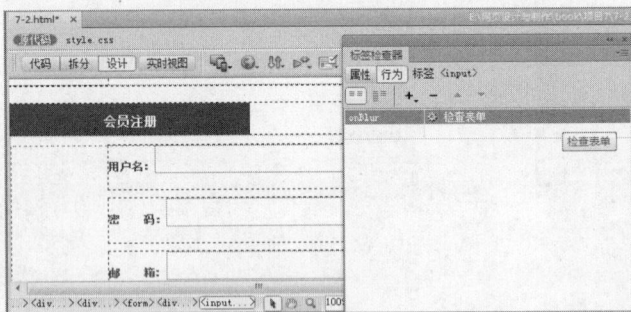

图 7-51 | 创建行为

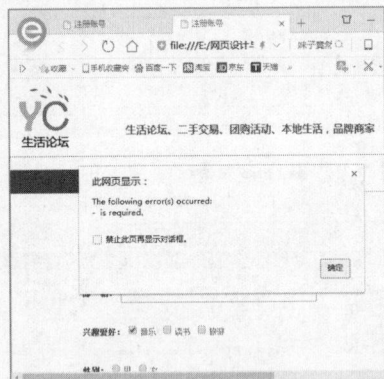

图 7-52 | 弹出错误提示

二、设置密码仅为数字

下面通过添加行为设置密码框，使其只能输入数字作为密码，具体操作方法如下。

Step 01 在表单中选中"密码"文本框，在"行为"面板中单击"添加行为"按钮，在弹出的下拉列表中选择"检查表单"选项，如图 7-53 所示。

Step 02 弹出"检查表单"对话框，在"域"列表中选择"input 'pwd' (NisNum)"选项，在"可接受"选项区中选中"数字"单选按钮，然后单击"确定"按钮，如图 7-54 所示。

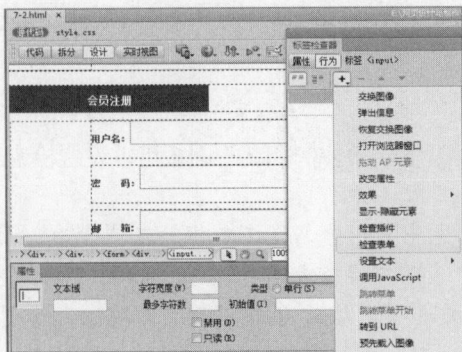

图 7-53 | 选择"检查表单"选项

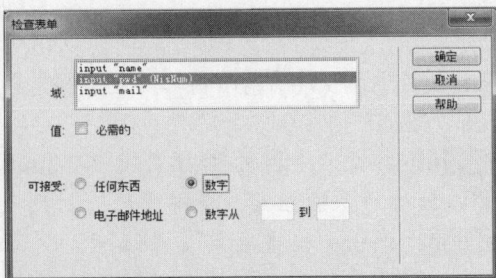

图 7-54 | 设置检查表单参数

Step **03** 此时，即可在"行为"面板中看到创建的行为，如图 7-55 所示。

Step **04** 按【Ctrl+S】组合键保存文档，按【F12】键预览网页。若在密码文本框中输入非数字，就会弹出错误提示，如图 7-56 所示。

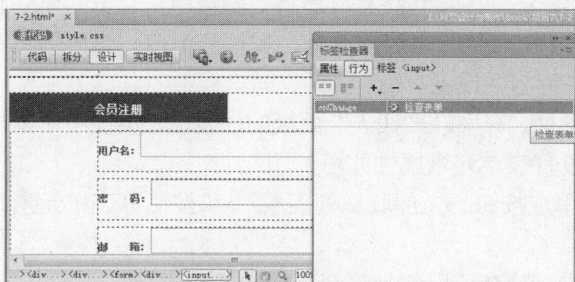

图 7-55 | 创建行为

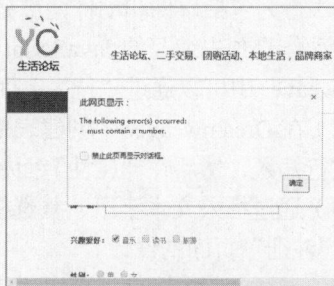

图 7-56 | 弹出错误提示

三、检查邮箱格式

邮箱文本框用于收集用户邮箱地址，电子邮箱是有规定格式的，如"me123@163.com"，在提交表单之前，可以先检查用户输入的邮箱信息是否符合电子邮箱的规定格式，具体操作方法如下。

Step **01** 在表单中选中"邮箱"文本框，在"行为"面板中单击"添加行为"按钮 **+.**，在弹出的下拉列表中选择"检查表单"选项，如图 7-57 所示。

Step **02** 弹出"检查表单"对话框，设置相关选项，然后单击"确定"按钮，如图 7-58 所示。

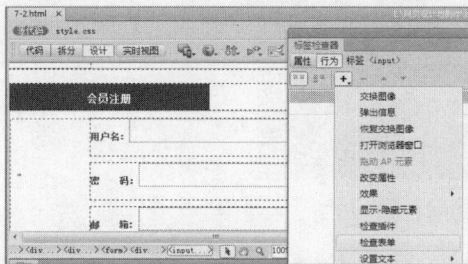

图 7-57 | 选择"检查表单"选项

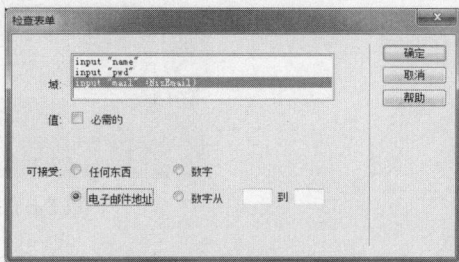

图 7-58 | 设置检查表单选项

Step **03** 此时，在"行为"面板中可以看到创建的行为，如图 7-59 所示。

Step **04** 按【Ctrl+S】组合键保存文档，按【F12】键预览网页。当在"邮箱"文本框中输入的文本不符合电子邮箱规定格式时，就会弹出错误提示，如图 7-60 所示。

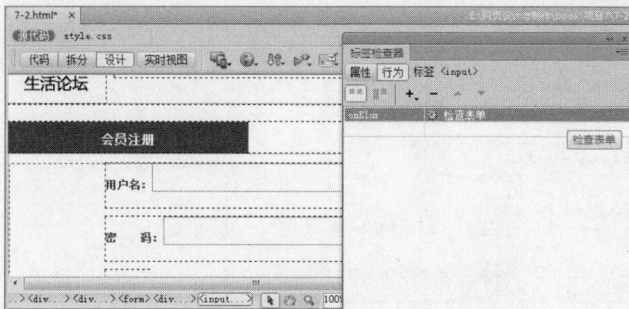

图 7-59 | 创建行为

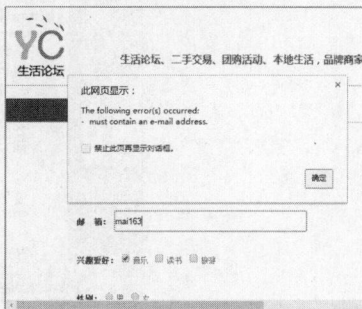

图 7-60 | 弹出错误提示

项目小结

通过本项目的学习，读者应重点掌握以下知识。

（1）行为包括事件和动作两部分内容。事件主要包括鼠标事件、键盘事件、页面事件和表单事件。动作是预先编写的 JavaScript 代码，用来执行特定的任务，如打开窗口、弹出信息等。在 Dreamweaver 中可以通过"行为"面板进行相关设置。

（2）在 Dreamweaver 中创建表单很便捷，只需在"插入"面板的"表单"类别中单击相应的按钮进行插入，然后在"属性"面板中设置表单元素属性即可。

（3）通过插入文本字段、复选框、单选按钮、文件域、列表/菜单和按钮等表单元素，完成"新用户注册"页面的设计。

（4）通过"行为"面板可以对表单进行检查，以使其符合特定的格式要求。

项目习题

打开"素材文件\项目七\7-3.html"，利用表单创建一个会员登录界面，并设置检查表单，效果如图 7-61 所示。

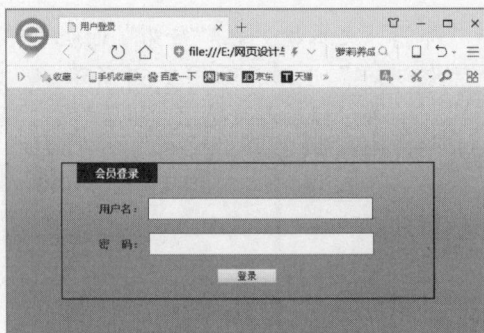

图 7-61 | 会员登录界面

操作提示：

（1）在<div class="main">中插入一个表单，在<label>选项后插入文本字段，如图 7-62 所示。

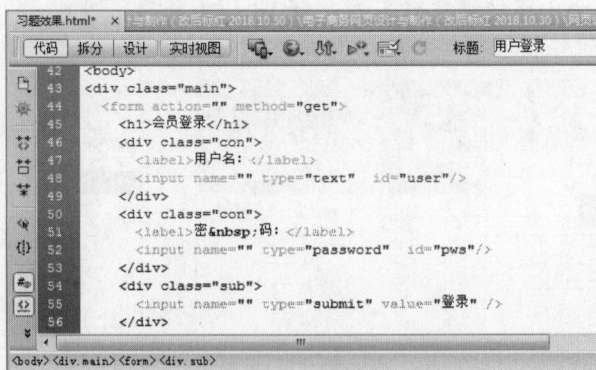

图 7-62 | 插入表单及文本字段

（2）为两个文本字段添加 id 属性，然后添加"登录"按钮。

（3）为"用户名"和"密码"两个文本框添加"检查表单"行为，如图 7-63 所示。

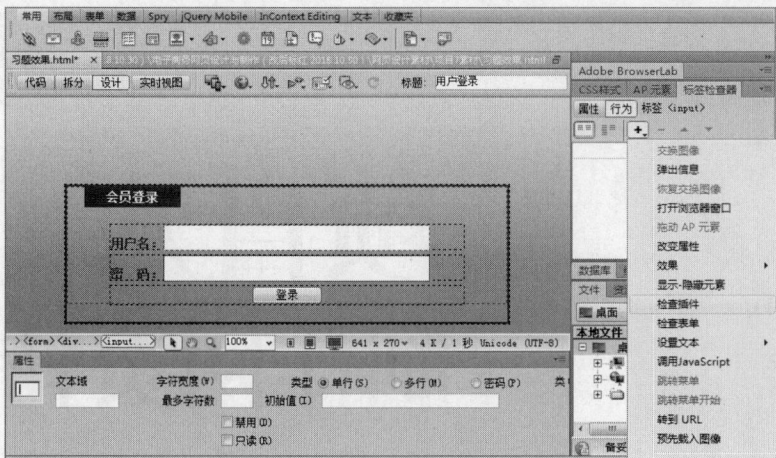

图 7- 63｜添加"检查表单"行为

项目八
制作网页特效

项目重点

- 了解 JavaScript 脚本的功能和一般格式。
- 能够正确地在网页中添加 JavaScript 脚本来实现网页特效。
- 能够使用 JavaScript 脚本对网页中的表单进行验证。

项目目标

- 学会 JavaScript 脚本的基础知识。
- 运用 JavaScript 脚本实现常见网页特效和表单验证。

项目概述

通过 DIV+CSS 布局完成网页设计后，还需要对网页添加交互式特性。例如，使用"图像交换"特效可以进行网站广告图片的轮换，对表单进行验证（可以使用交互方式来设计），还有很多浏览器特性。这些都是通过 JavaScript 脚本来实现的。本项目主要学习如何使用 JavaScript 制作网页特效和验证表单等。

任务一 认识 JavaScript 脚本语言

任务概述

本任务将对 JavaScript 进行简单介绍，让用户认识 JavaScript 脚本语言，了解 JavaScript 的基本结构，以及学习应用 JavaScript 语言进行网页动态信息输出。

任务实施

一、JavaScript 简介

JavaScript 是一种解释性的、基于对象的脚本语言。HTML 网页在互动性方面能力较弱。例如，下拉菜单，当单击某一菜单项时，会自动出现该菜单项的所有子菜单；网页表单验证，如果使用 Dreamweaver 中的"行为"面板，虽可检查表单，但不够人性化和智能化。使用 JavaScript 的特殊方式 Ajax，可以实现网页异步更新，这意味着可以在不重新加载整个网页的情况下对网页的某些部分进行更新。

JavaScript 主要是基于客户端运行的，浏览者单击包含 JavaScript 代码的网页，网页中的 JavaScript 代码就传到浏览器，由浏览器对此进行处理。前面提到的下拉菜单、验证表单有效性等交互性功能都是在客户端完成的，不需要和 Web 服务器发生任何数据交换，因此不会增加 Web 服务器的负担。

几乎所有浏览器都支持 JavaScript，如 Internet Explorer（IE）、Firefox、Chrome、360 浏览器、QQ 浏览器、搜狗浏览器等。因此，在网页设计时使用 JavaScript 脚本，不必担心浏览者因浏览器不支持而无法浏览。

二、JavaScript 的基本结构

JavaScript 脚本是嵌入在 HTML 代码中一起被浏览器执行的。理论上可以在 HTML 页面中的任何位置嵌入 JavaScript，但一般都会放置在网页头部，即标签<head>和</head>之间，以便浏览器加载页面内容时可以预先读取脚本代码。

在页面中嵌入 JavaScript 脚本的语法如图 8-1 所示。

```
<html xmlns="http://www.w3.org/1999/xhtml">
<head>
<meta http-equiv="Content-Type" content="text/html; charset=utf-8" />
<title>首页</title>
<script type="text/javascript">
    //需要执行的javascript脚本代码

</script>
</head>

<body>
<!--页面内容-->
</body>
</html>
```

图 8-1 | 嵌入 JavaScript 脚本

可以看到，JavaScript 脚本需要放在<script></script>标签内，然后嵌入 HTML 代码中，这样才能被浏览器读取并执行。

三、使用 JavaScript 向页面输出信息

JavaScript 最重要的功能是实现用户交互以及事件处理。使用 JavaScript 可以动态地向网页输出信息，主要有以下两种方法。

1. 使用 alert 语句

使用 alert("要显示的内容")语句，可以让网页在被浏览时弹出提示信息框，显示相应的信息。下面将举例说明，具体操作方法如下。

Step 01 新建网页文档，并切换到"代码"视图，在<head>标签内输入 JavaScript 代码，如图 8-2 所示。

Step 02 按【Ctrl+S】组合键保存文档，按【F12】键预览网页，可以看到网页显示完成后就会弹出提示信息框，如图 8-3 所示。

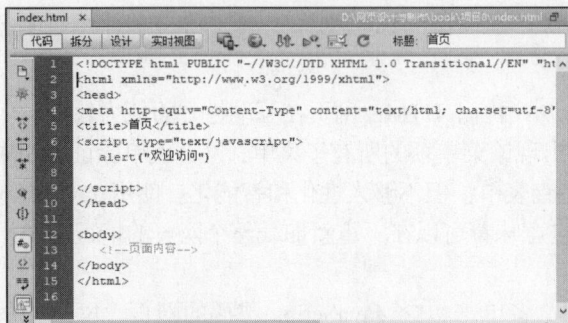

图 8-2 | 输入 JavaScript 代码

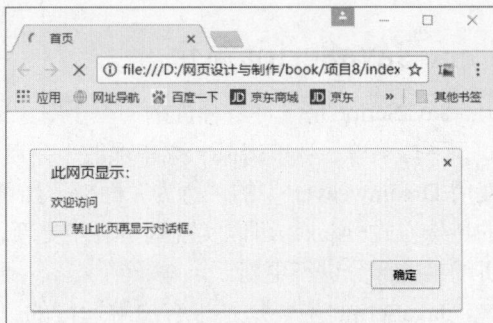

图 8-3 | 查看显示效果

2. 使用 document.write()语句

使用 document.write("要显示的内容")语句可以向页面中输出信息。下面将举例说明，具体操作方法如下。

Step 01 打开"素材文件\项目八\8-2.html"，切换到"代码"视图，在<head>标签内输入 JavaScript 代码，如图 8-4 所示。

Step 02 按【Ctrl+S】组合键保存文档，按【F12】键预览网页，可以看到网页中显示一行文字"欢迎来到我公司网站"，如图 8-5 所示。

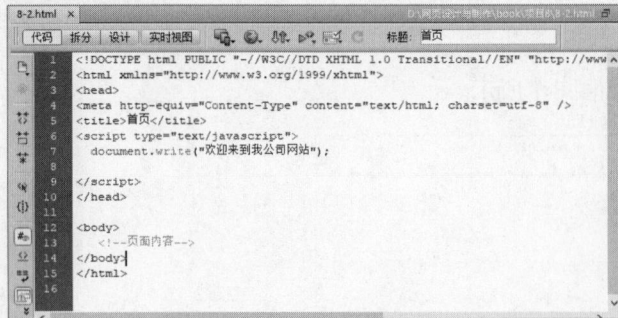

图 8-4 | 输入 JavaScript 代码

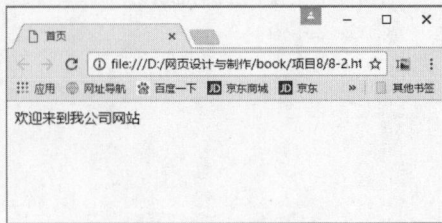

图 8-5 | 查看显示效果

document.write()语句可以向页面输出 3 种类型的信息，详见表 8-1。

表 8-1 document.write()语句向页面输出的信息类型

输出类型	代码实例	输出结果
输出值	document.write("hello,world!");	Hello,world!
输出变量	var str="我爱学习 HTML 网页!"; document.write(str);	我爱学习 HTML 网页!
输出 HTML 标记	document.write("<h1>本地生活论坛</h1>");	以标题 1 显示"本地生活论坛"

任务二 使用 JavaScript 制作网页特效

任务概述

本任务将学习如何使用 JavaScript 来制作文字滚动特效、日期特效、广告特效和下拉菜单特效等网页特效。

任务实施

一、文字滚动特效

文字滚动特效就是在较小的页面版块中进行滚动，以显示较多的文字内容，这样不仅可以节约有限的网页版面，还能使文字具有动态的效果，以达到吸引浏览者的目的。

文字滚动特效的实现很简单，只需在要滚动的文字两端添加<marquee>脚本代码即可。

滚动标记<marquee>的语法如下。

```
<marquee behavior="scroll" direction="up" scrolldelay="200" scrollamount="2"
width="500" height="80" onmouseover="this.stop()" onmouseout="this.start()">
欢迎光临本网站，感谢您的访问!
</marquee>
```

<marquee>标记用法的说明如下。

◇ behavior：通过此属性来设置滚动方式。它有 3 个值：scrool，循环滚动；slide，只滚动一次就停止；alternate，来回交替进行滚动。

◇ direction：表示滚动的方向，默认为从右向左，包含 4 个值：up（向上滚动）、down（向下滚动）、left（向左滚动）、right（向右滚动）。

◇ scrolldelay：用于设置滚动的时间间隔，单位是"毫秒"。若设置的时间较长，则会出现走走停停的效果，因此建议不要将其设置得过大。

◇ scrollamount：用于设置滚动的速度。不要设置得过大，否则滚动速度太快会让人看不清文字，一般设置为 1 或 2 即可。

◇ width 和 height：用于设置滚动背景的面积（宽度和高度）。

◇ onmouseover="this.stop()"和 onmouseout="this.start()"：用于设置当鼠标指针指向滚动文字时文字停止滚动，鼠标指针离开时继续滚动。

在实际应用时，滚动标记<marquee>中的各个参数并不是都需要指定的。如果某项参数未指定，浏览器在执行时会使用默认值。

▋二、日期特效

在页面上显示当前日期，不但可以对浏览者起到提示作用，还能使网页的功能更加完善。要实现日期特效，需要使用 JavaScript 提供的日期时间函数，并结合前面介绍的 document.write()语句在页面的相应位置显示日期和时间。下面将举例说明，具体操作方法如下。

Step 01 打开"素材文件\项目八\8-4.html"，输入显示日期的 JavaScript 代码，如图 8-6 所示。

Step 02 按【Ctrl+S】组合键保存文档，按【F12】键预览网页，可以看到页面中显示出当前日期，如图 8-7 所示。

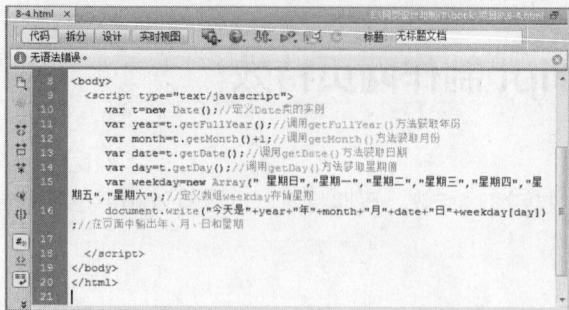

图 8-6 | 输入 JavaScript 日期代码

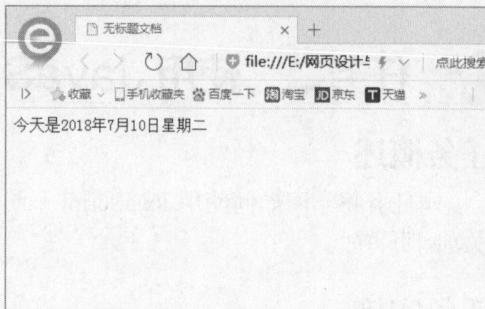

图 8-7 | 预览网页效果

提示：

在使用 getMonth()方法获取月份值时，需要在后面加 1。这是因为 getMonth()方法获取的值是从 0 开始计数的：当前日期是一月，采用此方法获取的值为 0；当前日期是二月，获取的值为 1，以此类推。因此，需要在获取值的基础上加 1 才是当前的月份。

▋三、广告特效

在电子商务网站中，广告几乎是必不可少的。根据广告的制作原理，可以分为层广告、弹出广告、漂浮广告等。

（1）层广告

层广告是将广告信息放置在层中，再将层定位在页面的相应位置。有的层广告还设置了"关闭"按钮，浏览者单击该按钮可以关闭广告。

（2）弹出广告

弹出广告其实是设置了大小并取消了地址栏、链接栏等信息的网页窗口。要制作弹出广告，首先要制作好弹出页面，再将弹出页面的脚本代码添加到主页中。

（3）漂浮广告

漂浮广告也是将广告信息放置在层中，运用 JavaScript 代码控制层在页面中漂浮，起到醒目的作用。

广告特效的原理很简单，只需将广告内容添加到指定的 div 层或窗口中，然后使用 JavaScript 代码控制广告的 div 层或窗口的显示或隐藏即可。

不同的广告效果所用的 JavaScript 代码也不一样，一般来说，效果多的广告运用的代码也会多一些。我们不用去弄清特效代码是如何工作的，直接使用它们就可以了。在制作广告特效时，一般是将广告特效代码添加到网页中，然后设置广告内容，调试页面直至实现想要的效果。

下面以设置对联广告特效为例进行介绍，具体操作方法如下。

Step 01 打开"素材文件\项目八\网站首页\对联广告.html"，在 body 标记中添加 JavaScript 脚本文件"<script language=JavaScript src="js/scroll.js"></script>"，如图 8-8 所示。

Step 02 按【Ctrl+S】组合键保存文档，按【F12】键预览网页，即可看到网页两侧的对联广告，效果如图 8-9 所示。

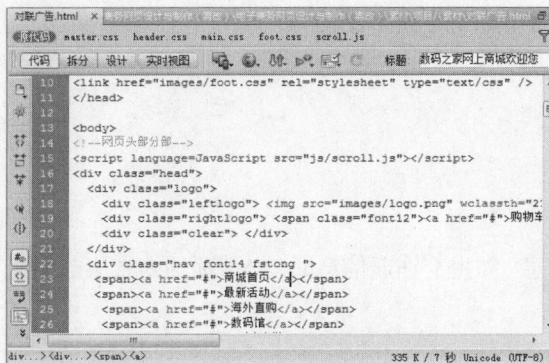

图 8-8 | 添加 JavaScript 脚本文件

图 8-9 | 预览对联广告

四、下拉菜单特效

下拉菜单是网页中常见的一种显示形式，将鼠标指针移至链接元素上就会弹出一个下拉菜单。下拉菜单不仅可以节省网页排版空间，还可以使网页布局简洁、有序。一个新颖的下拉菜单还会使网页增色不少。

下拉菜单的制作需要用到两种鼠标事件：onmouseover（鼠标移入）和 onmouseout（鼠标移出）。将下拉菜单内容放置在一个层中，编写显示和隐藏下拉菜单的函数，在主菜单中添加鼠标移入和移出事件，分别调用显示和隐藏下拉菜单的函数，即可实现下拉菜单特效。

下面将举例说明如何设置下拉菜单特效，具体操作方法如下。

Step 01 打开"素材文件\项目八\8-6.html"，设置相应的 JavaScript 代码和 CSS 代码，如图 8-10 所示。

Step 02 按【Ctrl+S】组合键保存文档，按【F12】键预览网页，查看下拉菜单的显示效果，如图 8-11 所示。

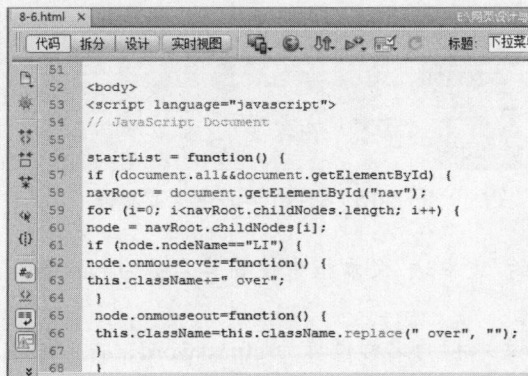

图 8-10 | 添加 JavaScript 特效

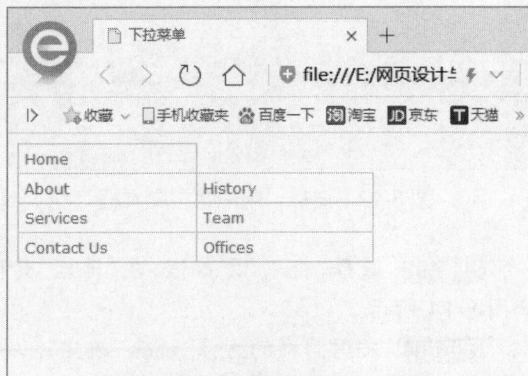

图 8-11 | 预览下拉菜单效果

任务三　使用 JavaScript 验证表单

任务概述

当浏览者在填写网页中的表单信息时，常常会出现填写有误的情况，如某些重要信息没有填写、电子邮箱地址格式不正确、密码长度不符合要求等。这时需要对浏览者输入的信息进行验证，如果填写不正确，就给出相应的提示，这样可以使收集的信息更加完整、有效，这些情况都可以通过 JavaScript 脚本来对表单进行验证。

任务实施

一、非空验证

当浏览者注册网站会员时，需要填写相关信息。在提交注册信息时，必填项的内容不能为空，否则会弹出提示信息框提示相关信息。

在使用 JavaScript 脚本验证表单时，首先要获取表单对象的值，然后对其进行判断，根据判断情况做出相应的操作。在网页中，一个或者多个不同类型的表单对象共同构成一个表单。例如，将表单命名为 form1，并为每个表单对象分别命名以作为其标识。

下面为表单命名并设置表单非空验证，具体操作方法如下。

Step 01 打开"素材文件\项目八\8-7.html"，在"设计"视图下选择"用户名"文本框，如图 8-12 所示。

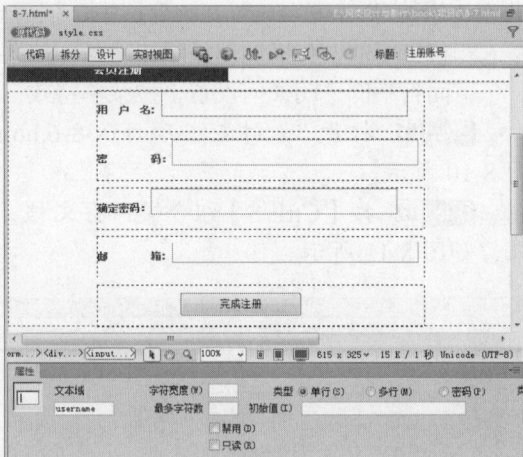

Step 02 在"属性"面板中可以看到文本框为"单行"类型，在"文本域"文本框中设置其名称为 username，如图 8-13 所示。

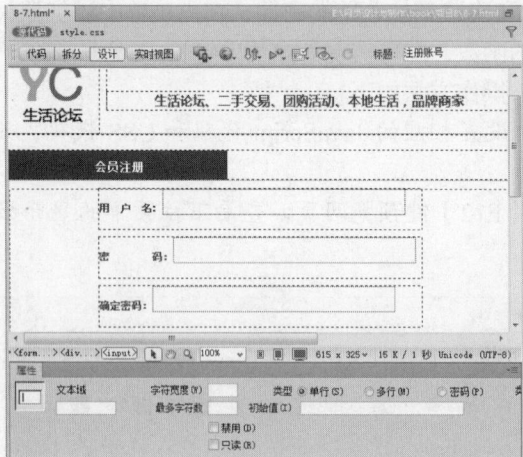

图 8-12 | 选择"用户名"文本框　　　　图 8-13 | 命名"用户名"文本框

Step 03 选择"密码"文本框，在"属性"面板的"文本域"文本框中设置其名称为 password，如图 8-14 所示。

Step 04 采用同样的方法，将"确定密码"文本框的名称设置为 cfpassword，将"邮箱"文本框的名称设置为 email，如图 8-15 所示。

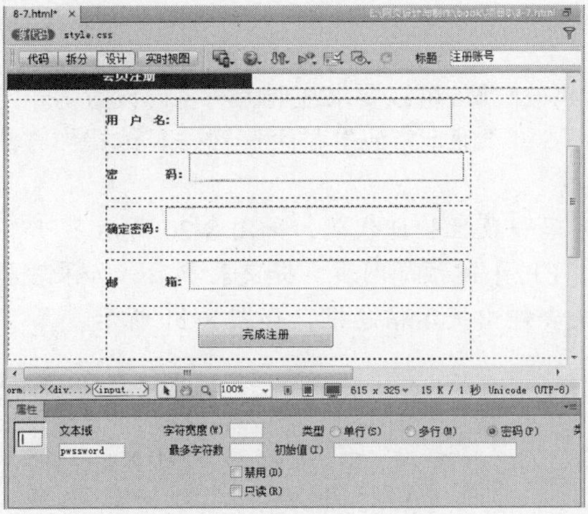

图 8-14 | 命名"密码"文本框

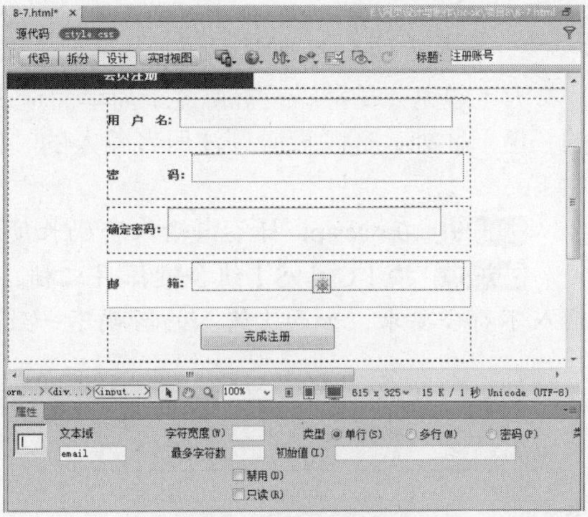

图 8-15 | 命名其他文本域

Step 05 切换到"代码"视图，找到表单 form，输入 JavaScript 代码，如图 8-16 所示。其中，"onsubmit="return checkform()""表示提交表单则调用验证函数。

Step 06 在<body>标签内输入调用函数代码和检测 username 文本框是否为空的检测代码，如图 8-17 所示。

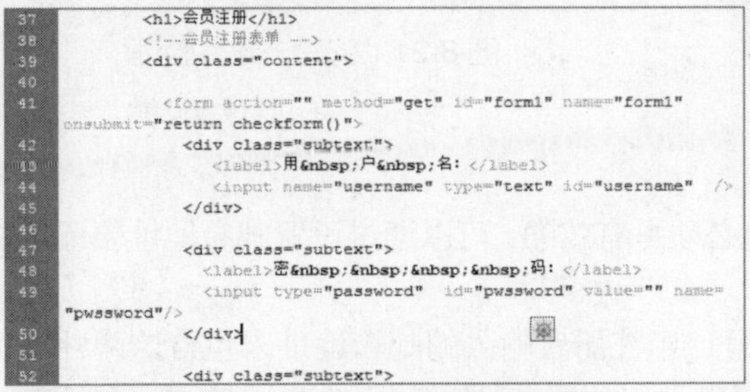

图 8-16 | 设置 form 表单代码

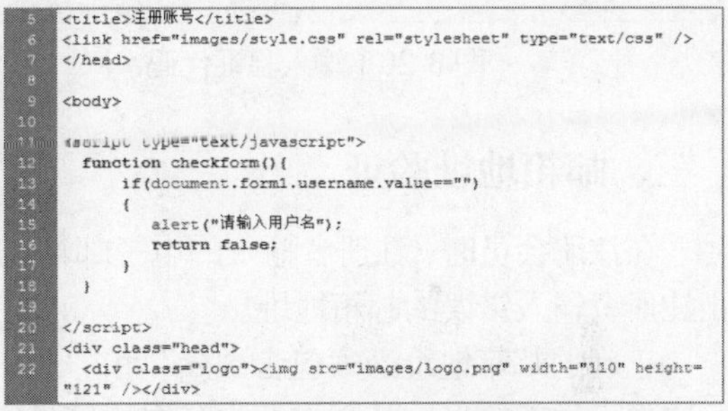

图 8-17 | 输入检测用户名非空代码

Step 07 采用同样的方法，设置"密码""确定密码"和"邮箱"文本框的非空代码，如图 8-18 所示。

Step 08 按【Ctrl+S】组合键保存文档，按【F12】键预览网页。单击"完成注册"按钮，如果包含空的填写信息，就会弹出提示信息框，如图 8-19 所示。

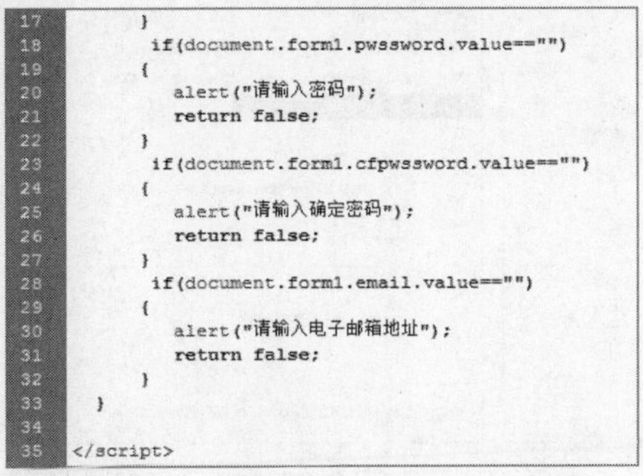

图 8-18 | 设置其他文本框非空代码

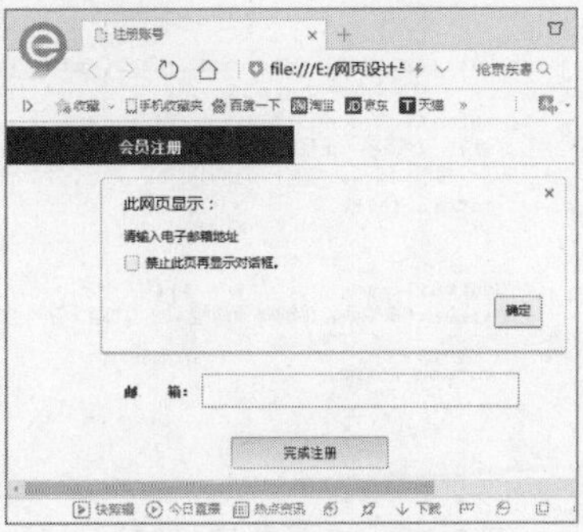

图 8-19 | 预览非空验证效果

二、验证密码长度和一致性

为了避免会员密码设置得过于简单而造成密码被破解，可以要求注册者将密码设置为一定的长度。此外，还需要验证注册者输入的"密码"和"确定密码"是否一致，具体操作方法如下。

Step 01 在<script>标签内输入密码长度和密码一致性验证代码，如图 8-20 所示。

Step 02 按【Ctrl+S】组合键保存文档，按【F12】键预览网页。提交表单后，如果密码输入不符合要求，如两次输入的密码不一致，就会弹出提示信息框，如图 8-21 所示。

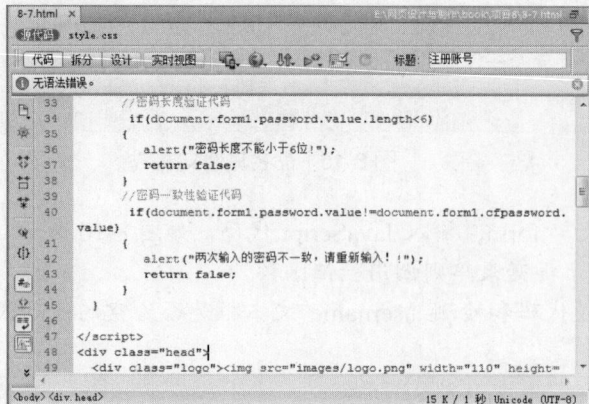

图 8-20 | 输入验证代码

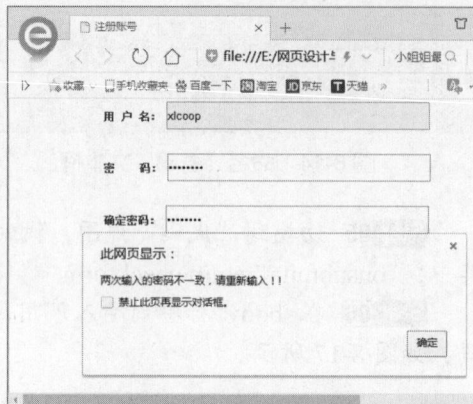

图 8-21 | 密码一致性验证

三、邮箱地址验证

在注册会员时，注册者输入的电子邮箱地址必须是有效的，可以通过设置邮箱地址验证来防止注册者输入错误的邮箱地址。

正确的邮箱地址必须包含"@"和"."符号，当注册者输入的邮箱地址未包含这两种符号时应提示重新输入。从文本框中获取的值是字符串类型数据，可以使用 indexOf()方法来检查字符串中是否包含必要的字符。

验证电子邮箱地址是否有效的具体操作方法如下。

Step 01 在<script>标签中输入电子邮箱地址验证代码，如图 8-22 所示。

Step 02 按【Ctrl+S】组合键保存文档，按【F12】键预览网页。提交表单后，如果填写的电子邮箱地址格式错误，就会弹出提示信息框，如图 8-23 所示。

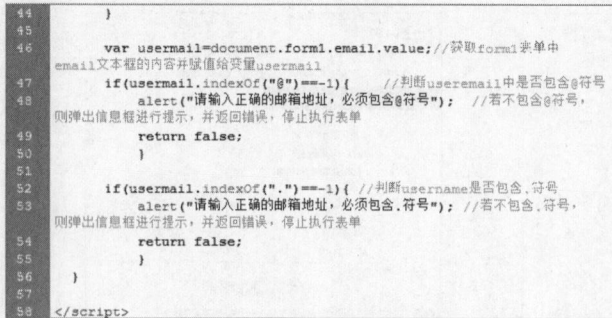

图 8-22 | 输入电子邮箱地址验证代码

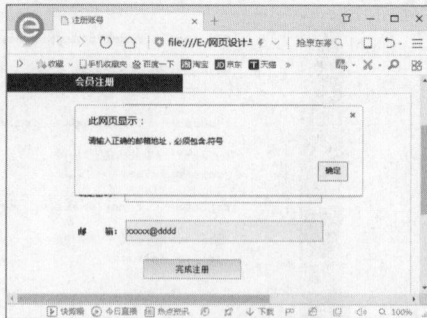

图 8-23 | 电子邮箱地址验证

任务四　JavaScript 网页特效实例

任务概述

　　焦点图是网站广告图轮替的一种效果，现在的电子商务网站一般都会使用焦点图来轮替广告图。本任务通过为首页添加"焦点图"代码来学习如何使用 JavaScript 脚本特效。

任务实施

一、下载焦点图代码

　　有很多 JavaScript 代码都可以从网上进行下载，我们只要按照提示操作就可以直接使用，没有必要从头编写代码。下载焦点图代码的具体操作方法如下。

　　Step 01 打开"懒人图库"网站，将鼠标指针置于导航栏中"JS 代码"菜单上，在弹出的下拉列表中选择"焦点图"选项，如图 8-24 所示。

　　Step 02 在代码列表中找到所需的焦点图样式，在此选择"JS 循环滚动频道首页幻灯片代码"，如图 8-25 所示。

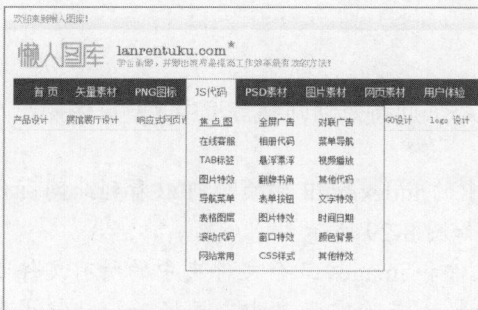

图 8-24｜选择 JS 代码分类

图 8-25｜选择焦点图样式

　　Step 03 在打开的页面中单击"本地下载"按钮，下载此效果代码及应用此脚本的使用说明文件，如图 8-26 所示。

　　Step 04 下载完成后，将压缩文件解压缩到"项目八"文件夹下"网站首页"文件夹中，生成 1155 文件夹，双击 index 网页文件，如图 8-27 所示。

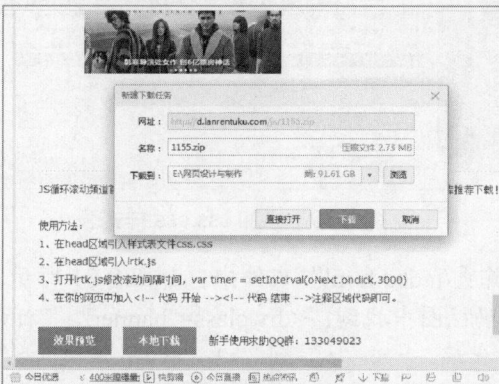

图 8-26｜下载脚本代码文件

图 8-27｜解压缩文件

Step 05 在打开的页面中可以看到图片轮替广告效果，如图 8-28 所示。

图 8-28 | 查看焦点图案例效果

二、添加焦点图代码

将"焦点图"代码下载到本地电脑后，就可以添加此特效到网站首页中了，具体操作方法如下。

Step 01 使用 Dreamweaver 打开特效文件夹中的 index.html 网页，可以看到此网页代码中包含一个 lrtk.js 脚本文件和一个 css.css 样式，如图 8-29 所示。

Step 02 将 1155 文件夹中的 css 文件夹、js 文件和 images 三个文件夹中的所有文件都复制到"网站首页"文件夹中所对应的 css、js 和 images 三个文件夹中，并将 css.css 样式表文件添加到网站首页 index.html 网页中，如图 8-30 所示。

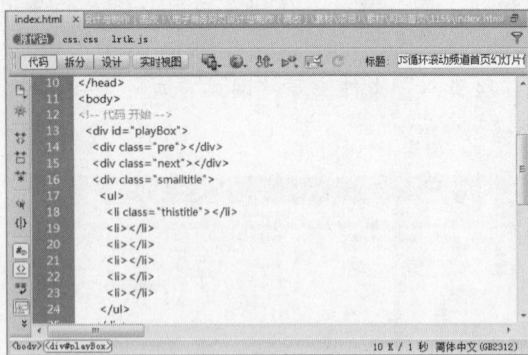

图 8-29 | 查看特效网页代码

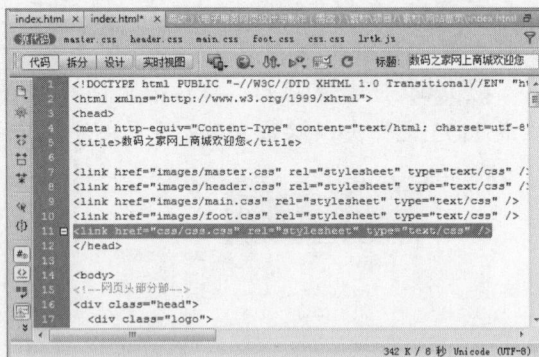

图 8-30 | 添加 css.css 样式表

Step 03 将"js/lrtk.js"代码添加到"网站首页/index.html"文件中，如图 8-31 所示。

Step 04 在"网站首页/index.html"文档代码视图中找到"<div class="banner">"标记位置，将"1155/index.html"文档代码中的"<!-- 代码 开始 -->"到"<!-- 代码 结束 -->"之间的 DIV 代码复制到"<div class="banner"></div>"标记之中，如图 8-32 所示。

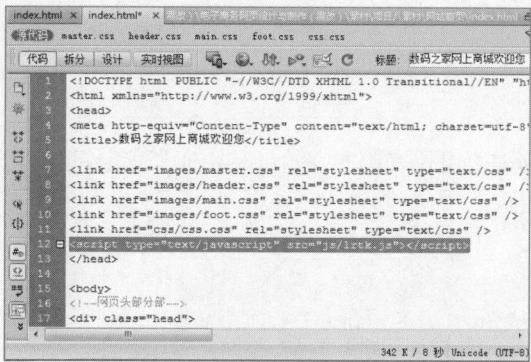
图 8-31 | 添加 JavaScript 脚本文件

图 8-32 | 添加广告特效 DIV 代码

Step 05 添加好代码后，可能会和当前网页的大小不一致，此时可以通过修改"css/css.css"文件"#playBox"类选择器中的 width 和 height 属性值进行调整，如图 8-33 所示。

Step 06 按【Ctrl+S】组合键保存文档，按【F12】键预览网页，可以看到网站首页中添加了焦点图轮替广告。可以根据需要在 images 文件夹中更换广告图片，换上符合推广需要的广告图，如图 8-34 所示。

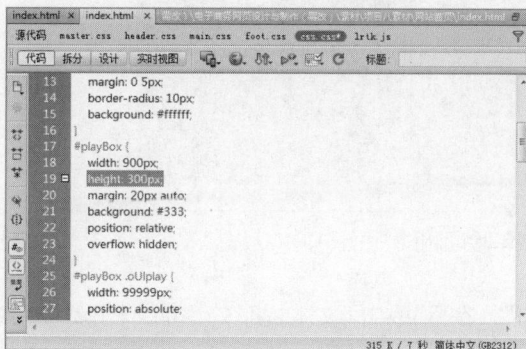
图 8-33 | 修改 css.css 文件属性值

图 8-34 | 预览网页焦点图特效

项目小结

通过本项目的学习，读者应重点掌握以下知识。

（1）JavaScript 是一种基于对象的脚本语言，可以为 HTML 网页增加动态功能。其交互功能都是在客户端完成的，不会对网页服务器增加负担。一般将其放在标签<head>和</head>之间。

（2）使用简单的 alert 语句和 document.write()语句可以向页面输出信息。

（3）使用<marquee>脚本制作文字滚动特效，使用日期时间函数在网页中显示当前日期，通过在网页中链接 JavaScript 脚本语言制作网页广告特效，通过添加鼠标事件和调用显示/隐藏函数制作下拉菜单特效。

（4）使用 JavaScript 可以对表单进行非空验证、密码输入长度一致性验证及电子邮箱地址有效性验证。

（5）在制作网站广告轮替效果时，可以在网上下载焦点图 JavaScript 代码，然后将其嵌入网站 HTML 代码中。

项目习题

1. 打开"素材文件/项目八/login.html"，根据需要设置表单非空验证和密码长度验证。设置完成后预览网页，进行表单验证测试，如图 8-35 所示。

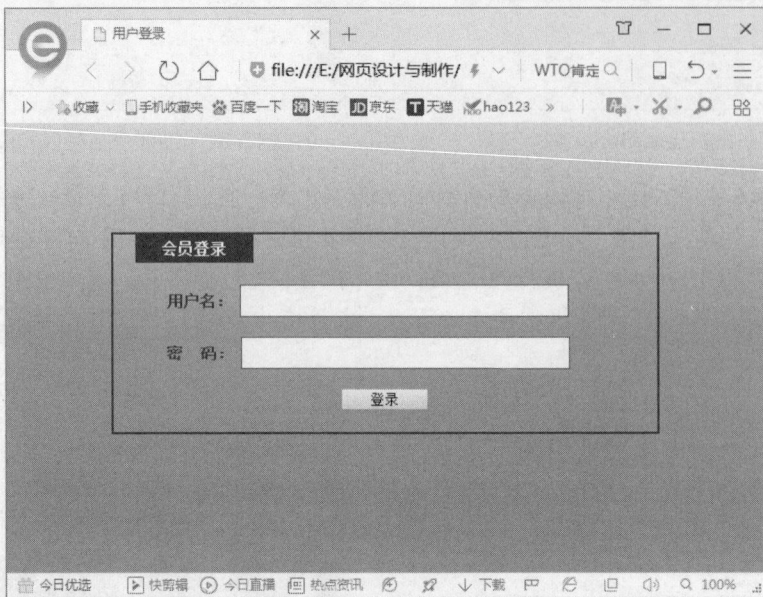

图 8-35 | 表单验证测试

2. 打开"素材文件/项目八/习题二/8-8.html"，在网页中间文本提示处添加"图像"特效，如图 8-36 所示。打开"素材文件/项目八/习题二/tp.html"，仿照此文件将 div 代码、CSS 文件和 JS 文件添加到"8-8.html"网页文件中，并修改 CSS 文件，效果如图 8-37 所示。

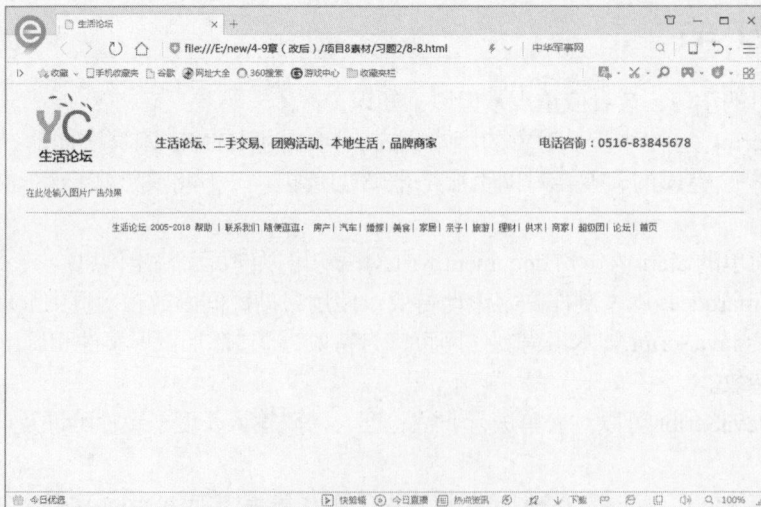

图 8-36 | 网页文件

图 8-37 | 添加图像特效效果

项目九
动态网站与内容管理系统应用

项目重点

- 了解动态网站的系统架构。
- 认识内容管理系统在网站开发中的作用。
- 掌握内容管理系统的搭建和设置方法。

项目目标

- 利用内容管理系统搭建网站功能。
- 利用模板设置内容管理系统的网页效果。

项目概述

动态网站是网站的终极形态，通过前端网页展示网页界面，通过后台程序和数据库收集与查询信息，这样就能实现一个具有一定功能的网站。例如，"美团外卖"网站就是一个专门做外卖的网站，"去哪网"是专门订旅行机票、酒店、旅行社等的网站，这些网站都属于动态网站。本项目将学习动态网站与内容管理系统应用。

任务一　认识动态网站

任务概述

动态网站是通过网站后台程序和数据库创建出来的具有特定功能的网站。随着互联网技术的快速发展，网页由静态变为动态，动态网站制作也逐渐发展并流行起来。本任务就一起来认识一下动态网站。

任务实施

一、动态网页

网络技术日新月异，许多网页文件扩展名不再只是.html，还有.php、.asp 等扩展名，这些都是采用动态网页技术制作出来的。动态网页其实就是建立在 B/S 架构上的服务器端脚本程序。在浏览器端显示的网页是服务器端程序运行的结果，而动态网页正是动态网站制作的基础。

静态网页与动态网页的区别在于 Web 服务器对它们的处理方式不同。当 Web 服务器接收到对静态网页的请求时，服务器会直接将该网页发送给客户浏览器，不做任何处理；如果接收到对动态网页的请求，就从 Web 服务器中找到该文件，将其传递给一个称为应用程序服务器的特殊软件扩展，由它负责解释和执行网页，并将执行后的结果传递给客户浏览器。

动态网页具有以下特点。

（1）动态网页以数据库技术为基础，可以大大降低网站维护的工作量。

（2）采用动态网页技术的网站可以实现更多的功能，如用户注册、用户登录、搜索查询、用户管理、订单管理等，如图 9-1 所示。

图 9-1 | 京东商城会员注册页面

（3）动态网页并不是独立存在于服务器上的网页文件，只有当用户请求时服务器才返回一个完整的网页。

（4）搜索引擎一般不可能从一个网站的数据库中访问全部网页，因此采用动态网站制作在进行搜索引擎推广时，需要做一定的技术处理才能适应搜索引擎的要求。

二、动态网站技术

仅仅学会了网页制作工具是远远不能完成动态网站制作的，还需要了解动态网站技术，如网页标记语言 HTML、网页脚本语言 JavaScript 和 VBScript、动态网页编程语言 ASP、PHP 和 JSP 等。

1. 搭建动态网站平台

动态网页大多是由网页编程语言写成的网页程序，访问者浏览的只是其生成的客户端代码，而且动态网页要实现其功能，还必须与数据库相连。

关于动态网站制作，目前比较流行的互动式网页编程语言包括 ASP、PHP、JSP、CGI、ASP.NET，其中 HTML 网页适用于所有环境，它本身也非常简单。

ASP 主流环境为 Windows Server（包括 NT、2000、2003 及以上版本）的 IIS+Access/SQL Server。

PHP 主流环境为 Linux/UNIX+Apache+MySQL+PHP5+Dreamweaver。

图 9-2 所示为 PHP 网站架构。

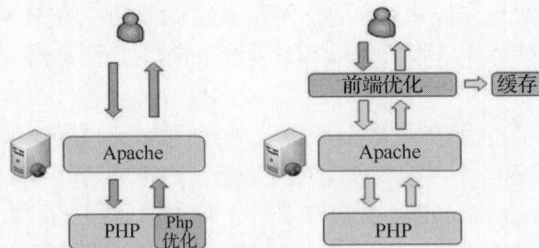

图 9-2 | PHP 网站架构

2. 动态网页编程语言 ASP

ASP 是 Active Server Page 的缩写，即"活动服务器网页"。ASP 是微软公司开发的代替 CGI 脚本程序的一种应用，可以与数据库和其他程序进行交互，是一种简单、方便的编程工具。ASP 网页文件的格式是.asp，常用于各种动态网站中。

ASP 是一种服务器端脚本编写环境，可以用于创建和运行动态网页或 Web 应用程序。ASP 网页包含 HTML 标记、普通文本、脚本命令以及 COM 组件等。利用 ASP 可以向网页中添加交互式内容，也可创建使用 HTML 网页作为用户界面的 Web 应用程序，是动态网站制作常用的编程语言，如图 9-3 所示。

图 9-3 | ASP 网站架构

与 HTML 相比，ASP 网页具有以下特点。

❖ 利用 ASP 可以突破静态网页的一些功能限制，实现动态网页技术。

❖ ASP 文件是包含在 HTML 代码所组成的文件中的，易于修改和测试。

❖ 服务器上的 ASP 解释程序会在服务器端制定 ASP 程序，并将结果以 HTML 格式传送到客户端浏览器上，因此使用各种浏览器都可以正常浏览 ASP 所产生的网页。

❖ ASP 提供了一些内置对象，使用这些对象可以使服务器端脚本功能更强。例如，可以从 Web 浏览器中获取用户通过 HTML 表单提交的信息，并在脚本中对这些信息进行处理，然后向 Web 浏览器发送信息。

❖ 由于服务器是将 ASP 程序执行的结果以 HTML 格式传回客户端浏览器，因此使用者不会看到 ASP 所编写的原始程序代码，防止 ASP 程序代码被窃取。

3. 动态网页编程语言 PHP

PHP 的特性如下。

（1）PHP 独特的语法混合了 C、Java、Perl 以及 PHP 自创新的语法。

（2）PHP 可以比 CGI 或 Perl 更快速地执行动态网页。与其他编程语言相比，PHP 是将程序嵌入到 HTML 文档中来执行的，执行效率比完全生成 HTML 标记的 CGI 要高许多。PHP 具有非常强大的功能，能实现 CGI 的所有功能。

（3）PHP 支持几乎所有流行的数据库以及操作系统。

（4）最重要的是 PHP 可以使用 C、C++进行程序的扩展。PHP 网站架构如图 9-4 所示。

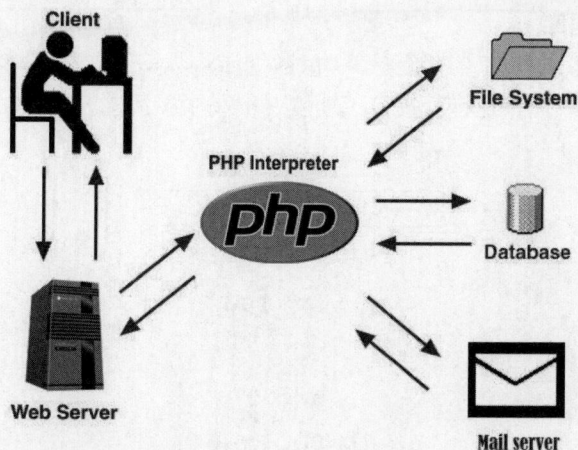

图 9-4 | PHP 网站架构

4. 网站数据库

数据库（Database）是按照数据结构来组织、存储和管理数据的仓库。每个数据库都有一个或多个不同的 API 用于创建、访问、管理、搜索和复制所保存的数据。

我们可以将数据存储在文件中，但在文件中读写数据的速度相对较慢，所以现在使用关系型数据库管理系统（Relational Database Management System，RDBMS）来存储和管理大数据量。所谓关系型数据库，是建立在关系模型基础上的数据库，借助于几何代数等数学概念和方法来处理数据库中的数据，如图 9-5 所示。

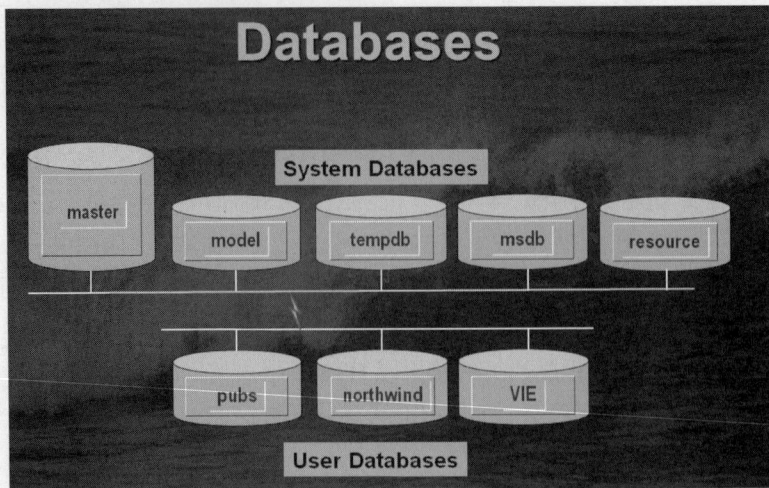

图 9-5｜关系型数据库

RDBMS 的特点如下。

（1）数据以表格的形式出现。

（2）每行是各种记录名称。

（3）每列是记录名称所对应的数据域。

（4）许多的行和列组成一张表单。

（5）若干的表单组成数据库。

5. MySQL 数据库

MySQL 是一种关联数据库管理系统，关联数据库将数据保存在不同的表中，而不是将所有数据放在一个"大仓库"内，这样就提升了速度并提高了灵活性。MySQL 数据库架构如图 9-6 所示，其特点如下。

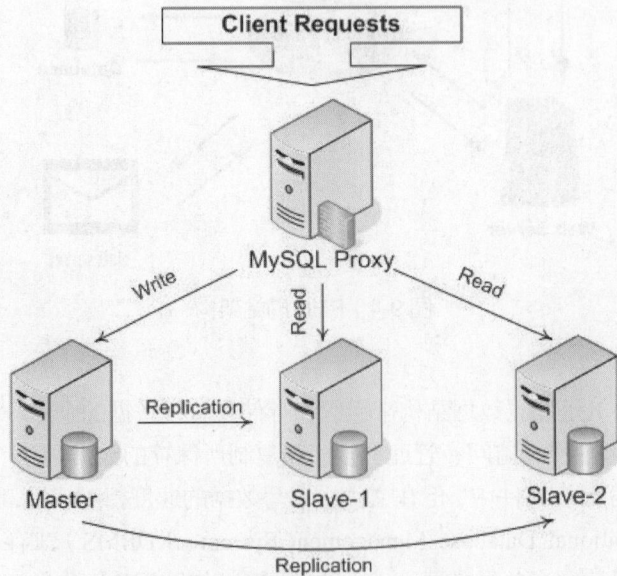

图 9-6｜MySQL 数据库架构

◇ MySQL 是开源的，所以不需要支付额外的费用。

◇ MySQL 支持大型的数据库，例如可以处理拥有上千万条记录的大型数据库。

◇ MySQL 使用标准的 SQL 数据语言形式。

◇ MySQL 可以运行于多个系统上，并且支持多种语言（包括 C、C++、Python、Java、Perl、PHP、Eiffel、Ruby 和 Tcl 等）。

◇ MySQL 对 PHP 有很好的支持。

◇ MySQL 支持大型数据库，支持 5000 万条记录的数据仓库，32 位系统表文件最大可支持 4GB，64 位系统表文件最大可支持 8TB。

◇ MySQL 是可以定制的，采用了 GPL 协议，可以修改源码来开发自己的 MySQL 系统。

任务二　认识内容管理系统

任务概述

建立电子商务网站都具有目的性，如通过建立网站宣传公司、销售产品、发布供求信息等。总之，网站就是相关功能的集合。但是，随着网站功能的增加，网站开发与维护的成本越来越高，网站经营者急需一种方便、简洁、高效的网站信息管理系统。随着网络技术的快速发展，一种叫作内容管理系统（Content Management System，CMS）的网站开发管理系统就出现了，并且迅速成为市场的主流，为广大网页设计和开发人员带来了福音，成为网站开发的利器。本任务就一起来认识一下内容管理系统。

任务实施

▌一、什么是内容管理系统

内容管理系统是网站内容管理系统的简称，能够快速完成网站功能建设，是集前台设计、后台程序、网站数据库于一体的集成化系统，大大缩短了网站的开发流程和成本，甚至完全可以一个人实现整个网站的功能、开发者不需要懂太多的网站后台开发语言就可以完成，并且很多都是开源、免费的，非常适合企业和个人网站的开发。

▌二、选择内容管理系统

在选择内容管理系统时，要注意以下几个方面。

（1）内容管理系统编码类型

系统编码类型根据编程语言的不同，主要分为 PHP、.NET、JSP、ASP 等类型；数据库系统也分为 Access、MSSQL、MySQL 等类型。选择不同编码的内容管理系统，意味着要选择不同类型的虚拟主机，也就是说，所选择的虚拟主机必须要支持想要使用的内容管理系统。

（2）明确建站需求

若要建立门户类型的网站，就需要程序能够实现自定义模型，让用户自定义频道的功能与字段；若要建立视频网站，就需要一个能够进行视频管理的内容管理系统；若要建立软件下载站，就需要具有软件下载功能的内容管理系统。

并不是功能越多的内容管理系统越适合，因为我们很可能会被复杂的设置和庞大的系统搞得晕头转向。最好的内容管理系统就是适合自己的需求、能够让网站通过最少的设置和最简单的步骤稳定地建立起来，这才是最终目的。

（3）程序和模板分离

网站的风格非常重要，新颖的网页设计风格对浏览者来说具有很强的吸引力。先进的内容管理系统都支持程序和模板分离，后台程序负责网站功能程序，模板负责网站前台页面设计风格，这样就可以降低网站开发的难度，不需要懂太多的网站后台开发语言就能完成网站功能开发和设计工作。

（4）支持 SEO 优化

内容管理系统要支持 SEO 优化，这样对网站运行和营销会很有帮助。因此，内容管理系统需要支持以下功能。

◇ 能够生成网站地图，利于搜索引擎抓取页面。

◇ 能够生成全站静态文件。

◇ 能够制作全站关键词。

◇ 网站导航采用面包屑导航。

◇ 网站代码成熟，访问稳定，负载量高。

例如，DedeCMS 系统优化示意图如图 9-7 所示。

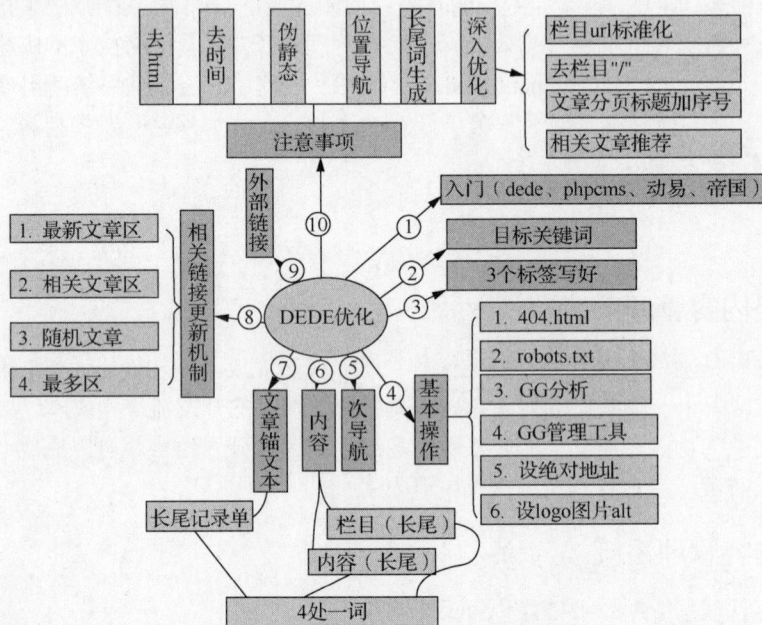

图 9-7 | DedeCMS 系统优化示意图

三、国内优秀的电子商务类内容管理系统

目前有很多厂商开发出了不同风格的内容管理系统。国外的内容管理系统有 WordPress、Drupal、Joomla 等。国产的内容管理系统对国内网站用户更加了解，其功能也更适合国内网站的开发。下面将介绍几款国内比较优秀的电子商务类内容管理系统。

（1）PHPSHE 网上商城系统

PHPSHE 网上商城系统具备电商零售业务所需的所有基本功能，以其安全稳定、简单易用、高效专业等优势赢得了用户的广泛好评，为用户提供了一个低成本、高效率的网上商城建设方案。

（2）WSTMart 电子商务系统

商淘软件 WSTMart 电子商务系统是一款基于 THINKPHP 5.1 框架打造的 B2B2C 电商平台，是目前基于 THINKPHP 5 最为完善的开源商城系统，拥有 PC、手机 WAP、微商城、安卓 App、苹果 App、微信小程序，六端合一，六端互通，拥有时下火爆的三级分销和微砍价功能，非常适合企业及个人快速上线的商务平台。

该系统代码清晰易懂，大量的可视化报表便于运营者决策，丰富的营销功能让系统的应用场景更加广阔，良好的插件机制使系统更加易于扩展。该系统操作简单、安全、稳定、更新迭代快，是广大用户直接使用和二次开发的不错选择。

（3）ECSHOP 商城系统

ECSHOP 是一款开源免费的网上商店系统，由专业的开发团队升级维护，为用户提供及时、高效的技术支持。用户还可以根据所需的商务特征对 ECSHOP 进行定制，增加商城的特色功能。

任务三　搭建内容管理系统环境

任务概述

用不同的系统编码可以开发出不同的内容管理系统，主要有 PHP、ASP、.Net、JSP 等系统编码。目前，采用 PHP 系统编码的网站开发技术是主流技术。本任务就以 WSTMart 为例，学习如何搭建内容管理系统环境和安装内容管理系统。

任务实施

一、安装 phpStudy 服务器环境

phpStudy 是以 PHP 编码开发的服务器环境基础包，如 Apache Web 服务器、MySQL 数据库以及网站需要用到的其他服务功能都可以一键安装完成。

安装 phpStudy 服务器环境的具体操作方法如下。

Step 01 打开 phpStudy 网站首页（http://phpStudy.php.cn），单击"立即下载"按钮，如图 9-8 所示。

Step 02 弹出"新建下载任务"对话框，单击"下载"按钮，如图 9-9 所示。

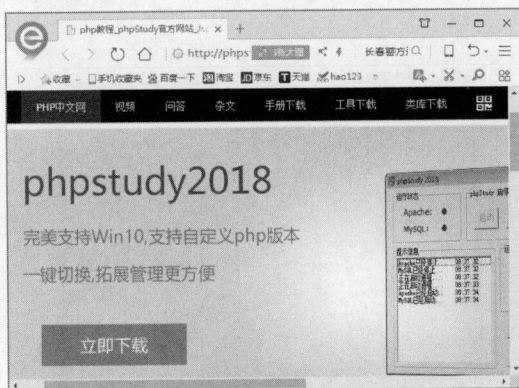

图 9-8 | phpStudy 网站首页　　　　图 9-9 | 下载 phpStudy 安装包

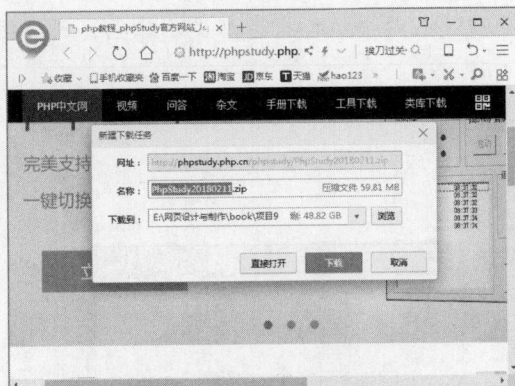

Step 03 下载文件完成后，将 zip 文件解压到当前文件夹，如图 9-10 所示。

Step 04 解压完成后打开文件夹，双击 phpStudy20161103.exe 安装文件，如图 9-11 所示。

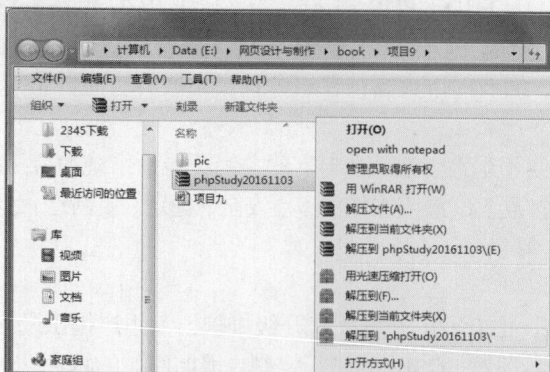

图 9-10｜解压文件

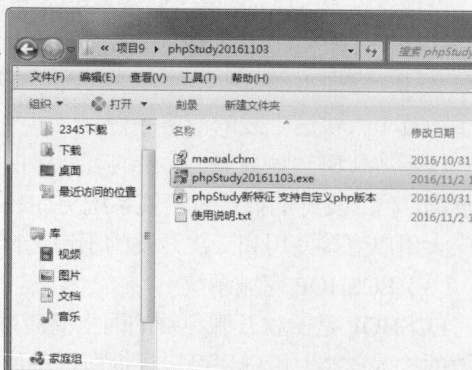

图 9-11｜双击安装文件

Step 05 在弹出的对话框中设置解压目标文件夹，然后单击 OK 按钮，如图 9-12 所示。
Step 06 开始解压文件，并显示解压进度，如图 9-13 所示。

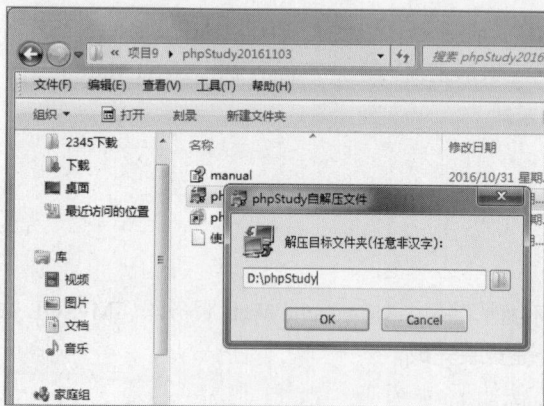

图 9-12｜设置解压目标文件夹

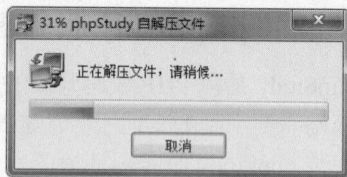

图 9-13｜解压文件

Step 07 解压完成后弹出"确认"对话框，单击"是"按钮，如图 9-14 所示。
Step 08 此时，phpStudy 服务器环境就安装完成了，在弹出的对话框中可以看到 Apache 和 MySQL 两个运行状态都显示绿色，说明运行正常，如图 9-15 所示。

图 9-14｜"确认"对话框

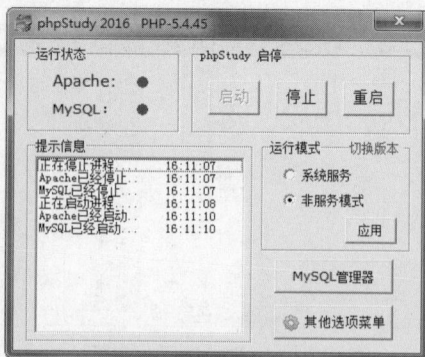

图 9-15｜PHP 服务器环境安装完成

二、安装 WSTMart 系统

PHP 服务器环境成功安装后，就可以安装内容管理系统了。下面将介绍 WSTMart 网上商城系统的安装过程，具体操作方法如下。

Step 01 安装好 PHP 服务器环境后，在任务栏右侧通知区域右键单击 phpStudy 图标 ，在弹出的快捷菜单中选择 "网站根目录" 命令，如图 9-16 所示。

Step 02 打开 WWW 文件夹，这是网站文件运行的文件夹，需要把内容管理系统文件安装到此文件夹中，如图 9-17 所示。

图 9-16｜选择 "网站根目录" 命令

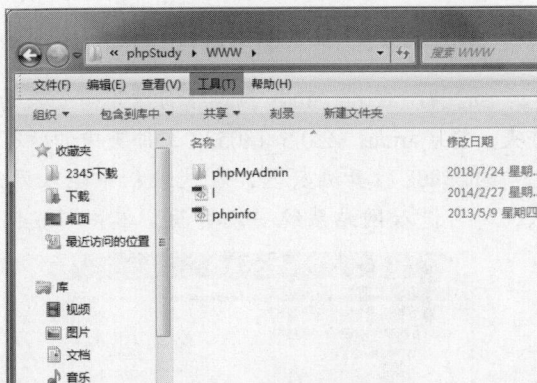

图 9-17｜打开 WWW 文件夹

Step 03 打开 WSTMart 官网首页（http://www.wstmart.net），单击 "免费下载" 按钮，如图 9-18 所示。

Step 04 进入下载页面，单击 "开源版下载" 按钮，如图 9-19 所示。

图 9-18｜单击 "免费下载" 按钮

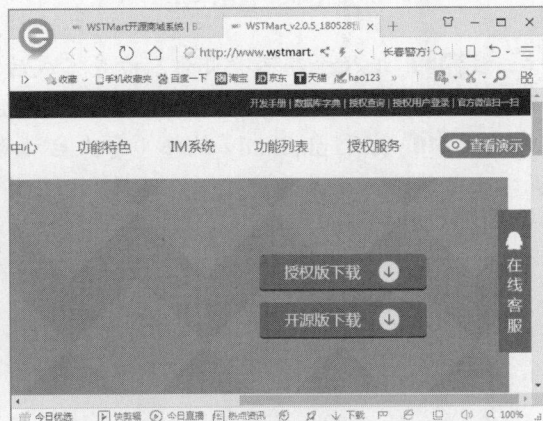

图 9-19｜单击 "开源版下载" 按钮

Step 05 开始下载 WSTMart 网上商城系统，下载完成后可以看到名称为 5b10bb8a24b9e 的压缩文件，如图 9-20 所示。

Step 06 将压缩文件进行解压，然后打开解压后的文件夹，可以看到 wstmart_v2.0.5_180528 文件夹，如图 9-21 所示。

图 9-20 ｜下载 WSTMart 网上商城系统

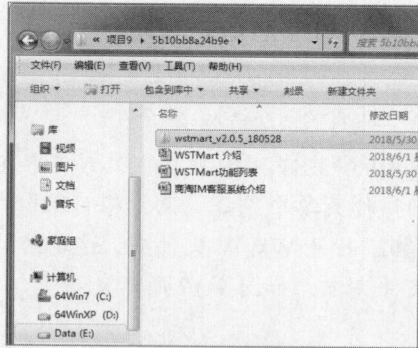

图 9-21 ｜解压文件

Step 07 在 phpStudy 网站根目录下（安装的盘符\phpStudy\WWW\）新建一个名为 shop 的文件夹，将 wstmart_v2.0.5_180528 文件夹中的所有文件都复制到 shop 文件夹中，如图 9-22 所示。

Step 08 打开浏览器，在地址栏中输入网址 "http://127.0.0.1/shop"，并按【Enter】键确认，即可进入网站系统安装页面，单击 "我同意" 按钮，如图 9-23 所示。

图 9-22 ｜复制文件

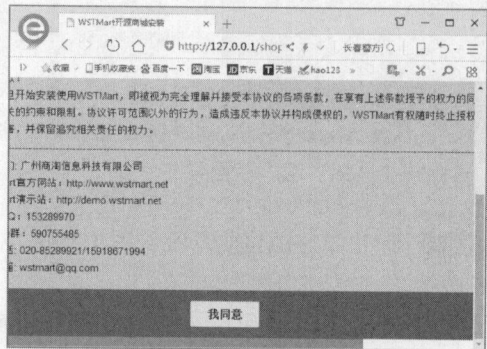

图 9-23 ｜单击 "我同意" 按钮

Step 09 进入检查环境页面，检查完成后没有问题的选项会显示✓、有问题的选项会显示✗（如检测到不支持 php_fileinfo），如图 9-24 所示。

Step 10 打开 phpStudy 软件（每次启动都需到软件的安装目录下进行启动），在软件界面单击 "其他选项菜单" 按钮，选择 "PHP 扩展及设置" | "PHP 扩展" | php_fileinfo 命令，如图 9-25 所示。

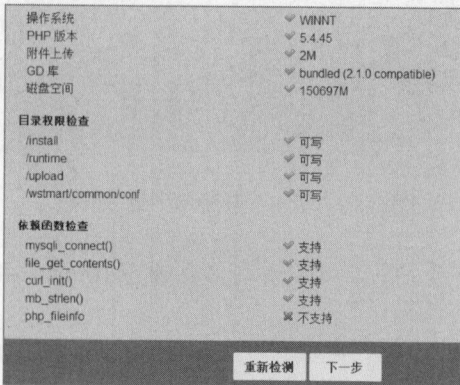

图 9-24 ｜检测环境信息

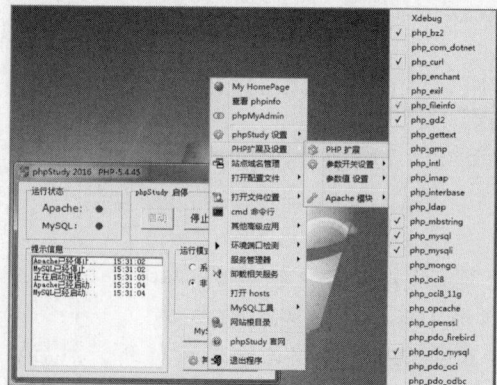

图 9-25 ｜添加 php_fileinfo 函数

Step 11 返回检查环境页面，单击"重新检测"按钮，就没有不支持的选项了，单击"下一步"按钮，如图 9-26 所示。

Step 12 进入数据库账号和管理员账号设置页面，在"数据库账号"选项区中将"访问账号"设置为 root，将"访问密码"同样设置为 root；在"管理员账号"选项区中可以根据需要设置账号和密码，然后单击"下一步"按钮，如图 9-27 所示。

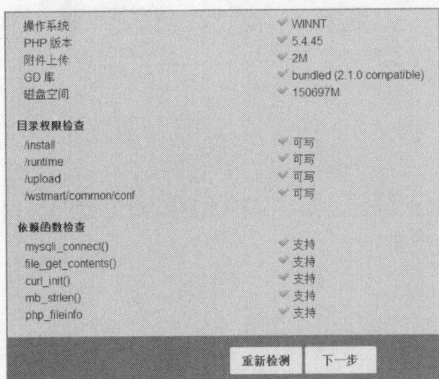

图 9-26 | 重新检测环境信息　　　　图 9-27 | 设置数据库和管理员账号

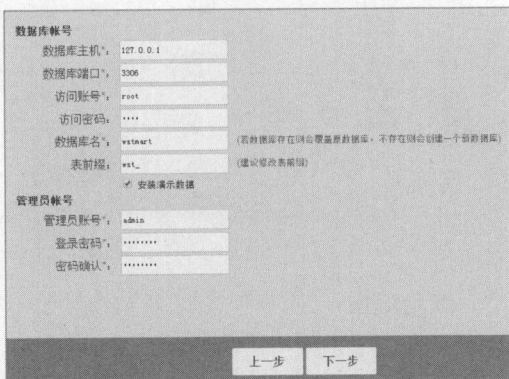

Step 13 稍等片刻，即可完成 WSTMart 网上商城系统的安装，单击"跳到 WSTMart 后台"按钮，如图 9-28 所示。

Step 14 进入 WSTMart 网上商城系统的后台登录窗口，如图 9-29 所示。

图 9-28 | 完成 WSTMart 安装　　　　图 9-29 | 网站后台登录窗口

任务四　WSTMart 系统管理

任务概述

WSTMart 网上商城系统安装完成后，接下来就可以对网站功能性选项进行设置了，如设置商城的系统管理、基础设置、会员管理、文章管理等。这会涉及网站多方面信息的修改，由于篇幅有限，在此不能一一说明，本任务只对其中几个典型的设置方式进行简单介绍，读者可以根据官方的说明文档逐一修改验证。

任务实施

1. 菜单权限

菜单权限主要用于设置商城管理后台的菜单和权限，如图 9-30 所示。非开发人员或熟悉菜单管理的用户不要随意修改或删除其中的菜单，以免造成系统功能的丢失。

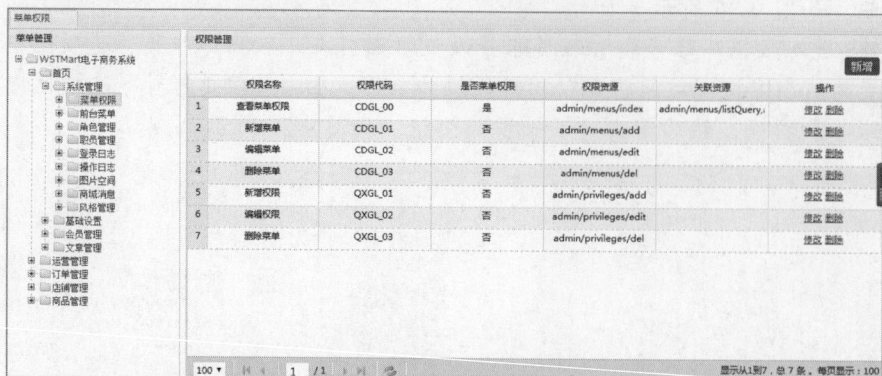

图 9-30 │ 菜单权限页面

2. 前台菜单

前台菜单主要是指用户中心和商家中心的菜单，如图 9-31 所示。非开发人员或熟悉菜单管理的用户不要随意修改或删除其中的菜单，以免造成系统功能的丢失。

图 9-31 │ 前台菜单页面

3. 角色管理

WSTMart 网上商城系统是按照"用户—角色—权限—资源"来设计的，用户可以通过建立角色、给角色授权达到对系统资源的保护。新增角色时，系统会按照"菜单-权限"的结构展示出来，用户只需选择相应的菜单和权限即可完成新增角色，具体操作方法如下。

Step 01 登录网站后台，在左侧"系统管理"下单击"角色管理"超链接，在右侧单击"新增"按钮，如图 9-32 所示。

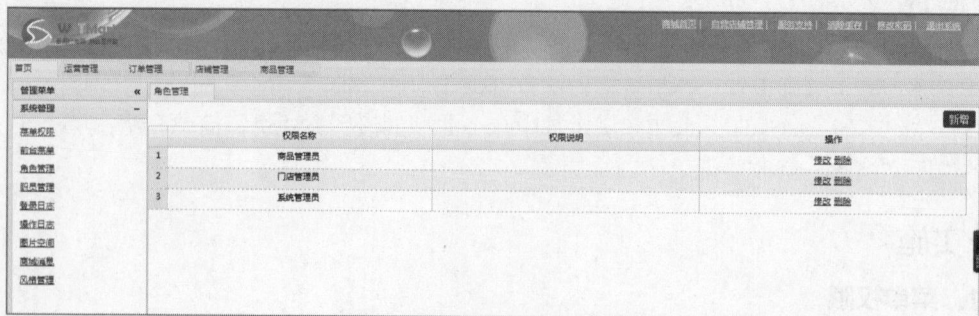

图 9-32 │ 单击"新增"按钮

Step 02 进入角色管理界面，在"角色名称"和"角色备注"文本框中输入信息，在"权限"列表中选中所需的复选框，然后单击"保存"按钮，即可新增角色，如图 9-33 所示。

图 9-33 | 新增角色

4. 登录日志

登录日志主要用于记录登录系统的用户时间和 IP，便于管理人员查询是否有非法的登录，如图 9-34 所示。

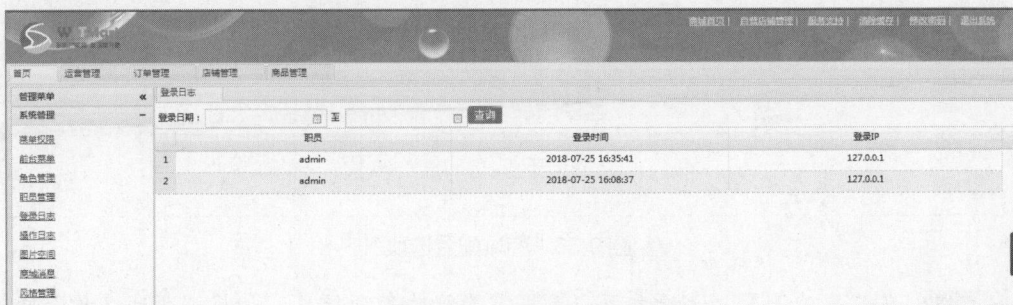

图 9-34 | 登录日志界面

5. 图片空间

商城运行时间久了会产生垃圾文件，对商城空间造成浪费，在图片空间可以监控有效和无效的图片资源，以便商城管理人员定期清理无效的图片，如图 9-35 所示。

图 9-35 | 图片空间界面

任务五　WSTMart 系统基础设置

任务概述

　　WSTMart 网上商城系统配置好以后，即可对其进行基础设置，这是商城用户必须要进行设置的地方。可设置的项目很多，本任务仅做简单介绍，可以查看用户手册设置各个功能模块。

任务实施

一、商城配置

　　商城配置是整个商城底层的配置项目，主要包括基础设置、服务器设置、运营设置、图片设置和 SEO 设置。设置商城配置的具体操作方法如下。

　　Step 01 登录网站后台，在左侧"基础设置"下单击"商城配置"超链接，在右侧显示商城配置的相关选项，如图 9-36 所示。

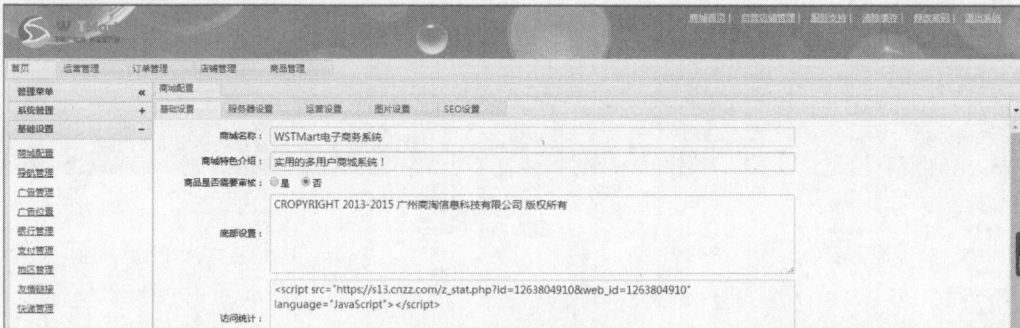

图 9-36 ｜ 商城配置选项

　　Step 02 在"基础设置"选项卡下，根据需要修改各项信息，如将"商城名称"修改为"锦江之城"、"商城特色介绍"修改为"锦江本地特色小商品网上商城"，然后单击"保存"按钮，如图 9-37 所示。

图 9-37 ｜ "基础设置"选项卡

Step 03 选择"服务器设置"选项卡，根据需要设置邮箱和短信选项，然后单击"保存"按钮，如图 9-38 所示。

图 9-38 | "服务器设置"选项卡

Step 04 选择"运营设置"选项卡，根据需要设置相应的运营选项，然后单击"保存"按钮，如图 9-39 所示。

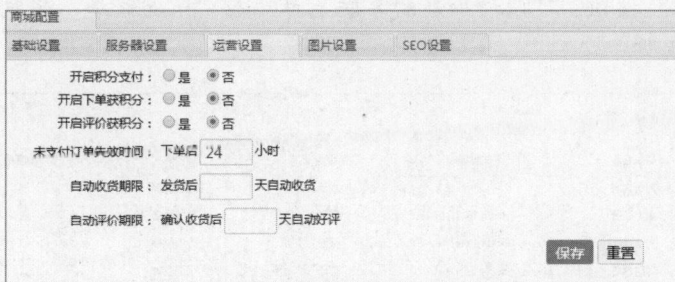

图 9-39 | "运营设置"选项卡

Step 05 选择"图片设置"选项卡，根据需要设置水印、商城 Logo 等，然后单击"保存"按钮，如图 9-40 所示。

Step 06 选择"SEO 设置"选项卡，设置商城标题、商城关键字与商城描述，然后单击"保存"按钮，如图 9-41 所示。

图 9-40 | "图片设置"选项卡

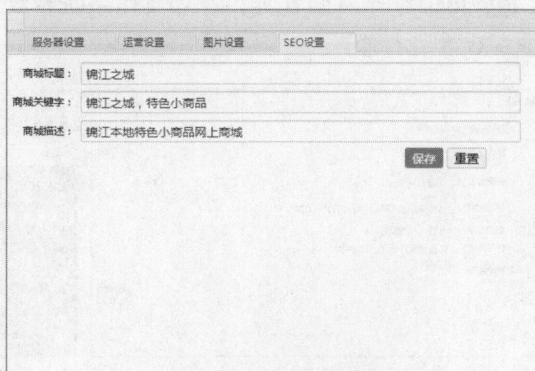

图 9-41 | "SEO 设置"选项卡

二、导航管理

导航管理用于管理商城顶部和底部的导航菜单，用户可以控制导航菜单的排序、显示与否和打开方式，具体操作方法如下。

Step 01 在浏览器地址栏中输入"127.0.0.1/shop/admin"并按【Enter】键确认，进入网站后台登录界面。输入账号、密码和验证码，然后单击"登录"按钮，如图 9-42 所示。

图 9-42 | 后台登录界面

Step 02 在左侧"基础设置"下单击"导航管理"超链接，在右侧显示导航菜单的设置列表。单击"新增"按钮，可以增加新的导航菜单。在"床上家居"导航项中单击"修改"超链接，如图 9-43 所示。

	导航类型	导航名称	导航链接	是否显示	打开方式	排序号	操作
1	顶部	养生之道	2	显示	新窗口打开	5	修改 删除
2	顶部	床上家居	home/goods/lists/cat/54.h	显示	页面跳转	3	修改 删除
3	顶部	厨房清洁	home/goods/lists/cat/48.h	显示	页面跳转	2	修改 删除
4	顶部	时蔬水果	home/goods/lists/cat/47.h	显示	页面跳转	1	修改 删除
5	底部	店铺管理	shop.php	隐藏	页面跳转	0	修改 删除
6	底部	友情链接	#	隐藏	页面跳转	0	修改 删除
7	底部	网站地图	#	显示	页面跳转	0	修改 删除

图 9-43 | 导航管理界面

Step 03 打开导航菜单修改界面，根据需要编辑相关信息，然后单击"提交"按钮，如图 9-44 所示。

Step 04 打开网站首页，查看顶部导航栏效果，如图 9-45 所示。底部导航栏也可以根据需要在后台进行修改。

图 9-44 | 修改导航菜单

图 9-45 | 查看导航菜单效果

项目小结

通过本项目的学习，读者应重点掌握以下知识。

（1）要制作动态网站，需要了解相关动态网站技术，如网页标记语言 HTML、网页脚本语言 JavaScript 和 VBScript、动态网页编程语言 ASP、PHP、JSP 等。

（2）内容管理系统即 CMS，是集前台设计、后台程序、网站数据库于一身的集成化系统。内容管理系统根据系统编码不同，开发环境也不同，所以需要了解网站开发环境设置。

（3）在系统中搭建 PHP 编码的 WSTMart 系统时，需要安装并配置 phpStudy 服务器环境，然后下载并安装 WSTMart 系统。

（4）WSTMart 商城系统安装完成后，需要对该系统进行系统管理设置和基础设置。例如，在系统管理中进行菜单权限、前台菜单、角色管理、登录日志、图片空间等设置，在基础设置中进行商城配置及导航管理。

项目习题

1. 在 WSTMart 网上商城系统中修改网站 Logo 图片，如图 9-46 所示。

2. 设置 WSTMart 网上商城系统的热搜关键词，如"特色小商品，锦江之城，坚果"，如图 9-47 所示。

图 9-46｜修改网站 Logo 图片

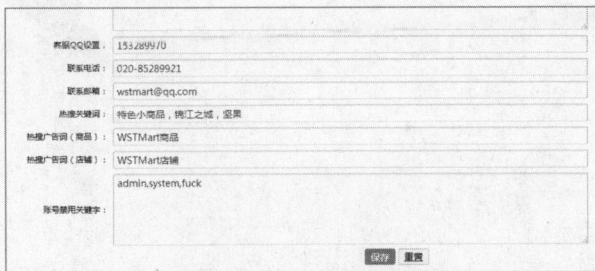

图 9-47｜设置热搜关键词

项目十
网站的发布
测试与优化

项目重点

- 了解域名与空间的定义，熟悉域名的选取原则和选择空间的方式。
- 掌握注册域名和申请空间的方法。
- 掌握网站的测试内容及发布方式。
- 熟悉网站优化的相关内容，掌握网站推广的常用方式。

项目目标

- 熟悉在网络中进行域名注册与空间申请的步骤。
- 能够对注册的网站进行测试，并利用网站发布工具进行发布。
- 能够对网站进行优化，并制订网站的推广方案。

项目概述

网站发布的一般步骤包括域名注册、空间选择、网站上传以及网站测试和发布。网络的最大优势是信息的实时性，对于已发布的网站，优化和推广才是最重要的。本项目首先学习域名及空间的基本知识、注册域名和申请空间的方法，然后学习如何对网站进行测试与发布。此外，网站的优化与推广也是网站建设过程中的关键环节。

任务一　域名和空间的选择

任务概述

域名是网站的"门牌号码"，担负着标示站点和导向企业站点的双重作用。网站空间是存放网站内容的"房间"，注册网站之后，要购买网站空间才能发布网站内容。本任务将学习域名及空间的相关知识。

任务实施

一、域名

域名是连接企业和互联网网址的纽带，像品牌、商标一样具有重要的识别作用，是企业在网络上存在的标志。

1. 域名的定义

域名（Domain Name）是由一串用点分隔的名字组成的 Internet 上某一台计算机或计算机组的名称，用于在数据传输时标识计算机的电子方位（有时也指地理位置）。

网域名称系统（Domain Name System，DNS，简称域名）是因特网的一项核心服务。它作为可以将域名和 IP 地址相互映射的一个分布式数据库，能够使人们更方便地访问互联网，而不用去记住能够被机器直接读取的 IP 地址数串。

例如，www.baidu.com 是一个域名，和 IP 地址 14.215.177.39 相对应。DNS 就像是一个自动的电话号码簿，我们可以直接拨打 baidu 的名字来代替电话号码（IP 地址）。调用网站的名字以后，DNS 就会将便于人们使用的名字（如 www.baidu.com）转化为便于机器识别的 IP 地址（如14.215.177.39）。

2. 域名的级别

域名可以分为不同的级别，包括顶级域名、二级域名和三级域名等。

顶级域名是由一个合法字符串加域名后缀组成的，如 sohu.com、baidu.com 等。顶级域名又分为两类。一类是国家和地区顶级域名（national top-level domainnames，nTLDs）。200 多个国家和地区都按照 ISO3166 代码分配了顶级域名，例如中国是 cn、美国是 us、德国是 de、英国是 uk等。二是国际顶级域名（international top-level domainnames，iTDs），例如 com 表示商业机构、net 表示网络提供商、org 表示非盈利组织等。

二级域名是指顶级域名之下的域名，在国际顶级域名下，它是指域名注册人的网上名称，如ibm、yahoo、microsoft 等；在国家顶级域名下，它表示注册企业类别的符号，如 com、edu、gov、net 等。例如，中国在国际互联网络信息中心（Inter NIC）正式注册并运行的顶级域名是 CN，这也是中国的一级域名；在顶级域名之下，中国的二级域名又分为类别域名和行政区域名两类，其中类别域名共 6 个，包括用于科研机构的 ac、用于工商金融企业的 com、用于教育机构的 edu、用于政府部门的 gov、用于互联网络信息中心和运行中心的 net、用于非盈利组织的 org，而行政区域名有 34 个，分别对应于中国各省、自治区和直辖市。

三级域名是在二级域名的基础上再加字符串，如 v.qq.com。三级域名由字母（A～Z，a～z）、数字（0～9）和连接符（-）组成，各级域名之间用实点（.）连接，长度不能超过 20 个字符。若无特殊原因，建议采用申请人的英文名（或缩写）或者汉语拼音名（或缩写）作为三级域名，以保持域名的清晰性和简洁性。

3. 域名的选取

注册一个好的域名是网上经营成功的开始，所以电子商务企业在选取域名时要遵循两个基本原则。一是域名应该简明易记，便于输入。好的域名应该短而顺口，便于记忆，最好让人看一眼就能记住，而且读起来发音清晰，不会导致拼写错误。二是域名要有一定的内涵和意义，如企业的名称、产品名称、商标名、品牌名等都是不错的选择，这样不但易于记忆，还有助于实现企业的营销目标。

企业在选取域名时常用的方式有以下六种。

✦ 用企业名称的汉语拼音作为域名，这是一种较好的方式，有助于提高企业在线品牌的知名度，大部分国内企业都是这样选取域名的，如百度公司的域名为 baidu.com。

✦ 用企业名称相应的英文名作为域名，如中国青年网的域名为 youth.cn。

✦ 用企业名称的缩写作为域名，如京东商城域名为 jd.com。

✦ 用汉语拼音的谐音形式给企业注册域名，如美的集团的域名为 midea.com.cn。

✦ 以中英文结合的形式给企业注册域名，如高校人才网的域名是 gaoxiaojob.com。

✦ 在企业名称前后加上与网络相关的前缀和后缀。

二、域名的注册

域名的注册方法比较简单，比较常用的域名注册商是万网。在万网上注册域名的具体操作方法如下。

Step 01 登录万网，单击"免费注册"按钮，进入会员注册页面，输入相关的注册信息，然后单击"同意条款并注册"按钮，如图 10-1 所示。也可以直接使用淘宝及 1688 账号直接登录，或者使用微博、支付宝及钉钉授权登录，如图 10-2 所示。

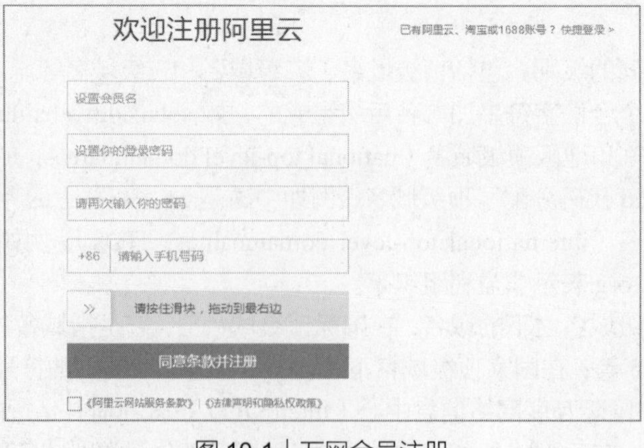

图 10-1 | 万网会员注册

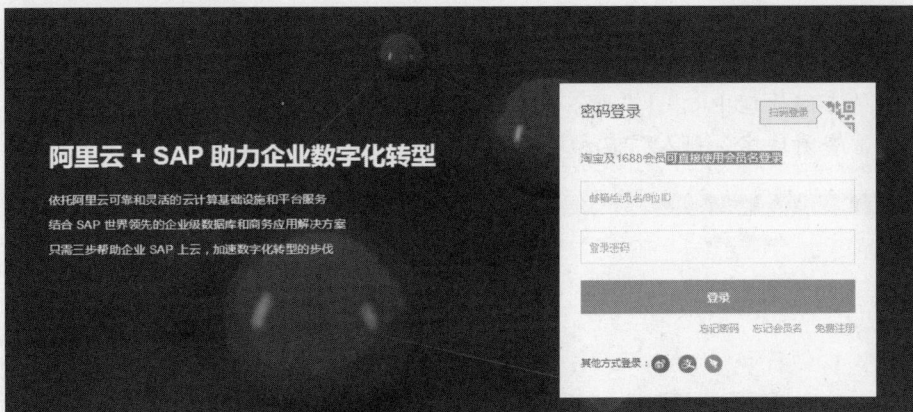

图 10-2 | 万网快捷登录

Step 02 会员注册成功后，需要对将要注册的域名进行查询，如图 10-3 所示。输入域名后，单击"查域名"按钮，若域名已被注册，则需要重新选择域名，如图 10-4 所示；如果没有被注册，便可以选择域名进入域名申请页面，如图 10-5 所示。

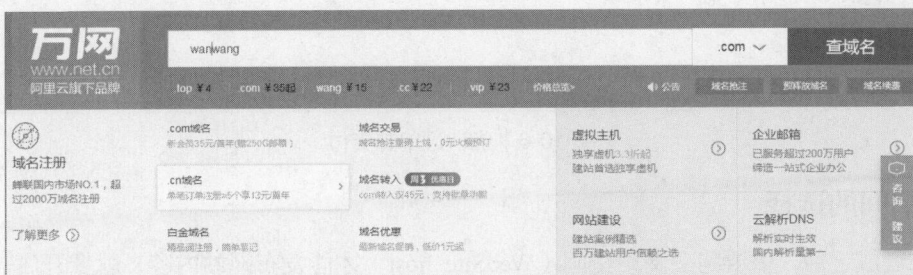

图 10-3 | 域名注册查询

图 10-4 | 域名已注册

图 10-5 | 域名未注册

Step 03 在打开的页面中确认订单，并进行支付。在支付前，需要完善持有者信息模板，还可以购买年限、轻量应用服务器、云市场、云解析等服务，如图 10-6 所示。域名注册成功后，进入"万网管理中心"|"业务管理"|"所有产品"|"点击域名的控制面板"|"基本信息"页面，查看域名注册人信息和联系人信息是否一致，至此域名注册完成。

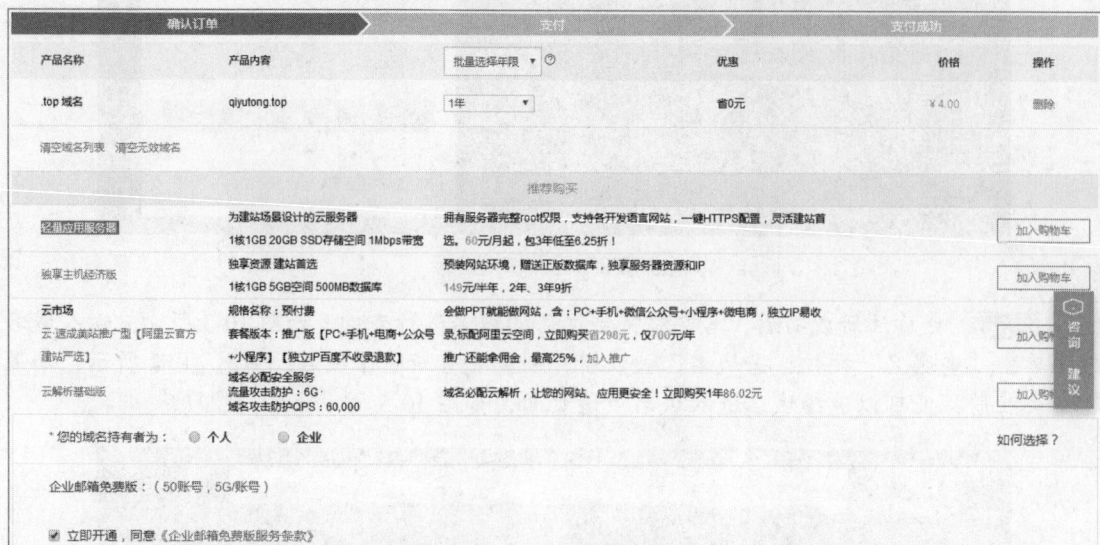

图 10-6 | 确认订单并支付

三、空间的选择

网站建成之后，需要购买网站空间（WebSite host）才能发布网站内容，就像开店需要租一个店铺一样，所以需要申请网站空间。网站空间是指能存放网站文件和资料的空间，包括文字、文档、数据库、网站的页面、图片等，简单地讲，就是存放网站内容的空间。

1. 网站空间的方案选择

选择网站空间的方式有购买专用服务器、服务器托管、虚拟主机等方案。

专用服务器是指专门用于提供某种或多种网络服务的计算机。服务器在网络中承担着传输和处理大量数据的任务，具有高可伸缩性、高可靠性、高可用性和高管理性。按照应用规模的大小，服务器可以分为入门级服务器、部门级服务器、企业级服务器、功能服务器、超级服务器与集群服务器六种类型，不同性能、不同规格的服务器对网站的综合技术性能有着较大的影响。

但是，服务器的价格比较昂贵，普通服务器通常要几万元，高性能的服务器价格非常高，特别是对于一些已经有收费服务的服务器，需要有良好的运行环境，如全天候的空调环境、稳定的电力供应以及专业的网络管理人员维护服务器的运作等，这些对于个人用户和中小型企业来说都难以承受，一般是大公司或大型网站才选用这种方式。

服务器托管是把自己的专用服务器委托给别人代管。服务器托管服务商的网络线路一般位于互联网的主干线，把专有服务器进行托管就能有效地解决服务宽带不足的问题。选择服务器托管，和其他用户分担这些服务器的购买费用和维护费用是非常经济的选择。目前，中国联通、中国移动、中国电信等网络服务商均可提供服务器托管业务。

在选择服务器托管商时，要选择资质好、规模大、名气大、信誉度高的大型 ISP 公司，尽量跨过不必要的中间商，委托那些直接从机房租用机柜的托管服务器商托管，这样既能节省费用，还可以避免有可能出现的互相推诿。

虚拟主机技术主要用于解决在一台物理服务器上架设多个服务器的问题。使用特殊的软硬件技术，把一台计算机主机分成多台"虚拟"的主机，每台虚拟主机都有独立的域名和 IP 地址（共享的 IP 地址），具有完整的互联网服务器功能。在同一台硬件、同一个操作系统上运行着为多个用户打开的不同服务器程序，互不干扰，而每个用户都拥有自己的一部分系统资源（IP 地址、文件存储空间、内存和 CPU 时间等）。

虚拟主机的优点包括无需购置机器，费用低廉，快捷、方便，无需租用专线，有专业的技术支持等。目前花费很少的成本就能通过租用虚拟主机的方式建立网站，所以大部分中小企业和个人用户都选择以虚拟主机空间作为放置网站内容的空间。

2. 空间的选择要素

在 Internet 上存在大量提供空间和域名服务的服务商，用户只需绑定域名、上传程序、安装程序就可以使用。在选择网站空间时，需要考虑网站空间的大小、操作系统、对一些特殊功能（如数据库）的支持、网站空间的稳定性和速度、网站空间服务商的专业水平等方面的因素。通常需要考虑以下方面。

（1）根据网站程序选择功能匹配的空间

虚拟主机有多种不同的配置，如操作系统、支持的脚本语言及数据库配置等，要根据自己网站的配置要求进行选择。例如，用 HTML 静态语言开发的一般企业介绍性网站，基本上普通的空间都能支持其运行。

（2）负载量

负载量的重要性要远远高于空间容量。虽然虚拟主机业务应用的前提是建立在多个用户共同分享一台独立服务器资源的基础上实现的，但有必要向相关服务商了解究竟会有多少用户与自己共同分享一台服务器的资源。如果共享的用户过多，服务器就会超量负载，势必会导致服务器稳定性变差，出现 CPU 处理能力低下、程序运行困难等状况，自己的网站在被访问时会频繁出现诸如找不到相关页面、无法连接到数据库甚至不能进行访问等问题。

（3）连接数、流量和网站空间容量

连接数是指在瞬间能够同时接受申请打开网站页面的人数，连接数值的大小直接关系到网站的登录水平。如果将连接数限制得较少，那么同时访问用户网站的人数就不会太多，网站便会出现让访问者长时间等待等不顺畅的情况。

流量是指网站支持每个月多少用户的访问量，它是根据网站提供的内容和访问量来计算的。假设网站的某个页面是 10KB，平均每天有 100 人访问，一天的流量就是 1MB。如果流量数值提供得很小，那么网站空间给的再大也毫无用处，因为这会使网站的浏览速度非常慢。因此，要根据网站系统程序、以后运营中产品图片的多少以及在线人数等来预算空间的容量，应该留有足够的余量，以免影响网站的正常运行。

一般来说，虚拟主机空间越大、IIS 及流量配置越大，价格也相应越高，所以需要在一定范围内权衡，有没有必要购买过大的空间。还需要注意的是，最好选择限制流量、IIS 的空间，这样可以有效地保证速度。没有流量、IIS 限制的空间，其速度是无法保障的，因为无限制即速度可以快、可以慢，这是在选择空间时很容易犯的一个失误。

（4）网站速度

决定网站速度的一个主要因素是机房环境线路，可以根据网站访客对象选择适合的主机空间机房线路。如果访客的主要群体是国外欧美用户，最好选择美国虚拟主机；如果访客的主要群体是亚太地区或海外华侨，最好选择中国香港虚拟主机；如果访客的主要群体是中国内地用户，最好选择国内的双线虚拟主机。当然，如果客户群体只是当地的北方或南方客户，自然是选择单电信或单联通的空间，但优势不及双线空间的周全。

（5）网站数据的安全性

网站经常遇到病毒和木马，如 IE 浏览器层出不穷的漏洞、FTP 账号密码泄密、网站程序存在的脚本缺陷等都会轻易地被黑客利用入侵网站，所以数据的备份能力非常重要。网站程序难以避免出现技术人员误操作、网站被入侵，或者空间服务器不可避免地会发生各种各样的故障，如系统硬件、网络故障、机房断电等，从而导致数据丢失，这时备份关系到数据的安全。因此，一定要考虑数据备份及能力，有技术实力的服务商在增强数据的安全性方面会采用同城和异地双重数据备份保护，以满足数据恢复的需求。

（6）服务商的信誉和售后服务

由于域名、主机等 IDC 产品包含特定的技术，其价值是在长期使用过程中积淀下来的，后续稳定的服务是其重中之重。一般来说，规模较大的服务商，如中国万网、新网、中国频道、商务中国、新网互联等，它们在硬件设备、网络资源、安全保障、人力资源和商业信誉等方面都有较多的投入，能对网站的安全、负载均衡、稳定性、速度等做出有效的保障，服务也很到位。

▌四、申请空间

Internet 上提供空间和域名服务的服务商很多，其申请流程也基本相同，企业网站或其他商业网站最好找知名的服务商申请空间和域名，以保证网站的安全、稳定和流畅。

1. 虚拟主机的选择

中小企业选择一个适合自己网站的虚拟主机会让自己的网站保持良好的运行状态，不会因为空间访问速度、网站风格不符合潮流等问题而失去潜在客户，其主要考虑因素除了访客的主要群体外，还应考虑选择合适的空间，其中包括网站的语言脚本、预计每天访问量、域名绑定的支持（支持多域名绑定的好处是，如果其中一个域名的解析出现问题，还可以用另一个域名访问）、数据库的支持及大小等配置功能，以及了解服务商的空间限制、数据安全情况。

信誉良好的服务商，其客服专业的导购会为企业节省网站开发与维护成本。中小企业的特点是小而精，决定了其不可能也没有必要花过多的心思在建站等方面的事务上，所以建议选择有规模的行内专业服务商，如万网虚拟主机，如图 10-7 所示。

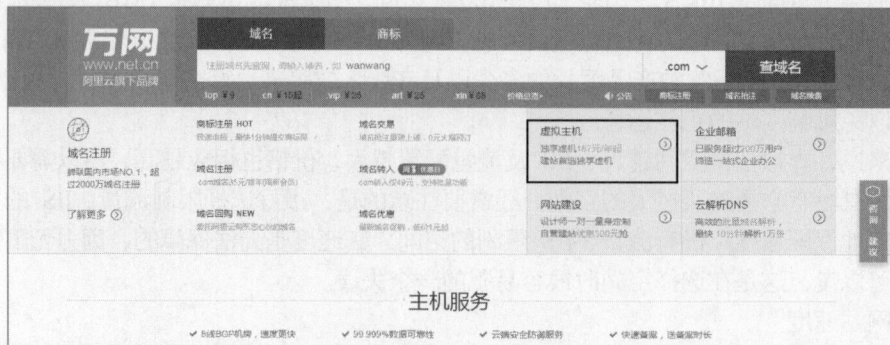

图 10-7 | 万网虚拟主机

2. 申请免费空间

如果创建的是个人网站，那么可以申请免费空间（一般不用费用或费用低廉）。对个人用户而言，这是最为省钱、便利和实用的方式，但是存在宕机、空间限制比较多、不提供数据库、不能绑定域名、试用期短等方面的问题。目前，常用的有国内的阿里云、华为云、腾讯云、新网、火山互联等，以及国外的 OpenShift、Amazon EC2、BlueMix、Windows Azure、FreeHostia 等。

下面以在"主机蛋"网站申请免费空间为例进行介绍，具体操作方法如下。

Step 01 打开"主机蛋"网站首页，在上方单击"免费注册"按钮，填写注册信息，单击"注册"按钮，如图 10-8 所示。

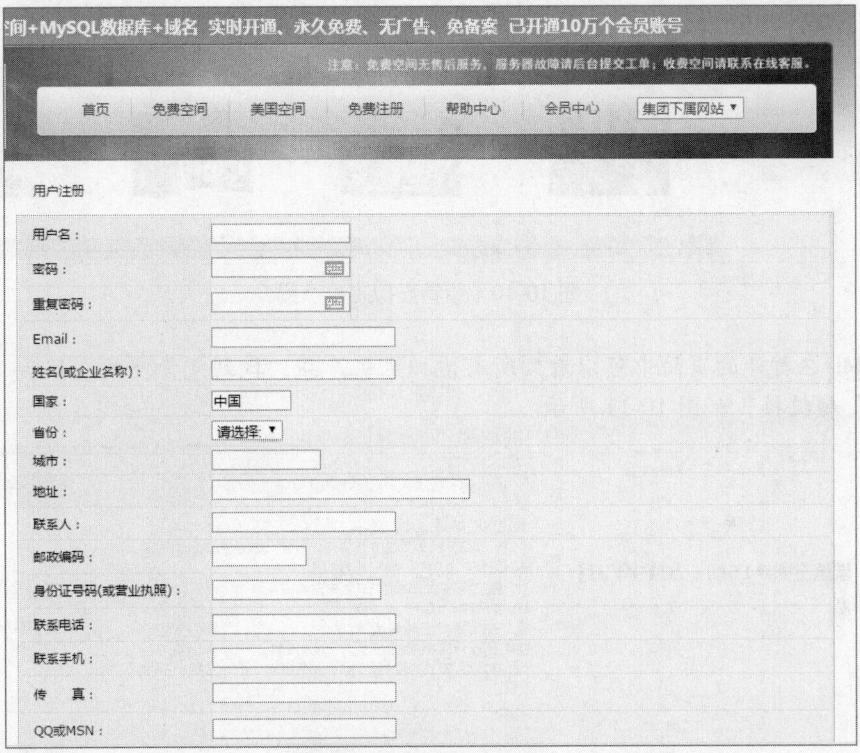

图 10-8 | 用户注册页面

Step 02 在打开的页面中显示账号注册成功，单击"马上登录"超链接，登录账号，如图 10-9 所示。

图 10-9 | 账号注册成功

Step 03 在页面上方单击"会员中心"超链接，在左侧单击"开通主机"超链接，如图 10-10 所示。

图 10-10 │ 查看虚拟主机产品

Step 04 在打开的页面中可以看到所有虚拟主机产品，找到免费空间，然后单击"实时在线开通"超链接，如图 10-11 所示。

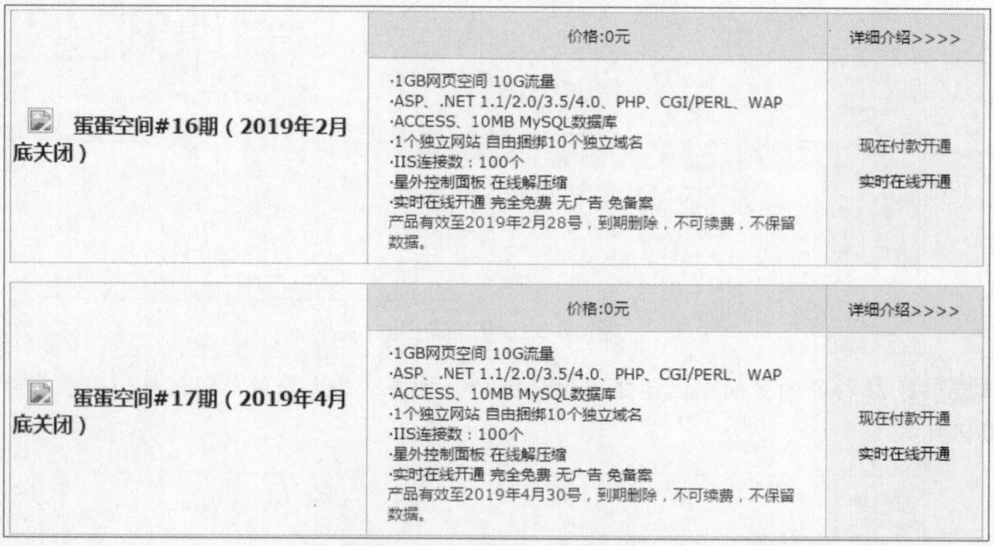

图 10-11 │ 实时在线开通免费空间

Step 05 在打开的页面中填写空间相关资料，然后单击"马上实时开通虚拟主机"按钮，如图 10-12 所示。

Step 06 开通完成后，可以进行主机管理、数据库管理、邮局管理等操作，如图 10-13 所示。

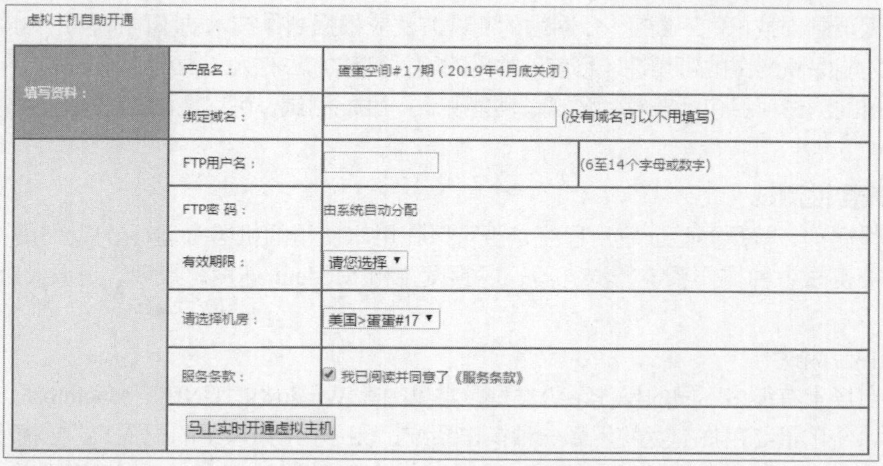

图 10-12 | 虚拟主机自助开通

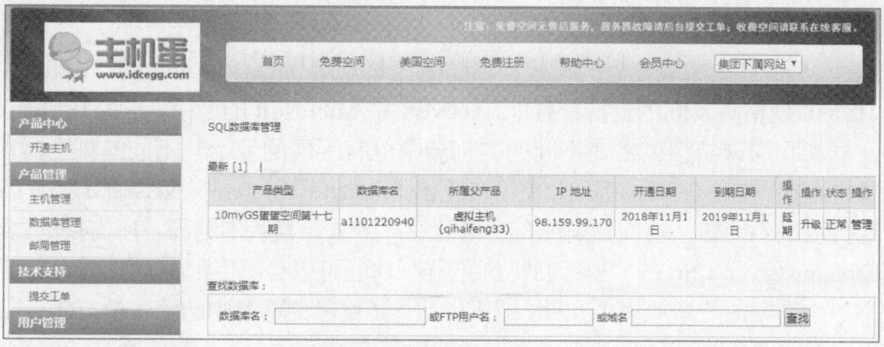

图 10-13 | 产品管理

任务二　测试与发布网站

任务概述

　　制作好网站并申请了空间和域名后,还不能立即将网站上传。特别是在电子商务网站开发中,为了确保浏览者能够顺利地访问网站、各链接均能正常跳转,在将站点上传之前,系统的测试、确认和验收是一项非常重要的工作。经过必要的测试,当网站能够稳定工作之后,就可以将站点上传到远程 Web 服务器上,让其成为真正的站点,这就是发布网站。本任务将学习测试与发布网站的方法。

任务实施

一、网站的测试

　　网站测试是指当一个网站制作完成后,针对网站各项性能情况的一项检测工作。

　　网站测试的对象不光是网页,而是整个网站以及所涉及的所有链接,测试内容包括功能性测试和完整性测试两个方面。功能性测试就是要保证网页的可用性,以达到最初的内容组织设计目标,实现预期功能,浏览者可以方便、快速地找到自己所需的内容。完整性测试就是保证页面内容显示正确、链接准确。

随着网页制作技术的不断变化，网站的测试方法应根据制作技术的不同而采用相应的测试方法，这样才能保障测试的可靠性。目前，常见的网站测试方法有人工测试、程序测试和专业网站测试，常用的测试项目包括兼容性测试、功能测试、性能测试、可用性测试、接口测试和安全性测试等。

1. 兼容性测试

兼容性测试，就是要验证应用程序是否可以在用户使用的机器上运行。如果用户是全球范围的，需要测试各种操作系统、浏览器、视频设置和 Modem 速度。最后，还要尝试各种设置的组合。

（1）平台测试

目前市场上有很多不同的操作系统类型，常见的有 Windows、UNIX、Macintosh、Linux 等。Web 应用系统的最终用户究竟使用哪一种操作系统，取决于用户系统的配置，这样就可能发生兼容性问题，同一个应用在某些操作系统下可能会正常运行，但在其他操作系统下可能会运行失败。因此，在 Web 系统发布之前，需要在各种操作系统下对其进行兼容性测试。

（2）客户端兼容性测试

浏览器是 Web 客户端最核心的构建，不同的浏览器对 Java、JavaScript、ActiveX、Plug-ins 或不同的 HTML 规格有不同的支持。例如，ActiveX 是 Microsoft 的产品，是为 IE 浏览器设计的。

另外，框架和层次结构风格在不同的浏览器中也有不同的显示，不同的浏览器对安全性和 Java 的设置也存在一定的差异。例如，主流浏览器 Internet Explorer 与 Netscape 对 HTML 和 CSS 等语法的支持度是不同的。它们分别拥有各自的卷标语法，其版本越高，所支持的语法就越多。

利用 Dreamweaver CS6 的"检查目标浏览器"功能可以检测当前 HTML 文档、整个本地站点或站点窗口中选中的一个或多个文件（或文件夹）在目标浏览器中的兼容性。通过兼容性测试，可以检测出文档中是否含有目标浏览器不支持的标签或属性等，如 embed 标签、marquee 标签等。

进行网站兼容性测试的具体操作方法如下。

Step 01 打开制作的电子商务网站首页文件 index.html，单击"文档"工具栏中的"检查浏览器兼容性"按钮，在弹出的下拉列表中选择"设置"选项，如图 10-14 所示。在弹出的"目标浏览器"对话框中设置要检测的浏览器的最低版本，然后单击"确定"按钮，如图 10-15 所示。

图 10-14 | 选择"设置"选项   图 10-15 | "目标浏览器"对话框

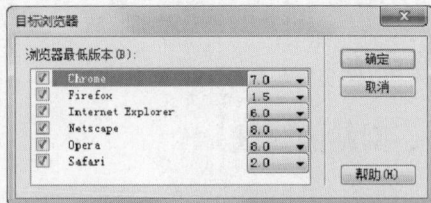

Step 02 单击"文件"|"检查页"|"检查目标浏览器"命令，即可显示检查结果，如图 10-16 所示。

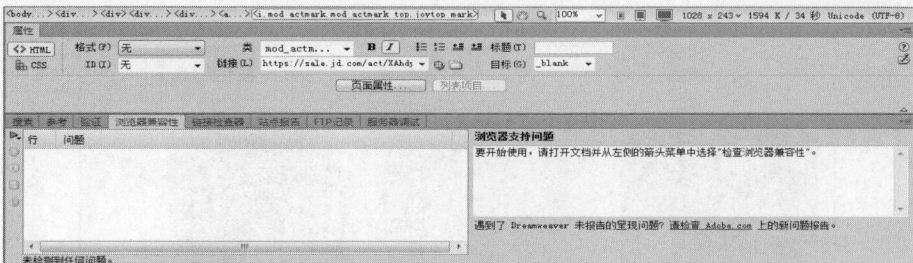

图 10-16 │ 显示检查结果

Step 03 单击"浏览器兼容性"面板左侧的"检查浏览器兼容性"按钮 ▶ ，在弹出的下拉列表中选择"设置"选项，选择所有浏览器的最低版本，以对站点中所有 Web 页面进行兼容性检查，结果如图 10-17 所示。Dreamweaver 的"检查目标浏览器"功能不会对文档进行任何方式的更改，只会给出检测报告。

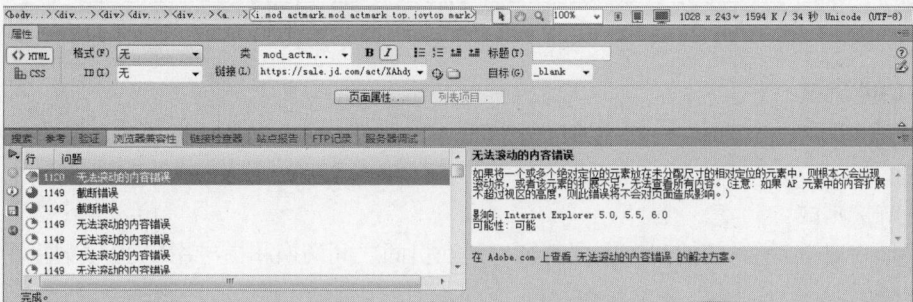

图 10-17 │ 检查浏览器的兼容性

Step 04 单击"浏览器兼容性"面板左侧的"浏览报告"按钮 ◉ ，就会显示检查报告，如图 10-18 所示。单击"保存报告"按钮 ▣ ，即可保存检查结果。

图 10-18 │ 检查报告

Step 05 双击"浏览器兼容性"面板中的错误信息，程序将自动选中有问题的标记，根据检测提示修改错误，如图 10-19 所示。

图 10-19 根据检测提示修改错误

2. 功能测试

功能测试是测试中的重点，主要包括链接测试、表单测试、Cookies 测试、设计语言测试和数据库测试等。

（1）链接测试

链接是 Web 应用系统的一个主要特征，是在页面之间切换和指导用户进入一些网页地址和页面的主要手段。链接测试，就是检查页面上的所有链接是否正确。链接测试可以分为三个方面：测试所有链接是否按指示链接到了该链接的页面，测试所链接的页面是否存在，并保证 Web 应用系统上没有孤立的页面。链接测试必须在集成测试阶段完成，也就是说，在整个 Web 应用系统的所有页面开发完成之后进行链接测试。

在一些大型网站中，往往会有很多链接，这就难免会出现 URL 地址出错的问题。如果逐个页面进行检查，就会是一项非常烦琐、浩大的工程。针对这一问题，Dreamweaver 提供了"检查链接"功能，使用该功能可以在打开的文档或者本地站点的某一部分或整个站点中快速检查断开的链接和未被引用的文件。

检查单个网页文档中链接的具体操作方法如下。

Step 01 在 Dreamweaver 中打开要检查的网页文档，单击"文件"|"检查页"|"链接"命令，在"链接检查器"面板中就会显示检查的结果，如图 10-20 所示。

图 10-20 "链接检查器"面板

Step 02 在"显示"下拉列表框中可以选择要查看的链接类型，如图 10-21 所示。其中，"断掉的链接"显示文档中断掉的链接；"外部链接"显示页面中存在的外部链接；"孤立文件"只有在对整个站点进行检查时才有效，用于显示站点中的孤立文件。

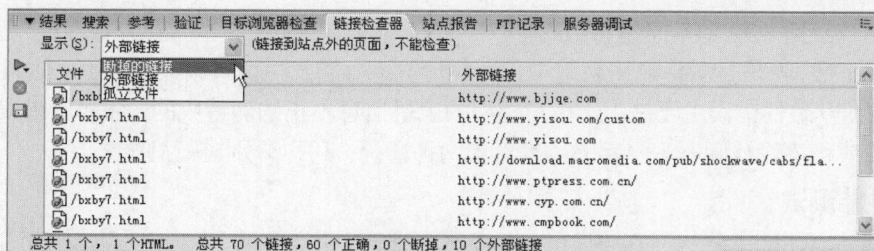

图 10-21 | 选择要查看的链接类型

Step 03 在"断掉的链接"列表中单击"断掉的链接"列中出错的项，该项就会变为可编辑状态，如图 10-22 所示。重新输入链接文件的路径或单击右侧的 📄 图标，在弹出的"选择文件"对话框中重新选择要链接的文档即可。

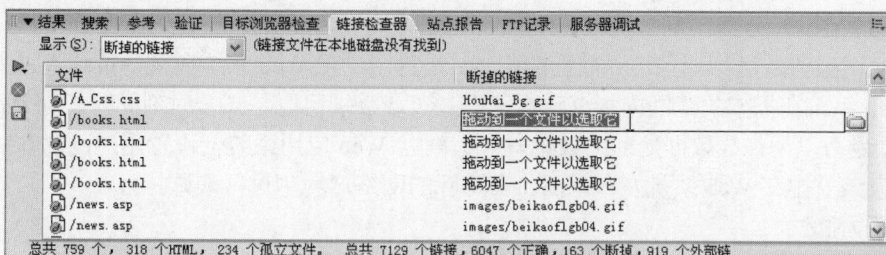

图 10-22 | 设置断掉的链接

（2）表单测试

当用户给 Web 应用系统管理员提交信息时，就需要使用表单操作，如用户注册、登录、信息提交等。在这种情况下，必须测试提交操作的完整性，以校验提交给服务器的信息的正确性。例如，用户填写的出生日期与职业是否恰当，填写的所属省份与所在城市是否匹配等。要测试这些程序，需要验证服务器能否正确地保存这些数据，以及后台运行的程序能否正确地解释和使用这些信息。

（3）Cookies 测试

Cookies 通常用于存储用户信息和用户在某应用系统中的操作。当用户使用 Cookies 访问某个应用系统时，Web 服务器就会发送关于该用户的信息，把该信息以 Cookies 的形式存储在客户端计算机上，可用于创建动态和自定义页面或者存储登录等信息。

如果系统使用了 Cookies，测试人员需要对其进行检测。如果在 Cookies 中保存了注册信息，应确认该 Cookies 能够正常工作，而且已对这些信息进行了加密。测试的内容包括 Cookies 是否起作用、是否按预定的时间进行保存、刷新对 Cookies 有什么影响等。

（4）设计语言测试

Web 设计语言版本的差异可以引起客户端或服务器端严重的问题，如使用哪种版本的 HTML 等。当在分布式环境中开发时，开发人员都不在一起，这个问题就显得尤为重要。除了 HTML 的版本问题外，不同的脚本语言（如 Java、JavaScript、ActiveX、VBScript 或 Perl 等）也要进行验证。

（5）数据库测试

在 Web 应用技术中，数据库起着非常重要的作用。数据库为 Web 应用系统的管理、运行、查询和实现用户对数据存储的请求等提供空间。在 Web 应用中，最常用的数据库类型是关系型数据库，可以使用 SQL 对信息进行处理。

在使用了数据库的 Web 应用系统中，一般情况下可能发生两种错误：数据一致性错误和输出错误。数据一致性错误主要是由于用户提交的表单信息不正确而造成的，而输出错误主要是由于网络速度或程序设计问题等引起的。针对这两种情况，可以分别进行测试。

3. 性能测试

网站的性能测试主要从三方面进行：连接速度测试、负载测试（Load）和压力测试（Stress）。

（1）连接速度测试

连接速度测试指的是打开网页的响应速度的测试。当下载一个程序或电影时，用户能够等较长的时间，但用户访问一个页面就不会等太长的时间。如果 Web 系统响应时间太长（如超过 5 秒钟），大部分用户都会失去耐心。另外，有些页面会设置超时限制，如果响应速度太慢，用户可能还没有浏览完内容就需要重新登录了。

（2）负载测试

负载测试指的是进行一些边界数据的测试，是为了测量 Web 系统在某一负载级别上的性能，以保证 Web 系统在需求的范围内能够正常工作。负载级别可以是某个时刻同时访问 Web 系统的用户数量，也可以是在线数据处理的数量。一般来说，Web 应用系统会设置用户同时在线的数量。负载测试应该安排在 Web 系统发布以后，在实际的网络环境中进行测试。

（3）压力测试

压力测试更像是恶意测试，通过实际破坏一个 Web 应用系统来测试系统的反应。压力测试是测试系统的限制和故障恢复能力，也就是测试 Web 应用系统会不会崩溃、在什么情况下会崩溃。压力测试的区域通常包括表单、登录和其他信息传输页面等。

4. 可用性测试

（1）导航测试

导航描述了用户在一个页面内操作的方式，可以在不同的用户接口控制之间，如按钮、对话框、列表和窗口等，也可以在不同的链接页面之间。导航是否直观，是否可通过主页存取，是否需要站点地图、搜索引擎或其他的导航帮助等方面是导航测试的内容。

Web 应用系统导航帮助要尽可能准确。Web 应用系统的用户趋向于目的驱动，很少有用户愿意花时间去熟悉 Web 应用系统的结构，一般会直接查找是否有满足自己需求的信息，如果没有，就会很快退出浏览。

导航测试的另一个重要方面是 Web 应用系统的页面结构、导航、菜单、链接的风格是否一致。Web 应用系统的层次一旦确定，就要着手测试用户导航功能，让用户参与这种测试，效果会更加明显。

（2）图形测试

在 Web 应用系统中，适当的图片和动画既能起到广告宣传的作用，又能起到美化页面的作用。一个 Web 应用系统的图形可以包括图片、动画、边框、颜色、字体、背景和按钮等。

图形测试的内容包括要确保图形有明确的用途、图片或动画不胡乱地堆在一起，以免浪费数据传输时间；Web 应用系统的图片尺寸要尽可能小，并且要能清楚地说明某件事情，一般都链接到某个具体的页面；验证所有页面字体的风格是否一致；背景颜色应该与字体颜色和前景颜色相搭配；图片的大小和质量，也是很重要的因素，一般采用 JPG 或 GIF 格式。

（3）内容测试

内容测试用于检验 Web 应用系统提供信息的正确性、准确性和相关性。

信息的正确性是指信息是可靠的还是误传的。例如，在商品价格列表中，错误的价格可能引起多种问题，甚至导致法律纠纷。信息的准确性是指信息是否有语法或拼写错误。这种测试通常使用一些文字处理软件来进行，如使用 Word 的"拼音与语法检查"功能。信息的相关性是指是否可以在当前页面中找到与当前浏览信息相关的信息列表或入口，也就是一般 Web 站点中的所谓"相关文章列表"。

（4）整体界面测试

整体界面是指整个网站系统的页面结构设计，通俗来讲就是给用户的整体感觉。例如，用户浏览网页时是否感到舒适，凭直觉能否知道要找的信息在什么地方，以及整个网站系统的设计风格是否一致等。

当然，整体界面好坏并不能单靠个人直觉来评定，因为每个人的审美观、专业角度、面向的行业及用户，甚至性别与年龄等不同，都可能导致对整体界面做出不同的评价。因此，对整体界面进行测试的过程，其实是对最终用户进行调查的过程。

对所有的可用性测试来说，都需要有外部人员的参与，最好是最终用户的参与。

5. 接口测试

Web 站点可能会与外部服务器通信，请求数据、验证数据或提交订单，所以需要进行接口测试。

（1）服务器接口

第一个需要测试的接口是浏览器与服务器的接口。测试人员提交事务，然后查看服务器记录，并验证在浏览器上看到的正好是服务器上发生的。测试人员还可以查询数据库，确认事务数据已经正确保存。

（2）外部接口

有些 Web 系统有外部接口。例如，网上商店可能要实时验证信用卡数据，以减少欺诈行为的发生。在测试时，要使用 Web 接口发送一些事务数据，分别对有效信用卡、无效信用卡和被盗信用卡进行验证。通常测试人员需要确认网站能够处理外部服务器返回的所有可能的消息。

6. 安全性测试

目前，网络安全问题备受重视，对于有交互信息的网站以及进行电子商务活动的网站来说尤其重要。Web 应用系统的安全性测试区域主要有以下几个。

（1）目录设置

Web 安全的第一步就是正确设置目录。每个目录下应该有 index.html 或 main.html 页面，这样就不会显示该目录下的所有内容了。

（2）登录

现在的 Web 应用系统基本都采用先注册后登录的方式，所以必须测试有效和无效的用户名和密码，要注意是否大小写敏感、可以尝试多少次的限制、是否可以不登录而直接浏览某个页面等。

（3）Session

Web 应用系统是否有超时的限制，也就是说，用户登录后在一定时间内（如 15 分钟）没有点击任何页面，是否需要重新登录才能正常使用。

（4）日志文件

为了保证 Web 应用系统的安全性，日志文件是至关重要的，需要测试相关信息是否写进了日志文件、是否可以追踪等。

（5）安全漏洞

服务器端的脚本经常构成安全漏洞，这些漏洞又常被黑客利用，所以还要测试没有经过授权就不能在服务器端放置和编辑脚本的问题。

二、网站的发布

电子商务网站在申请了空间和域名并对站点进行测试以后就可以发布了。网站发布，就是将设计制作好的网站内容上传到 Web 服务器中的过程，也称为上传网页。网站发布通常使用 FTP，以远程文件传输方式上传到服务器中申请的域名下。由于提供网站空间服务的方式不同，因此网页发布也有多种方式可供选择，其中常用的网页发布方式有以 FTP 方式发布、用网页制作工具发布、以直接目录方式发布和用专用发布程序发布等。

1. 以 FTP 方式发布

利用 FTP 发布网页的用户，一般在远程主机上专门设有目录接收上传文档，上传后远程服务器管理员将网页文档放置到相应的 Web 网站目录位置。

目前，用于 FTP 上传服务的软件很多，如 CuteFTP、WinFTP、NetFTP、FileZilla 等。其中，FileZilla 是一个免费开源的 FTP 软件，分为客户端版本和服务器版本，具备所有的 FTP 软件功能，具备可控性、有条理的界面和管理多站点等特点，而 FileZilla Server 是一个小巧且可靠的支持FTP&SFTP 的 FTP 服务器软件。

2. 用网页制作工具发布

一般网页制作工具软件都有网页发布功能，下面利用 Dreamweaver CS6 发布网页。首先将申请的虚拟空间的信息设置到 Dreamweaver CS6 对应的站点中，然后通过内置的站点管理功能上传或下载站点文件，具体操作方法如下。

Step 01 启动 Dreamweaver CS6，单击"窗口"|"文件"命令，如图 10-23 所示。

Step 02 在"文件"面板中单击站点下拉按钮，在弹出的下拉列表中选择"管理站点"选项，如图 10-24 所示。

图 10-23 | 打开"文件"面板　　图 10-24 | 选择"管理站点"选项

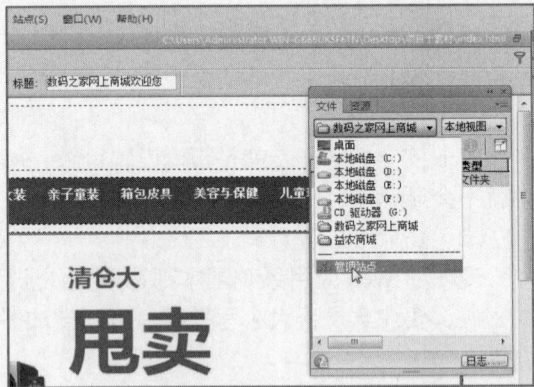

Step 03 在弹出的"管理站点"对话框中选择要上传的站点，然后单击"编辑当前选定的站点"按钮，如图 10-25 所示。

Step 04 在弹出的"站点设置对象"对话框中选择左侧的"服务器"选项，再在右侧单击"添加新服务器"按钮，如图 10-26 所示。

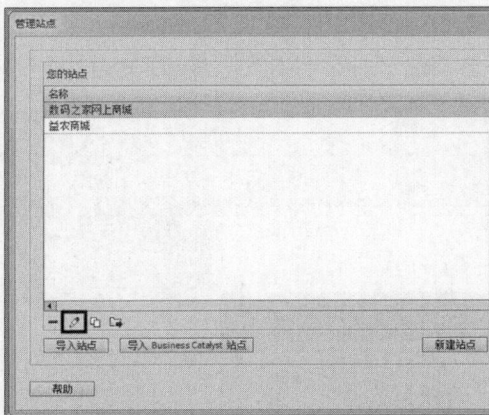

图 10-25 | 编辑当前选定的站点

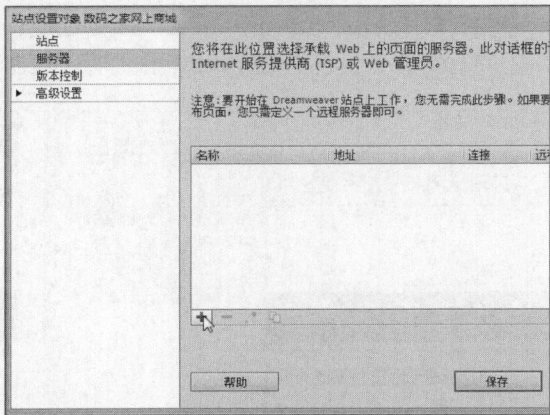

图 10-26 | 添加新服务器

Step 05 设置"连接方式"为 FTP，输入 FTP 地址、用户名和密码，然后单击"保存"按钮，如图 10-27 所示。

Step 06 在"文件"面板中单击"连接到远程服务器"按钮，如图 10-28 所示。

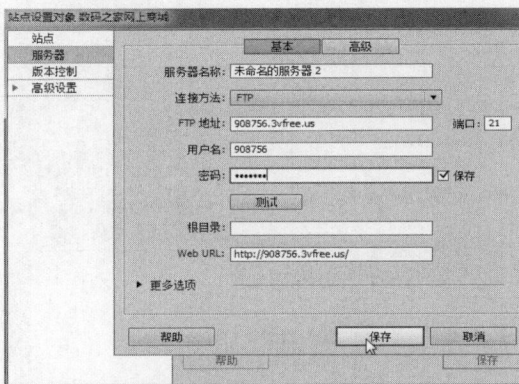

图 10-27 | 设置服务器选项

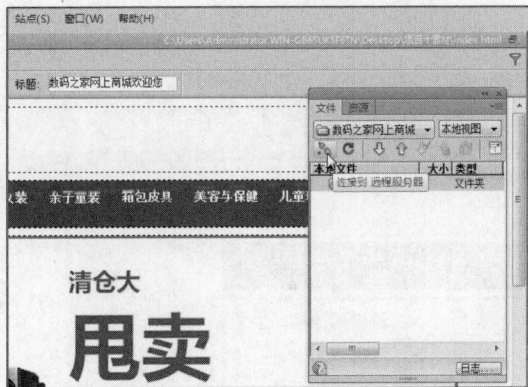

图 10-28 | 连接到远程服务器

Step 07 连接成功后，在"文件"面板中单击"向远程服务器上传文件"按钮，如图 10-29 所示。

Step 08 弹出提示信息框，单击"确定"按钮，如图 10-30 所示。

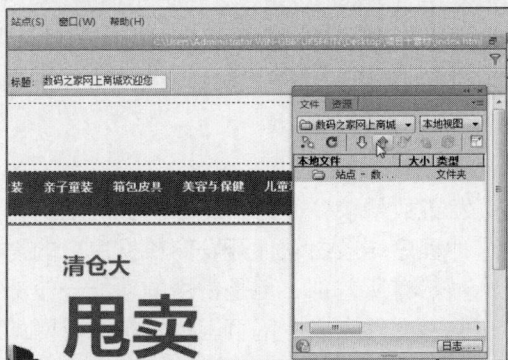

图 10-29 | 向远程服务器上传文件

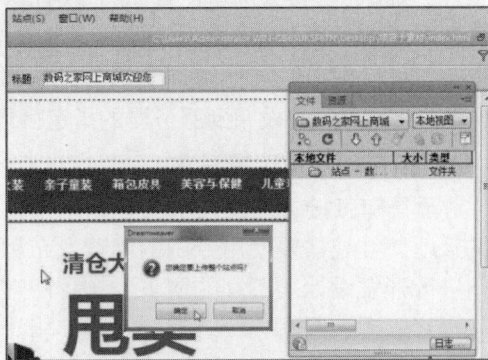

图 10-30 | 上传整个站点

Step 09 开始上传站点，并显示上传进度，如图 10-31 所示。

Step 10 在"文件"面板中单击"从远程服务器获取文件"按钮 ⬇，如图 10-32 所示。

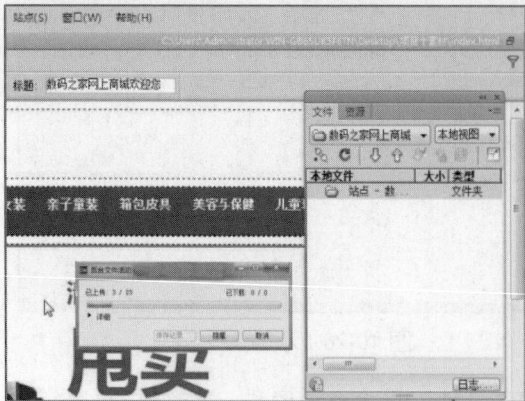

图 10-31 | 上传站点

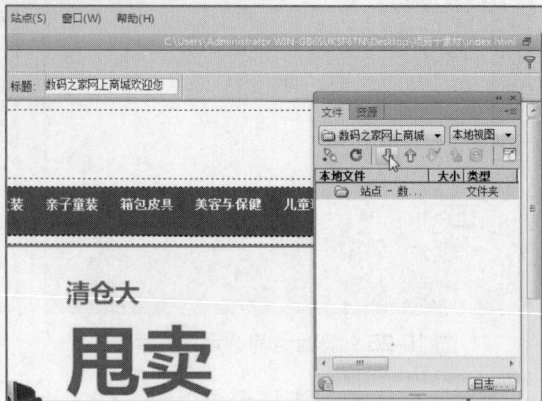

图 10-32 | 从远程服务器获取文件

Step 11 弹出提示信息框，单击"确定"按钮，即可下载整个站点，如图 10-33 所示。

Step 12 开始下载站点，并显示下载进度，如图 10-34 所示。

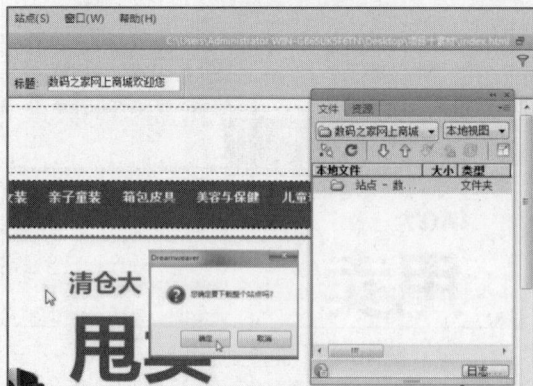

图 10-33 | 下载整个站点

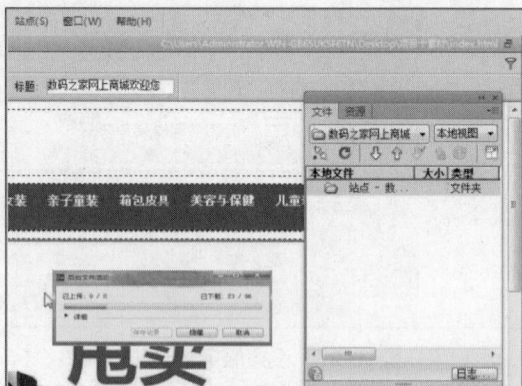

图 10-34 | 开始下载站点

3. 以直接目录方式发布

对于拥有专线接入的自己管理的网站，Web 服务器相当于本地设备，网页发布可以由网站管理员直接在 Web 服务器上操作，此时只需将待发布的网页直接复制或移到服务器相应的目录中，即可完成网页的发布。对于拥有远程主机服务器专用账户的用户，也可以使用该账号登录到远程服务器，将网页直接发布到服务器的指定目录。

4. 用专用发布程序发布

对于具有直接管理权限的大型网站来说，网页发布数量较多，为了便于网页的维护和网站的管理，往往需要使用专门的网页发布程序。这种程序一般由软件开发商根据用户的需求专门进行开发设计。不同的网页发布程序在功能上虽然有所差别，但是常用的功能一般都有网站栏目管理、网页模板管理、网页编辑排版、超文本文件生成、网页上传发布以及网站维护管理等。

任务三　电子商务网站的优化与推广

任务概述

电子商务网站就是一个巨大的信息载体和平台，从营销的角度来说，它是一个超级的"宣传册"。一个网站经过优化后在结构上会更加简洁、去掉了垃圾代码，更能体现网站运行的速度，网站的关键词筛选、分布、定位会更加精确、合理，相对于同行的网站在搜索引擎中将会获得更好的排名。

"酒香也怕巷子深"，电子商务企业建站后一定要推广，不断用宣传、广告、链接或促销活动等方式推广网站，让更多的企业目标客户和用户能够更好地利用电子商务网站这个平台来获得他们所需要的产品和服务，提高网站的访问量，最大限度地发挥电子商务网站的作用。本任务将学习如何对电子商务网站进行优化与推广。

任务实施

一、网站优化

狭义的网站优化，即搜索引擎优化（SEO），是一种利用搜索引擎的搜索规则来提高目的网站在有关搜索引擎内排名的方式。广义的网站优化，所考虑的因素不仅是搜索引擎，也包括充分满足用户的需求特征、清晰的网站导航、完善的在线帮助等，在此基础上使网站的功能和信息发挥出最好的效果。同时，要以企业网站为基础，与网络服务商、合作伙伴、顾客、供应商、销售商等网络营销环境中的各方面因素建立良好的关系。

因此，网站优化是指通过了解各类搜索引擎抓取互联网页面、进行索引以及确定其对某一特定关键词的搜索结果排名等技术，从而使搜索引擎收录尽可能多的网页，并在搜索引擎自然检索结果中排名靠前，从而提高网站的访问量，最终促进网站推广的技术。现在越来越多的电子商务企业选择这种"物美价廉"、性价比高的推广方式来为自己的产品或服务做推广。

1. 网站优化的结构

网站优化分为两个部分，一是站内优化，二是站外优化。

站内优化就是通过 SEO 技术使网站在搜索引擎上的友好度和站内用户的良好体验度上升。这样做的目的是丰富网站关键词，增加新的关键词将有利于搜索引擎的"蜘蛛"爬行文章索引，让网站在搜索引擎的排名靠前，并且得到很好的客户转换率。注意不要堆砌太多的关键词，应该考虑人们在搜索引擎中找到这些内容经常会搜索什么样的关键词。

站外优化也可称为脱离站点的搜索引擎技术，命名源自外部站点对网站在搜索引擎排名的影响，这些外部因素超出了网站的控制。最有用、功能最强大的外部站点因素是反向链接，即通常所说的外部链接。它是搜索引擎优化中极其重要的部分，对于一个站点收录在搜索引擎结果页面起到了重要的作用。通过站外优化，可以帮助网站和网站所属企业进行品牌推广，涉及的方式有百度推广、谷歌广告、相关论坛与博客、各大门户网站推广链接等。

2. 关键词

随着网络的发展，网站的数量越来越多，庞大的数据量让人们很难在短时间内找到自己需要的信息。通过搜索引擎能够更快速、更准确地搜索到所需要的信息，所以搜索引擎技术逐渐成为网络信息查询不可缺少的重要工具。

在使用搜索引擎的过程中，最常用到的就是关键词。关键词是使用搜索引擎搜索信息时输入的文字，可以是中文、英文、数字或中、英文和数字的混合体。为了获得更精确、更丰富的搜索结果，可以输入多个关键词进行搜索。关键词一般可分为核心关键词、精准词、高转化率词、拓展词、黑马词、竞品词、长尾关键词、提问词等类型。

（1）选取关键词

选取关键词时，一般要求准确规范、主题明确、简明精练、言简意赅，最大限度地发挥关键词的作用，可以采取以下方式。

◇ 参照那些主题相似或相同的网站，挖掘关键词，可以得到别人已经优化了的关键词，找出与自己网站或产品有关的所有关键词。

◇ 调查周围人的意见，看看家人、朋友、同事怎样描述自己的产品或网站。

◇ 网站统计信息。网站统计信息会统计出访问网站时使用的搜索引擎、关键词等信息。

◇ 使用错误的拼写（多用于英文）。有很多关键词经常会被拼写错误，可以使用经常出现错误拼写的词或词组作为关键词，以带来额外的流量。

（2）关键词优化技巧

关键词优化是为了让网站目标关键词在某个搜索引擎上得到更好的排名。通过了解各类搜索引擎如何抓取互联网页面、如何进行索引，以及如何确定其对某一特定关键词的搜索结果排名等技术，对网页内容进行相关的优化，使其符合用户的浏览习惯，在不损害用户体验的情况下让更多的用户都能快速地找到网站关键词。

① 选择有针对性、实效性的关键词。突出与网站主题的相关性，如直接用关键词做标题或标题包含关键词；突出实效性，如促销优惠、节假日派送、绝版珍藏等。例如，七夕节促销时，可以设置"七夕""浪漫""爱情"等关键词。

② 选择准确的主关键词。要确定客户的核心业务，根据这个核心业务来尽量缩小取词范围，准确选择主关键词，提高目标用户访问网站的概率。例如，用户想购买手机，就会搜索有关手机品牌、手机配置、手机价格、手机销量等信息，而不会直接搜索"手机"这个关键词，因为这个关键词包含内容太宽泛、不精确。

③ 从用户的角度选择最佳关键词。充分理解客户的需求及其业务，分析潜在客户在搜索时会使用什么关键词，包括从客户、供应商、品牌经理和销售人员那里获得的信息。这样就可以排除很多搜索频率低的关键词，但仍然有很多关键词，这就需要使用关键词工具查询和分析各个关键词的搜索结果数量、被搜索次数等数据，综合考虑关键词的效能，选出最佳的关键词。常用的关键词工具有 Google Adwords、Google Analytics、Google Search Console、Soolve、Word Tracker、Freshkey、站长工具等。

④ 对关键词进行组合。根据已经收集到的大量网站或产品的关键词对其进行有效的组合，例如把它们组成常用的词组或短语，有利于提升网站的访问量和排名。例如，"壁纸、电视墙、简约"几个关键词可以组合为"电视墙壁纸""简约电视墙壁纸"等，而只用"壁纸"或"电视墙"作为关键词的搜索结果是不理想的。

3. 网站诊断

网站诊断是针对网站是否利于搜索引擎搜索、是否利于浏览和给浏览者美好的交互体验，以及是否利于网络营销的一种综合判断行为。网站诊断一般思考的方面包括自身剖析、定位、模式、在行业中竞争性分析、短期规划与长期战略发展对策等信息，其目的是为了更好地对网站进行优化，这样不仅能在搜索引擎中得到更好的排名、提升网站的人气，还可以促使网站更好地发展。

网站诊断的内容主要包括以下方面。

✦ **网站域名诊断**：包括长度，字符之间是否有"-"，是否易于记忆，国内域名还是国际域名等。

✦ **网页的文件名诊断**：包括所在目录名称，使用中文还是英文或者汉语拼音的缩写形式。

✦ **JavaScript**：搜索程序是否能够识别其中的内容。

✦ **网站结构诊断**：采用垂直式结构还是扁平式结构，网站内部各个网页之间的链接结构如何。

✦ **网站外部链接诊断**：如果一个网站既不向外链接，也没有其他网站的连入，那肯定是没有活力的。

✦ **网站内容诊断**：有多少资料是自己撰写的，有多少是翻译出来的，它们在网站中的比例如何。

✦ **网站更新频率**：网站所有者多久更新自己的网站，或者添加、删除、修改一些内容。

✦ **是动态网站还是静态网站**：理论上讲，动态网站不太容易被检索，静态页面相对要好很多。

✦ **文字编辑及页面相关性诊断**：关键字选用及其在网页中的布局、密度等。

✦ **关键词诊断**：不是关键词越火爆越好，找出最合理的关键词才是关键。

二、网站推广

网站推广就是以互联网为基础,借助平台和网络媒体的交互性来辅助营销目标实现的一种新型的市场营销方式。

网站推广的方式有多种,包括搜索引擎、电子邮件、论坛推广、分类信息等,主要是针对网站自身的行业和网站定位进行选择性的操作,每种类型的网站都有自身独到的推广方式。

这些推广方案的共同点有:基于对网站本身的特点及行业状况进行系统分析;针对网站不同发展阶段的特点提供针对性的推广建议;提供有效利用各种网站推广工具和方法的具体建议;通过合理规划,让有限的资金发挥最大的推广效果;网站推广效果分析与网站访问统计分析相结合,提供深度分析报告。

1. 搜索引擎推广

搜索引擎推广是通过搜索引擎优化、搜索引擎排名,以及研究关键词的流行程度和相关性在搜索引擎的结果页面取得较高排名的营销手段。

由于搜索引擎的基本形式可以分为网络蜘蛛型搜索引擎(简称搜索引擎)和基于人工分类目录的搜索引擎(简称分类目录),因此搜索引擎推广的形式也相应地有基于搜索引擎和基于分类目录的两种方法。前者包括搜索引擎优化、关键词广告、关键词竞价排名、网页内容定位广告等多种形式,后者主要是在分类目录合适的类别中进行网站登录。

现在在国内最流行的搜索引擎营销推广方式是关键词竞价排名。竞价排名就是网站付费后让搜索引擎展示,排名的算法和用户出价、关键词质量度等一系列因素有关,通常付费越高者排名越靠前。竞价排名服务是按点击计费的一种服务,用户可以通过调整每次点击付费价格来控制自己在特定关键字搜索结果中的排名,并可以通过设定不同的关键词捕捉到不同类型的目标访问者。

目前,国内著名的搜索引擎网站有百度、360 搜索、搜狗等,其中百度公司推出的百度推广是国内首创的一种按效果付费的网络推广方式，企业在购买该项服务后，通过注册提交一定数量的关键词，其推广信息就会率先出现在相应的搜索结果中。

2. 电子邮件推广

电子邮件推广是以电子邮件为主的网站推广手段，被广泛应用于网络营销领域，常用的方法包括电子刊物、会员通信、专业服务商的电子邮件广告等。基于用户许可的 E-mail 营销与滥发邮件（Spam）不同。许可营销与传统的推广方式或未经许可的 E-mail 营销相比具有明显的优势，例如可以减少广告对用户的滋扰、增加潜在客户定位的准确度、增强与客户的关系以及提高品牌忠诚度等。

电子邮件推广具有范围广、操作简单、效率高、成本低廉、应用范围广、可群发、针对性强、反馈率高等优点，因此其推广效果不错。在电子邮件推广过程中，首先要注意邮件主题和邮件内容，很多邮件服务器为了过滤垃圾邮件设置了垃圾字词过滤，如邮件主题和邮件内容中包含"宣传""赚钱"等字词时，服务器就会过滤掉该邮件，导致邮件无法成功发送。因此，在编辑邮件主题和内容时，应当尽量避开有垃圾字词嫌疑的文字和词语，这样才能顺利地群发邮件。另外，邮件标题尽量不要太商业化，如果一看就是推销邮件，用户有可能会直接删除；内容也不宜过多，内容过多会使阅读者不耐烦，甚至根本不看。

图 10-35 所示为利用电子邮件推广方式推送的邮件。

图 10-35 | 电子邮件推广

3. 论坛推广

论坛推广就是利用论坛这种网络交流的平台，通过文字、图片和视频等方式发布企业产品和服务信息，从而让目标客户更加深刻地了解企业的产品和服务，最终达到宣传企业品牌、加深市场认知度的网络营销活动。

论坛推广利用论坛作为平台，举办各类踩楼、灌水、贴图和视频等活动，可以有效地为电子商务网站提供营销传播服务，几乎电子商务网站的所有营销诉求都可以通过论坛传播得到有效的实现。

论坛推广的具体流程包括筛选人气论坛、注册论坛账号、论坛个性签名、论坛新人报道、帖子软文书写、帖子发布、回帖及顶帖、论坛活动及分享等，其中帖子是论坛推广过程中的重点，软文的写作一定要兼顾搜索引擎和用户体验两个方面。电子商务网站开展论坛推广应当遵循网页策略、产品策略、价格策略、促销策略、渠道策略、网络营销的顾客服务等策略。

4. 分类信息推广

分类信息又称为分类广告或主动式广告，也就是根据人们的主观需要，按照信息内容的行业或信息类型、信息范围归类的信息表现形式。网络分类信息是一种全新的网络信息服务形式，它聚合了海量的个人信息和大量的商家信息，为用户提供实用、丰富、真实的消费和商务信息资源，满足企事业单位和商户在互联网上发布各类产品和服务的需求。

传统形式的广告信息，如电视、报刊等广告，基本上都是属于被动广告，也就是不管客户喜不喜欢，都会以固定的形式强加给客户，这样往往会使一部分客户产生厌烦情绪，广告效果也不理想。而且随着广告数量的增加，传统广告在查询上很不方便，并且保存也较难，推广成本也高。

随着网络技术的发展，主要是 Web 2.0 的出现，网络上的分类信息应运而生。分类信息不但信息量大，而且信息随时在线，永不丢失。更重要的是利用分类搜索可以保证用户在任何时间、任何地点都能非常方便、快捷地进行查询。目前，国内比较著名的分类信息网站有 58 同城、赶集网等，如图 10-36 所示。

图 10-36 | 58 同城网站首页

随着互联网的飞速发展，出现了很多推广方式，如网络直播推广、网络新闻推广、互助推广、IM 方式、事件营销推广、病毒式推广、活动赞助推广、微信活动推广、用户体验推广和百度文库推广等，由于篇幅所限，在此不再赘述。

项目小结

通过本项目的学习，读者应重点掌握以下知识。

（1）域名（Domain Name）包括顶级域名、二级域名、三级域名等，用户可以在万网上注册域名。

（2）网站空间能存放网站文件和资料，包括文字、文档、数据库、网站的页面、图片等文件的容量，选择方案包括购买专用服务器、服务器托管、虚拟主机等，也可申请免费的网站空间。

（3）当一个网站制作完成后，需要针对网站的各项性能情况进行检测，主要包括兼容性测试、功能测试、性能测试、可用性测试、接口测试与安全测试等。

（4）网站的发布方式主要有 FTP 发布、网页制作软件发布工具发布、直接目录发布和专用发布程序发布等。

（5）网站优化分为站内优化和站外优化两个部分，优化方式包括关键词优化和网站诊断。企业建站后需要进行推广，推广方式有多种，如搜索引擎推广、邮件群发推广、论坛推广与分类信息推广等。

项目习题

1. 在万网上注册域名及申请虚拟主机，在 free.3v.do 网站申请免费空间，并完成域名与网站空间的绑定。

2. 简述网站测试的内容，并利用 Dreamweaver CS6 进行客户端的链接测试。

3. 将自己制作的网站通过 FileZilla Server 或 Dreamweaver CS6 进行发布。